Compra e Venda de Participação Societária

Compra e Venda de Participação Societária

ANÁLISE DA CLÁUSULA MAC

2023

Larissa Santiago Gebrim

ALMEDINA

COMPRA E VENDA DE PARTICIPAÇÃO SOCIETÁRIA
ANÁLISE DA CLÁUSULA MAC

AUTOR: LARISSA SANTIAGO GEBRIM

DIRETOR ALMEDINA BRASIL: Rodrigo Mentz
EDITORA JURÍDICA: Manuella Santos de Castro
EDITOR DE DESENVOLVIMENTO: Aurélio Cesar Nogueira
ASSISTENTES EDITORIAIS: Letícia Gabriella Batista e Laura Roberti
ESTAGIÁRIA DE PRODUÇÃO: Natasha Oliveira

DIAGRAMAÇÃO: Almedina
DESIGN DE CAPA: Roberta Bassanetto

ISBN: 9786556279589
Outubro, 2023

Dados Internacionais de Catalogação na Publicação (CIP)
(Câmara Brasileira do Livro, SP, Brasil)

Gebrim, Larissa Santiago
Compra e venda de participação societária :
análise da cláusula MAC / Larissa Santiago Gebrim. –
São Paulo : Almedina, 2023.

ISBN 978-65-5627-958-9

1. Compra e venda - Leis e legislação – Brasil
2. Direito societário - Brasil 3. Participação
societária I. Título.

23-166029 CDU-34:338(81)

Índices para catálogo sistemático:

1. Brasil : Direito societário 34:338(81)

Eliane de Freitas Leite - Bibliotecária - CRB 8/8415

Coleção IDiP
Coordenador Científico: Francisco Paulo De Crescenzo Marino

Este livro segue as regras do novo Acordo Ortográfico da Língua Portuguesa (1990).

EDITORA: Almedina Brasil
Rua José Maria Lisboa, 860, Conj.131 e 132, Jardim Paulista | 01423-001 São Paulo | Brasil
www.almedina.com.br

Material adverse effect clauses are strange animals, sui generis among their contract clause brethren.

Hexion Specialty Chemicals, Inc. v. Huntsman Corp., 965 A.2d 715, 728 (Del. Ch. 2008)

AGRADECIMENTOS

Esta obra é resultado da dissertação apresentada à Universidade de São Paulo como requisito para a obtenção do título de Mestre em Direito Comercial. Mais do que um trabalho acadêmico, ela é parte da minha vida.

Sou muito grata às pessoas que têm feito parte dessa trajetória e me apoiado em momentos altos e baixos.

Agradeço à Professora Juliana Krueger Pela, inicialmente, por ter depositado em mim um voto de confiança. Sinto muito orgulho de ter tido a oportunidade de acompanhá-la nos últimos anos. Mais do que uma orientadora, encontrei uma fonte de inspiração e verdadeira referência de seriedade acadêmica. Acompanhar as aulas na graduação, mesmo nos períodos mais incertos, foi certamente um ponto alto deste projeto acadêmico. Sua gentileza e humanidade me ofereceram conforto. Suas sugestões, críticas e comentários tornaram o caminho mais leve e instigante.

Devo ainda meu muito obrigada aos Professores Mariana Pargendler, Francisco Paulo de Crescenzo Marino e Fernanda Mynarski Martins-Costa por terem aceitado o convite de compor minha banca e oferecido provocações e sugestões de aprimoramento a este trabalho.

Agradeço à Julia Rodrigues Coimbra e ao José Virgílio Lopes Enei por terem me apresentado o mundo das operações de M&A e terem me tornado a profissional que sou hoje, além do incentivo de perseguir minhas aspirações acadêmicas.

Agradeço aos meus pais e irmão pelo suporte e carinho. Ao Gabriel pela parceria e apoio.

PREFÁCIO

Com essa publicação, na prestigiosa Coleção IDiP da Editora Almedina, a dissertação de mestrado de Larissa Santiago Gebrim passa a integrar a recente – e necessária – produção literária brasileira sobre contratos de compra e venda de participação societária.

Ao propor uma análise funcional e dogmática das cláusulas contratuais de "mudança adversa relevante", ou simplesmente "clausulas MAC", Larissa debruçou-se sobre um dos temas mais importantes – e, apesar disso, pouco estudado – do tipo contratual. Sua análise, rigorosa e instigante, é especialmente útil hoje, após termos enfrentado os desdobramentos jurídicos da instabilidade resultante da pandemia.

Se, como ensinou Guimarães Rosa em Grande Sertão e sempre nos relembra a querida Professora Judith Martins-Costa, "viver é muito perigoso", contratar também o é. Ciente disso, Larissa nos propõe caminhos para transitar com alguma segurança diante desses riscos. E o faz com a leveza e precisão de "uma dançarina su-suspensa, constantemente suspensa entre o rochedo e a flor"[1].

São Paulo, 28 de agosto de 2023

Juliana Krueger Pela
Professora Doutora de Direito Comercial da Faculdade de Direito da USP

[1] Campilho, Matilde. Roma-amor. In: Joquei, Editora 34, p. 62. No original, no masculino: dançarino suspenso.

PREFÁCIO

Os negócios jurídicos de compra e venda de participação em sociedades empresariais (operações de fusões e aquisições ou M&A, no jargão de mercado) cumprem função essencial no mundo moderno e seu sistema capitalista. Tais contratos propiciam, dentre outros relevantes propósitos, a combinação de empresas, a transferência do controle societário ou quando menos de participação minoritária, circulando o capital e dinamizando o mercado empresarial.

Como, nesse contexto, a compra e venda tem por objeto uma participação societária, que em última instância representa fração ideal de uma sociedade ou empresa (para empregar aqui uma das clássicas acepções desse termo), e considerando ainda que empresa é formada por um conjunto dinâmico de bens tangíveis e intangíveis, direitos e obrigações, aplicados a uma atividade empresarial, trata-se de uma das mais complexas modalidades de compra e venda.

De modo geral, o direito codificado e positivo, fruto da lenta evolução da matéria contratual, inclusive do contrato de compra e venda pensado para objetos muito mais simples (e.g., bens imóveis, produtos agrícolas), não é capaz de disciplinar e dar respostas satisfatórias à realidade complexa das operações de M&A. Entre as partes, as disposições contratuais devem suprir essa lacuna, com contratos muito mais longos e detalhados. E, para tanto, a prática do M&A no Brasil e no mundo se inspirou na experiência contratual dos países do *common law*, disseminada sobretudo pelas suas empresas transnacionais.

Nesse ambiente mais sofisticado e desafiador, existem escritórios de advocacia, bancos de investimento, consultorias e um universo próprio de profissionais dedicados a essas operações e seus contratos. A negociação e a interpretação desses contratos exigem não somente o domínio da teoria jurídica e de conceitos financeiros, contábeis e tributários, dentre outros tantos, mas também o conhecimento da prática local e internacional, seus usos e costumes.

O tema da presente obra é, portanto, de grande relevância teórica e prática. Tem por foco a análise jurídica da chamada **mudança adversa relevante** (também denominada efeito material adverso ou simplesmente cláusula MAC ou MAE, do inglês *material adverse change* ou *material adverse effect*), expressão essa que, embora não disciplinada ou mesmo definida no direito positivo brasileiro, nem se confundindo (embora podendo guardar intersecções) com outros institutos mais tradicionais do direito de tradição romano-germânica (caso fortuito e força maior, onerosidade excessiva, teoria da imprevisão, impossibilidade superveniente, frustração do propósito contratual etc.), é amplamente empregada, com significado próprio, na prática dos contratos de compra e venda de participação societária, sobretudo de grandes empresas, no Brasil e no mundo.

Usualmente, a cláusula de mudança adversa relevante serve ao propósito de exonerar o comprador, livre portanto de quaisquer penalidades, da obrigação de consumar a aquisição da participação societária, e portanto de pagar o preço pactuado, caso um evento ou uma circunstância contratualmente qualificada como materialmente adversa, se verifique entre a assinatura do contrato ou outro acordo vinculante e a consumação propriamente dita da compra e venda, com a respectiva transferência da participação societária ao comprador, vale dizer, no chamado período interino, tão típico e por vezes obrigatório nos contratos de compra e venda de participação societária, notadamente na medida em que a consumação da operação esteja sujeita à aprovação do órgão concorrencial, o CADE, dentre outras condições suspensivas ou precedentes ao fechamento.

Entretanto, como nos ensina a autora, a mudança adversa relevante pode cumprir outros tantos papeis no contrato de compra e venda de participação societária, como constituir uma declaração e garantia autônoma por meio da qual o vendedor declara, por exemplo, não ter havido qualquer mudança adversa relevante entre a data da assinatura e do fechamento, ou desde a data de referência das últimas demonstrações financeiras da sociedade-alvo.

Pode também servir de parâmetro de materialidade para determinar quais incorreções ou desvios nas declarações e garantias prestadas pelas partes, ou quais descumprimentos de obrigações laterais de fazer ou não fazer previstas no contrato, darão ou não ensejo ao dever da parte que tenha dado causa a tais desvios ou descumprimentos indenizar a outra parte.

A escolha desse tema é corajosa e muito atual. Corajosa porque a cláusula MAC é uma das disposições mais complexas e desafiadoras dos contratos de M&A, seja sob o prisma prático ou da teoria jurídica. Sob o prisma prático, a aplicação da cláusula envolve, frequentemente, para além da interpretação jurídica, conceitos financeiros e econômicos, dentre outros. A análise e comprovação dos fatos que podem dar ensejo à aplicação da cláusula (vale dizer, a subsunção dos fatos à regra contratual) representam outro desafio usual.

Corroborando tal complexidade, a autora começa seu livro trazendo exemplo de definição do efeito material adverso, com nada menos que 583 palavras, extraído de um caso concreto, qual seja, uma operação global de M&A, com preço originalmente estipulado em USD16.2 bilhões, cujos termos contratuais, por envolverem companhias abertas e listadas em bolsa, já haviam se tornado públicos!

Por outro lado, sob o ângulo da teoria jurídica, necessário reiterar que a cláusula, não encontrando reflexo nos institutos tradicionais do direito contratual brasileiro, é ignorada pelo nosso Código Civil ou legislação esparsa. A doutrina sobre o tema ainda é extremamente escassa no Brasil e, demais disso, não existem precedentes judiciais relevantes. Sobre esse último ponto, a falta de precedentes judiciais não significa que a interpretação e aplicação da cláusula não costumem gerar disputas. Pelo contrário, verificados eventos perturbadores do equilíbrio contratual no período interino, as disputas sobre a aplicação da cláusula são frequentes. Contudo, a arbitragem, conduzida de forma confidencial, é o ambiente natural de resolução dessas disputas, pelo que as decisões proferidas nesse foro não se tornam precedentes conhecidos.

A obra é também atualíssima, porque a referida cláusula pôde ser testada e aplicada em maior medida, no Brasil e no mundo, em razão de eventos recentes de inegável repercussão e imprevisíveis na sua origem como a pandemia da COVID-19 ou, antes dela, a crise financeira global de 2008 (*subprime*), os quais tiveram impactos materiais e inegáveis na dinâmica dos negócios jurídicos empresariais.

E a autora, Larissa Gebrim, cuja impecável trajetória profissional e acadêmica tive a satisfação de acompanhar, não poderia estar melhor qualificada para enfrentar o desafio.

A obra é resultado de sua dissertação de mestrado na Faculdade de Direito da Universidade de São Paulo e que, por sua qualidade e caráter inovador, poderia muito bem ter sido uma tese de doutoramento. Na sua obra, elaborada com todo o rigor acadêmico mas sem descuido da realidade e interesse prático, Larissa combina uma impressionante pesquisa em fontes nacionais e estrangeiras, com o benefício dos seus muitos anos de experiência no assessoramento jurídico de operações de M&A, incluindo operações preponderantemente domésticas e outras com partes ou fortes elementos de conexão estrangeiros.

Além do mestrado nacional, sua base acadêmica também foi complementada por mestrado (LLM) na prestigiosa *Stanford University*, no Vale do Silício, Califórnia, dando-lhe embasamento e acesso aos casos e discussões societárias e contratuais mais modernas e sofisticadas naquele país, inclusive no contexto das grandes empresas de tecnologia, que atualmente encabeçam a lista de empresas com maior valor de mercado do mundo.

Aliás, com todas essas qualificações e não obstante o seu foco, a obra vai muito além de tratar única e exclusivamente da cláusula MAC. Para inseri-la no seu contexto e enriquece a análise do tema principal, a autora oferece uma perspectiva muito atual a mais ampla dos negócios de compra e venda de participação societária, com reflexões, sempre bem embasadas, sobre sua lógica comercial e econômica, e tratando ainda de temas jurídicos de grande relevância e sempre atuais como o *pacta sunt servanda* em contratos interempresariais, reforçado no Brasil com o advento da Lei de Liberdade Econômica, o contrato como instrumento de alocação de riscos, interpretação contratual, o papel da prática e dos usos e costumes, contratos de execução diferida, etc.

Retomando o foco principal, a autora examina exemplos de vários contratos nacionais e internacionais para então revelar os padrões usuais de tais cláusulas: definição base, exclusões e ressalvas às exclusões.

Numa cláusula típica de MAC, e com a ressalva de que a cláusula pode frequentemente apresentar outras variadas formulações, adaptadas à realidade concreta de cada operação, um evento superveniente à assinatura do contrato que resulte em deterioração material dos negócios, ativos ou resultados da sociedade-alvo, com previsão ou não de parâmetros objetivos para determinação de tal materialidade, constituiria a definição base. A cláusula então seguiria para excluir de seu campo de incidência os eventos que, embora atendendo à definição base, decorram de adversidades meramente macroeconômicas ou conjunturais, afetando todo o ambiente de negócios de um país, por exemplo. A cláusula poderia então oferecer ressalvas à referida exclusão, como na hipótese de adversidades macroeconômicas ou conjunturais que afetem desproporcionalmente a sociedade-alvo, ou o setor em que ela atua.

A autora analisa então o racional dessa cláusula, sob as perspectivas comercial, econômica, de alocação de riscos e jurídica. Nessa última perspectiva, a autora compara a cláusula MAC com institutos jurídicos afins do nosso direito, que também podem conduzir à extinção do vínculo contratual e liberação das partes antes da consumação da compra e venda, para então identificar semelhanças e distinções em suas funções, características e efeitos.

A esse respeito, a autora analisa, dentre outras hipóteses extintivas mais tradicionais no nosso direito e em alguma medida disciplinadas no direito positivo, a força maior e o caso fortuito, o desparecimento ou frustração do fim contratual, a hipótese de revisão contratual por desproporção manifesta, a superveniência de onerosidade excessiva e a impossibilidade superveniente.

Enfim, a obra é extremamente rica e será com toda certeza muito útil a todos que atuem ou queiram melhor compreender a dinâmica moderna e mais sofisticada dos contratos de compra e venda de participação societária.

José Virgílio Lopes Enei

SUMÁRIO

INTRODUÇÃO

Delimitação do objeto de pesquisa

Em 24 de novembro de 2019, Tiffany & Co. (Tiffany), LVMH Moët Hennessy-Louis Vuitton SE. (LVMH), Breakfast Holdings Acquisitions Corp (subsidiária da LVMH) (Breakfast Holding) e Breakfast Acquisition Corp. (subsidiária integral da Breakfast Holding) (MergerCo) celebraram um Contrato e Plano de Aquisição (*Agreement and Plan of Merger*),[1] estabelecendo os termos e condições para a formalização de operação que resultaria na aquisição da Tiffany pela LVMH.[2] O negócio seria implementado pela incorporação da MergerCo na Tiffany (em uma curiosa referência ao livro *Breakfast at Tiffany's*).

[1] Como bem pontua Fernanda Martins-Costa, sob a denominação anglo-saxônica *Mergers and Acquisitions* (M&A), traduzida para o português usualmente como Fusões e Aquisições (F&A), encontra-se uma ampla gama de negócios jurídicos e modelos de reorganização societária que servem à implementação de modelos de combinação de negócios, ativos ou empresas. Vide MARTINS-COSTA, Fernanda Mynarski. **Execução diferida do contrato em operações de Fusões e Aquisições (F&A) de sociedades anônimas**: análise de aspectos contratuais e societários. 2021. 192 f. Tese (Doutorado em Direito) – Faculdade de Direito da Universidade de São Paulo, São Paulo, 2021. No caso em referência, a operação teve como resultado uma alteração no quadro societário da Tiffany, de modo que os acionistas originais adquiriram o direito de receber US$135,00 por cada ação que então detinham. Para atingir o resultado almejado, realizou-se operação societária que, no Direito brasileiro, seria caracterizada como uma incorporação da MergerCo na Tiffany.

[2] *Agreement and Plan of Merger* celebrado entre Tiffany & Co., LVMH Moët Hennessy-Louis Vuitton SE, Breakfast Holdings Acquisition Corp. e Breakfast Acquisition Corp. em 24 de novembro de 2019. Disponível em: https://www.sec.gov/Archives/edgar/data/98246/000119312519299997/d840067dex21.htm. Acesso em 20 de janeiro de 2021.

O valor final da operação totalizava a cifra de US$ 16.2 bilhões.[3] Uma vez recebido o preço, as ações detidas pelos acionistas da Tiffany seriam retiradas de circulação e canceladas. No fechamento, portanto, a Tiffany passaria a ser uma subsidiária integral da Breakfast Holding, controlada pela LVMH.[4] A operação era então tratada como a maior aquisição de todos os tempos do setor de produtos de luxo em nível global e acabou virando uma verdadeira novela marcada por fortes emoções.[5]

Como usual para operações desse vulto, a sua consumação estava sujeita a condições precedentes (em uma tradução literal às denominadas *conditions precedent*). Dentre elas, é possível mencionar a obtenção das aprovações societárias e regulatórias. Ademais, o contrato condicionava a conclusão da operação à não verificação de um Efeito Material Adverso (*Material Adverse Effect*), desde a data de assinatura do contrato e até o momento do cumprimento de suas prestações típicas. Da mesma forma, as declarações e garantias prestadas pela vendedora na data de assinatura do contrato deveriam permanecer verdadeiras no momento do fechamento da operação, "exceto [...] quando o fato de tal declaração e garantia não ser verdadeira e precisa não seja e não possa ser, individualmente ou em conjunto, razoavelmente esperado que tenha um Efeito Material Adverso (tradução livre).[6]

[3] DALTON, Mathew; KAPNER, Suzanne. **Behind the LVMH-Tiffany Deal: insults, lawsuits and political intrigue**. The Wall Street Journal. Nova Iorque, p. 1-2. 29 dez. 2020. Disponível em: https://www.wsj.com/articles/behind-the-lvmh-tiffany-deal-insults-lawsuits--and-political-intrigue-11609158490. Acesso em: 20 jan. 2021.

[4] TIFFANY & CO., Plaintiff, v. LVMH MOËT HENNESSY-LOUIS VUITTON SE; Breakfast Holdings Acquisition Corp.; and Breakfast Acquisition Corp., Defendants., 2020 WL 5517433 (Del.Ch.) Tiffany v. LVMH, N. 2020-07068 (Del. Ch.).

[5] LVMH calls off $ 16 bln Tiffany takeover. Disponível em: https://www.reuters.com/article/tiffany-ma-lvmh-timeline-idUKL4N2G63IG. Acesso em 27 de março de 2022. Vide também: Tiffany Deal Is a Signature Move by the Sun Tzu of Luxury. Disponível em: https://www.nytimes.com/2020/10/30/business/bernard-arnault-lvmh-tiffany-battle.html. Acesso em 27 de março de 2022.

[6] "(a) Declarações e Garantias. Cada uma das declarações e garantias previstas na: (i) Seção 5.1(a) (Organização, Regularidade e Qualificação), Seção 5.2 (a) e Seção 5.2(b)(iv) (Estrutura de Capital) (exceto por inconsistências mínimas, observado, contudo, que nenhuma inconsistência envolvendo 6.000 ações será considerada uma inconsistência mínima), Seção 5.3 (Aprovações e Autorizações Societárias), Seção 5.10 (b) (Ausência de Certas Mudanças), Seção 5.20 (Opinião de Assessor Financeiro) deverá ser verdadeira e correta em todos os seus aspectos na Data de Fechamento como se fosse prestada na e em tal data e hora (exceto

Para se compreender o significado de "Efeito Material Adverso", era necessário o recurso ao conjunto de definições incluído nas primeiras disposições contratuais. Nesse sentido, para fins do contrato em referência, um Efeito Material Adverso foi longamente — em suas 583 palavras! — definido como:

> "*Efeito Material Adverso*" significa qualquer Efeito que, individualmente ou em conjunto com os outros Efeitos, (a) tenha ou seja razoavelmente

na medida em que qualquer uma de tal declaração e garantia faça referência expressa a uma data específica ou período determinado, caso em que tal declaração e garantia deverá ser verdadeira e correta em tal data específica ou período determinado) e (ii) qualquer outra Seção do Artigo V deverá ser verdadeira e precisa na Data do Fechamento como se fosse prestada em tal data específica ou período determinado (exceto na medida em que qualquer uma de tal declaração e garantia faça referência expressa a uma data específica ou período determinado, caso em que tal declaração e garantia deverá ser verdadeira e correta em tal data específica ou período determinado) (sem considerar qualquer qualificação por materialidade ou 'Efeito Material Adverso' e palavras da mesma natureza no caso do item (ii), exceto, no caso deste item (ii), quando o fato de tal declaração e garantia não ser verdadeira e precisa não seja e não possa ser, individualmente ou em conjunto, razoavelmente esperado que tenha, um Efeito Material Adverso. (d) Ausência de Efeito Material Adverso. Desde a data de assinatura deste Contrato não poderá ter ocorrido qualquer Efeito Material Adverso." Tradução livre de: "*(a) Representations and Warranties. Each of the representations and warranties set forth in: (i) Section 5.1(a) (Organization, Good Standing and Qualification), Section 5.2(a) and Section 5.2(b)(iv) (Capital Structure) (except for de minimis inaccuracies; provided, however, that no inaccuracies in excess of an aggregate 6,000 Shares shall be deemed to be de minimis), Section 5.3 (Corporate Authority and Approval), Section 5.10(b) (Absence of Certain Changes), Section 5.20 (Takeover Statutes; No Rights Plan), Section 5.21 (Brokers and Finders) and Section 5.22 (Opinion of Financial Advisor) shall be true and correct in all respects as of the Closing Date as though made on and as of such date and time (except to the extent that any such representation and warranty expressly speaks as of a particular date or period of time, in which case such representation and warranty shall be so true and correct as of such particular date or period of time) and (ii) any other section of Article V shall be true and correct as of the Closing Date as though made on and as of such date and time (except to the extent that any such representation and warranty expressly speaks as of a particular date or period of time, in which case such representation and warranty shall be so true and correct as of such particular date or period of time) (without giving effect to any qualification by "materiality" or "Material Adverse Effect" and words of similar import set forth therein in the case of (ii)), except, in the case of this clause (ii), where the failure of any such representation or warranty to be so true and correct has not had and would not, individually or in the aggregate, reasonably be expected to have, a Material Adverse Effect. (d) No Material Adverse Effect. Since the date of this Agreement there shall not have occurred any Material Adverse Effect.*" Agreement and Plan of Merger celebrado entre Tiffany & Co., LVMH Moët Hennessy-Louis Vuitton SE, Breakfast Holdings Acquisition Corp. e Breakfast Acquisition Corp. em 24 de novembro de 2019. Disponível em: https://www.sec.gov/Archives/edgar/data/98246/000119312519299997/d840067dex21.htm. Acesso em 20 de janeiro de 2021.

esperado que tenha um efeito material adverso nos negócios, condição (financeira ou outra), propriedades, ativos, responsabilidades (contingentes ou outras), operações de negócios ou resultados de operações da Companhia e suas Subsidiárias, consideradas em conjunto ou (b) possa ou razoavelmente possa ser esperado que impeça, atrase materialmente ou comprometa materialmente a capacidade da Companhia de consumar a Operação ou cumprir quaisquer de suas obrigações sob esse Contrato fora da Data Máxima, ressalvado, contudo, que no caso da cláusula (a) nenhum Efeito decorrente de ou resultante do seguinte será considerado individualmente ou em conjunto como um Efeito Material Adverso: (i) mudanças nas condições que geralmente afetem as indústrias em que a Companhia ou quaisquer de suas Afiliadas operem, (ii) condições econômicas gerais ou políticas (incluindo relações Estados Unidos – China), preços de *commodities* ou valores mobiliários, crédito, condições do mercado de capitais ou financeiro, em qualquer caso nos Estados Unidos ou em qualquer jurisdição em que a Companhia ou quaisquer de suas Subsidiárias operem, (iii) o não cumprimento, em ou de, pela Companhia no atingimento de projeções internas ou públicas, previsões, estimativas ou predições envolvendo receitas, recebimentos ou outras métricas financeiras ou operacionais por qualquer período (sendo certo que os fatos ou as ocorrências dando ensejo ou contribuindo para tal fracasso podem ser considerados como constituindo, ou serem considerados ao se determinar se houve, ou razoavelmente seja esperado que haja, um Efeito Material Adverso, na medida do admitido por essa definição), (iv) consequências derivadas da celebração e entrega deste Contrato ou o anúncio público ou a pendência das transações aqui contempladas, incluindo o seu impacto sobre as relações, contratuais ou de outra natureza, da Companhia ou quaisquer de suas Subsidiárias com empregados, sindicatos, clientes, fornecedores, designers, proprietários ou parceiros, (v) qualquer mudança, em ou de, no preço de mercado ou volume de transações dos valores mobiliários da Companhia ou em suas avaliações de risco (sendo certo que os fatos ou as ocorrências dando ensejo ou contribuindo para tal fracasso podem ser considerados como constituindo, ou serem considerados ao se determinar se houve, ou razoavelmente seja esperado que haja, um Efeito Material Adverso, na medida do admitido por essa definição), (vi) qualquer alteração na Lei aplicável aos negócios da Companhia ou GAAP (ou interpretação vinculante dessas), (vii) condições geopolíticas, a ocorrência ou escalada de hostilidades (incluindo os protestos de Hong Kong e o movimento dos "Coletes Amarelo"), quaisquer atos de guerra (declarados ou não), sabotagem (incluindo ataques cibernéticos) ou terrorismo, ou qualquer escalada ou piora de quaisquer de tais atos de hostilidade, guerra, sabotagem ou terrorismo ameaçados ou iminentes na data deste Contrato, (viii) qualquer furacão, tornado, enchente, terremoto ou outro desastre natural ou (ix) quaisquer ações necessárias para ser tomadas ou não tomadas pela Companhia ou quaisquer de suas subsidiárias (que não as obrigações da Companhia sob a primeira sentença da Seção 7.1(a) de acordo com esse Contrato ou, com a anuência prévia e por escrito da Controladora, exceto, no caso das cláusulas (i), (ii), (vi), (vii) e (viii) na medida que que tal Efeito tenha um efeito material adverso desproporcional na Companhia e suas Subsidiárias, consideradas em conjunto, em relação a outros na indústria e região geográfica em que os negócios da Companhia e suas Subsidiárias são operados em relação aos negócios conduzidos em tais indústrias e regiões geográficas aplicáveis.[7]

[7] Tradução livre de: "*Material Adverse Effect" means any Effect that, individually or in the aggregate with all other Effects, (a) has had or would be reasonably expected to have a material adverse effect on the business, condition (financial or otherwise), properties, assets, liabilities (contingent or otherwise), business operations or results of operations of the Company and its Subsidiaries, taken as a whole or (b) would or would reasonably be expected to prevent, materially delay or materially impair the ability of the Company to consummate the Merger or to perform any of its obligations under this Agreement by the Outside Date; provided, however, in the case of clause (a) no Effect arising out of or resulting from any of the following shall be deemed either alone or in combination to constitute a Material Adverse Effect: (i) changes or conditions generally affecting the industries in which the Company and any of its Subsidiaries operate, (ii) general economic or political conditions (including U.S.-China relations), commodity pricing or securities, credit, financial or other capital markets conditions, in each case in the United States or any foreign jurisdiction in which the Company or any of its Subsidiaries operate, (iii) any failure, in and of itself, by the Company to meet any internal or published projections, forecasts, estimates or predictions in respect of revenues, earnings or other financial or operating metrics for any period (it being understood that the facts or occurrences giving rise to or contributing to such failure may be deemed to constitute, or be taken into account in determining whether there has been, or is reasonably expected to be, a Material Adverse Effect, to the extent permitted by this definition), (iv) consequences resulting from the execution*

Após a assinatura do contrato e com maior força ao longo do ano de 2020, a pandemia da Covid-19 assolou o mundo, levando governos dos mais diversos países a adotar duras medidas, tais como a restrição à circulação de pessoas em ambientes públicos, o fechamento de fronteiras e severos condicionantes ao regular funcionamento de negócios. A Tiffany, na condição de varejista de produtos de luxo, foi inevitavelmente afetada pela súbita redução do fluxo de consumidores em suas lojas, gerando uma perda imediata de receitas.[8]

Em um cenário já marcado por grave crise econômica e resultados negativos pela Tiffany, representantes do governo francês teriam supostamente solicitado que a consumação da aquisição da Tiffany pela LVMH fosse (muito

and delivery of this Agreement or the public announcement or pendency of the transactions contemplated hereby, including the impact thereof on the relationships, contractual or otherwise, of the Company or any of its Subsidiaries with employees, labor unions, customers, suppliers, designers, landlords or partners, (v) any change, in and of itself, in the market price or trading volume of the Company's securities or in its credit ratings (it being understood that the facts or occurrences giving rise to or contributing to such change may be deemed to constitute, or be taken into account in determining whether there has been, or is reasonably expected to be, a Material Adverse Effect, to the extent permitted by this definition), (vi) any change in Law applicable to the Company's business or GAAP (or authoritative interpretation thereof), (vii) geopolitical conditions, the outbreak or escalation of hostilities (including the Hong Kong protests and the "Yellow Vest" movement), any acts of war (whether or not declared), sabotage (including cyberattacks) or terrorism, or any escalation or worsening of any such acts of hostilities, war, sabotage or terrorism threatened or underway as of the date of this Agreement, (viii) any hurricane, tornado, flood, earthquake or other natural disaster or (ix) any actions required to be taken or not taken by the Company or any of its Subsidiaries (other than the Company's obligations under the first sentence of Section 7.1(a)) pursuant to this Agreement or, with Parent's prior written consent, except, in the case of clauses (i), (ii), (vi), (vii) and (viii) to the extent such Effect has a materially disproportionate adverse effect on the Company and its Subsidiaries, taken as a whole, relative to others in the industries and geographical regions in which affected businesses of the Company and its Subsidiaries operate in respect of the business conducted in such industries and applicable geographical regions." Agreement and Plan of Merger celebrado entre Tiffany & Co., LVMH Moët Hennessy-Louis Vuitton SE, Breakfast Holdings Acquisition Corp. e Breakfast Acquisition Corp. em 24 de novembro de 2019. Disponível em: https://www.sec.gov/Archives/edgar/data/98246/000119312519299997/d840067dex21.htm. Acesso em 20 de janeiro de 2021.

[8] DALTON, Mathew; KAPNER, Suzanne. **Behind the LVMH-Tiffany Deal: insults, lawsuits and political intrigue**. The Wall Street Journal. Nova Iorque, p. 1-2. 29 dez. 2020. Disponível em: https://www.wsj.com/articles/behind-the-lvmh-tiffany-deal-insults-lawsuits-and-political-intrigue-11609158490. Acesso em: 20 jan. 2021. Vide também Coronavirus takes shine off Tiffany's sales before LVMH takeover. Disponível em: https://www.reuters.com/article/us-tiffany-results-idUSKBN2171TA. Acesso em 27 de março de 2022.

convenientemente para a LVMH) postergada enquanto corriam negociações com o governo estadunidense envolvendo a tributação de produtos franceses.

Diante desse contexto, a LVMH indicou que não seguiria adiante com a consumação do negócio com a Tiffany. A companhia sustentou que a pandemia global representava um Efeito Material Adverso para fins contratuais. Como tal, se opôs a estender a data máxima para consumação das condições necessárias para a conclusão do negócio (originalmente agosto de 2020). Dessa forma, exigiu a resolução do contrato, sem a aplicação de qualquer penalidade. Alegou, ainda, que o fechamento de diversos centros comerciais pela Tiffany sem prévia aprovação pela compradora representaria uma violação contratual à obrigação de conduzir a companhia no seu curso ordinário dos negócios.[9]

Verificando a resistência da LVMH em prosseguir com a operação, que, a seu ver, estava assumindo posição meramente protelatória e não colaborativa na obtenção dos consentimentos, a Tiffany propôs medida judicial perante a Corte de Delaware (*Delaware Court of Chancery*). A Tiffany requereu, em síntese, a execução específica do contrato, de forma a compelir a LVMH a cumprir todas as suas obrigações contratuais e, assim que possível, prosseguir com o fechamento da operação. Alternativamente, pleiteava o pagamento de indenização, entre outros pedidos.[10]

No dia seguinte, notícias faziam referência a potencial contra-ataque da LVMH direcionado à Tiffany, dessa vez perante as cortes da Bélgica.[11]

Em paralelo, a LVMH buscava um acordo para reduzir o preço originalmente contratado. A posição inicial do presidente do conselho de administração da Tiffany era pela rejeição do acordo, diante de um alegado otimismo em relação às chances de sucesso nas cortes.[12]

[9] Tiffany v. LVMH, N. 2020-07068 (Del. Ch.). Disponível em: https://www.courthousenews.com/wp-content/uploads/2020/09/Tiffany-LVMH-suit.pdf. Acesso em 20 de janeiro de 2021.
[10] Tiffany v. LVMH, N. 2020-07068 (Del. Ch.). Disponível em: https://www.courthousenews.com/wp-content/uploads/2020/09/Tiffany-LVMH-suit.pdf. Acesso em 20 de janeiro de 2021.
[11] The Clause At Center of $16b Tiffany-LVMH Chancery Fight. Disponível em: https://www.law360.com/articles/1309248/the-clause-at-center-of-16b-tiffany-lvmh-chancery-fight. Acesso em 27 de março de 2022.
[12] LVMH agrees $15.8bn takeover of Tiffany. Disponível em: https://www.theguardian.com/business/2020/oct/29/lvmh-agrees-158bn-takeover-of-tiffany. Acesso em 5 de janeiro de 2021.

Após uma tensão crescente e trocas de acusações de lado a lado, em 28 de outubro de 2020, as partes chegaram a um acordo e formalizaram um aditamento ao contrato original. Os principais termos do aditivo envolviam uma redução no preço por ação pago pela operação para US$ 131,50 (representando um desconto total de US$ 425 milhões para a LVMH) e o encerramento da disputa judicial então em andamento.[13] O negócio foi finalmente concluído em 7 janeiro de 2021.[14]

A disputa acima narrada é certamente uma boa história, com personagens excêntricos e um final amigável. À época, cada nova atualização do caso virou tema de reportagens jornalísticas. Mais que isso, a operação e seu processo de negociação marcaram o mundo dos negócios em momentos de imensa incerteza.

Para juristas, a disputa foi notável. Com o advento da pandemia da Covid-19, ainda eram desconhecidos os seus efeitos sobre as operações envolvendo a aquisição de participação societária pactuadas antes da sua disseminação, mas ainda não concluídas e que, portanto, situavam-se no chamado período interino (*interim period*).

Repentinamente, as Cláusulas MAC novamente tomaram as manchetes e os informativos jurídicos. Vivenciou-se, assim, uma espécie de *déjà vu*. Repetia-se o interesse na disposição contratual já popularizada com o advento da crise de 2008.[15] O colapso de gigantes do setor financeiro e a necessidade de imediata intervenção do governo americano para limitar os seus efeitos sistêmicos ilustrou a necessidade de se determinar contratualmente a alocação de riscos associados a rápidas alterações nos cenários político e econômico nas premissas de negócios implementados de forma diferida no tempo.

[13] LVMH agrees $15.8bn takeover of Tiffany. Disponível em: https://www.theguardian.com/business/2020/oct/29/lvmh-agrees-158bn-takeover-of-tiffany. Acesso em 5 de janeiro de 2021.

[14] LVMH completes the acquisition of Tiffany & Co. Disponível em: https://www.lvmh.com/news-documents/press-releases/lvmh-completes-the-acquisition-of-tiffany-and-co/. Acesso em 6 de março de 2021.

[15] Cf. **Revisiting the MAC Clause in Transaction Agreements:** What Can Counsel Learn from the Credit Crisis? Disponível em: https://www.americanbar.org/groups/business_law/publications/blt/2010/08/03_herman/. Acesso em 27 de março de 2022 e EMMERICH, Adam O.;. NORWITZ, Trevor S. **The MAC is Back: Material Adverse Change Provisions After Akorn**. In: The International Comparative Legal Guide to: Mergers & Acquisitions, Global Legal Group Ltd., 13th ed. 2019. Disponível em: https://ssrn.com/abstract=3400249. Acesso em 14 de outubro de 2020.

Ora denominadas simplesmente como Mudança Material Adversa (*Material Adverse Change – MAC*) ou Efeito Material Adverso (*Material Adverse Effect – MAE*), para fins de simplificação tais disposições serão referidas ao longo desta dissertação como "Cláusulas MAC", "MAC", "Efeito Material Adverso" ou "Evento Material Adverso".

As Cláusulas MAC, como bem definidas por Sá, consistem em "estipulações negociais com vista à distribuição do risco da ocorrência, entre o momento da celebração do contrato (*signing*) e o *closing* de alterações com impacto negativo sobre a empresa ou sobre as circunstâncias em que o negócio foi celebrado".[16] Traduzem-se, dessa forma, em verdadeiros instrumentos de mitigação de risco (ao menos para uma das partes). Permitem a desvinculação contratual mesmo após estabelecidas as condições definitivas do negócio, sem, contudo, implicarem a aplicação de penalidades contratuais. Dentro do contrato de compra e venda de participação societária, verifica-se que a referência ao termo "MAC" é feita ao longo de seções distintas do contrato. Como sugere Coates, as Cláusulas MAC podem representar bons exemplos de disposições que, sob uma mesma terminologia, são capazes de exercer as mais diversas funções dentro de um contrato de compra e venda de participação societária.[17] Como usualmente construídas, as Cláusulas MAC consolidam em uma só disposição contratual, às vezes representadas como simples — e longas — definições, uma diversidade de cláusulas contratuais, revelando sua "*expressiva elasticidade*".[18]

Não obstante a insistência da autora na tentativa de convencimento pela relevância do caso indicado e cuidadosamente escolhido para a abertura desta dissertação, a leitora ou o leitor poderia questionar a razão da referência a um

16 OLIVEIRA E SÁ, Fernando. **Cláusulas Material Adverse Change (MAC) em Contratos de Compra e Venda de Empresas.** In. Direito e Justiça, vol. Especial, 2012, p. 427

17 COATES, John C., **M&A Contracts: Purposes, Types, Regulation, and Patterns of Practice.** Op. cit., p. 6.

18 Cf. YAMAJI, Crisleine Barboza. **As previsões contratuais da superveniência de circunstâncias: uma construção teórica à luza das cláusulas de MAC.** Tese de doutorado defendida perante a Faculdade de Direito da Universidade de São Paulo. Orientador: Prof. Cristiano de Sousa Zanetti e coorientador Prof. Claudio Scognamiglio. São Paulo, 2019 e DE NOVA, Giorgio. **Il Sale and Purchase Agreement: un contratto commentato.** 2a ed. Giappichelli: 2017.

precedente envolvendo uma companhia sediada em Delaware, regido pelas leis de Delaware e sujeito à jurisdição da Corte de Delaware.

Explica-se.

Ainda que reconhecidamente se trate de um precedente de Direito estrangeiro, leitoras e leitores engajados na advocacia empresarial pouco se surpreenderiam ao ler a íntegra do contrato, publicamente disponível no sítio eletrônico da comissão de valores mobiliários estadunidense (Securities Exchange Commission – SEC). A partir de uma rápida leitura do contrato que regeu a bilionária operação entre gigantes do setor de luxo, com suas devidas distinções, muitos devem reconhecer os próprios modelos contratuais que negociam e interpretam em sua prática diária.[19] Possivelmente redigidos em língua inglesa quando se está diante de partes internacionais ou sob controle de companhias estrangeiras, os contratos locais reproduzem a mesma estrutura.

Exceto por poucas referências a temas de Direito local, potenciais simplificações e, é claro, adaptações às circunstâncias do negócio, atingiu-se tal ponto da convergência de certos modelos contratuais que despertaria pouca surpresa se o contrato adotado e debatido entre Tiffany e LVMH fosse replicado para disciplinar uma operação envolvendo a compra e venda de participação societária de uma empresa brasileira, regida pelas leis brasileiras, e cujas disputas provavelmente se sujeitariam ao foro arbitral.

A Cláusula MAC, por exemplo, poderia ser reproduzida em sua integralidade (abstendo-se aqui de um juízo de adequação sobre tal escolha) e, por que não, ensejar disputa similar em solo brasileiro.

No mesmo movimento que impulsionou o estudo da Cláusula MAC, durante a pandemia da Covid-19, muitos juristas se debruçaram sobre os regimes de alteração superveniente de circunstâncias e sua aplicação a relações

[19] Especificamente tratando das declarações e garantias enquanto costumes empresariais, contextualiza Salomão que: "Fortemente influenciadas por padrões empresariais e jurídicos anglo-saxões, tais costumes ganharam enorme força no Brasil a partir dos anos 90, época em que cresceu exponencialmente o número de empresas brasileiras vendidas a grupos estrangeiros, que conseguiam fazer prevalecer seus padrões comerciais e suas práticas jurídicas nas negociações". COMPARATO, F. K.; SALOMÃO FILHO, C. **O poder de controle na sociedade anônima**. 6ª Ed. Rio de Janeiro: Forense, 2014. Ebook.

contratuais em um cenário de perturbação no cumprimento de prestações.[20] Os mais diversos ordenamentos jurídicos construíram seus próprios regimes tratando da manutenção dos contratos mesmo diante de alterações substanciais nas circunstâncias no momento de seu cumprimento. No caso brasileiro, a influência de múltiplas tendências internacionais e construções normativas, não raro assistemáticas, é notória, encontrando bom exemplo no regime de alteração de circunstâncias.[21]

Nesse contexto, voltando à conjuntura brasileira, questiona-se: em uma operação envolvendo a compra e venda de participação societária cujo contrato já tenha sido assinado, em relação ao qual o cumprimento das prestações típicas (transferência ou cessão da participação societária e pagamento do preço) ainda encontra-se pendente, de que modo a referida Cláusula MAC deveria ser interpretada diante das particularidades do ordenamento jurídico pátrio?

Em outras palavras, como as Cláusulas MAC devem ser aplicadas e construídas *vis a vis* o regime geral de alteração de circunstâncias no cumprimento de prestações contratuais quando seus campos de aplicação e suportes fáticos são coincidentes ou não? Essa questão representa o mote da presente dissertação de mestrado.

[20] Apenas no Brasil, sem mencionar os incontáveis seminários online em vídeo (webinars), vide ilustrativamente: SIMÃO, José Fernando. O contrato nos tempos da COVID-19: esqueçam a força maior e pensem na base do negócio. **Migalhas**, 3 abr. 2020. Disponível em: https://www.migalhas.com.br/coluna/migalhas-contratuais/323599/o-contrato-nos-tempos-da--covid-19---esquecam-a-forca-maior-e-pensem-na-base-do-negocio. Acesso em: 18 ago. 2020; MORAIS, P. H. DE P.; MARTINS, P. L. **Os efeitos do Coronavírus (Covid-19) nos Contratos.** Confluências | Revista Interdisciplinar de Sociologia e Direito, v. 22, n. 2, p. 260-278, 1 ago. 2020; SKADDEN. **Covid-19: implicações para contratos comerciais e financeiros.** Disponível em:https://www.skadden.com//media/files/publications/2020/02/corona_virus_covid19_implications/prcoronaviruscovid19implicationsforcommercialandfi.pdf?la=en. 2020. Acesso em 2 de abril de 2022; FERREIRA, Carolina Brumati. **Revisão dos Contratos Privados em decorrência da COVID-19.** Disponível em: https://www.lacazmartins.com.br/revisao-dos-contratos-privados-em-decorrencia-da-covid-19/. Acesso em: 2 de abril de 2022.

[21] MARTINS-COSTA, Judith; SILVA, Paula Costa e. **Crise e Perturbações no Cumprimento da Prestação**: estudo de direito comparado luso-brasileiro. São Paulo: Quartier Latin, 2020, p. 144-145.

Relevância do tema

Em momentos de crise, a ocorrência de situações imprevistas ou súbitas alterações nos cenários macroeconômico e microeconômico podem rapidamente alterar a percepção de riscos pelos agentes e exigir uma realocação de recursos. Tal circunstância evidentemente gera efeitos nos contratos, notadamente naqueles cujas prestações são cumpridas de modo diferido ou continuado. Nesses casos, o encontro das vontades se dá em um ponto temporal, mas a realização da prestação pactuada se realiza em momento subsequente. O cumprimento das prestações pactuadas pode se tornar mais oneroso para uma das partes ou o próprio interesse na sua realização pode, conforme objetivamente reconhecido pelos contratantes, ter desaparecido. A inevitabilidade da ocorrência de circunstâncias supervenientes e os seus efeitos sobre contratos que envolvam obrigações continuadas ou diferidas no tempo são temas caros à teoria e à aplicação dos contratos.

A determinação dos critérios que poderiam conduzir à opção de uma das partes de legitimamente dar ou não cumprimento às obrigações contratuais, bem como das soluções a serem oferecidas em tais circunstâncias, como a resolução contratual, ou a admissão de intervenção de um terceiro, juiz ou árbitro, para conformar o contrato às novas circunstâncias, dá ensejo à necessidade da compreensão do contrato como um instrumento de alocação de riscos. Os efeitos da materialização de circunstâncias supervenientes apenas representam um de seus aspectos.[22] Na construção de uma tal teoria, torna-se necessário o enfrentamento de uma questão essencial. Em última análise, esta carrega consigo a contraposição usual e não menos controversa entre a autonomia da vontade e o intervencionismo estatal. Coloca-se, então, uma decisão de política pública, implementada a partir do Direito Privado, possivelmente refletida em tendências até mesmo contraditórias que ora conduzem à verificação de um declínio ou à confirmação da força e presença do exercício da autonomia privada, incorporadas, evidentemente, no Direito dos Contratos.[23]

[22] MEKKI, Mustapha; KLOEPFER PELESE, Martine. **Hardship and Modification (or 'Revision') of the Contract**. Disponível em: https://ssrn.com/abstract=1542511. Acesso em 2 de junho de 2020, p. 18.

[23] ROPPO, Enzo. **O contrato**. Almedina: Coimbra, 2009, p. 335.

Aplicado ao tema objeto de estudo, um desdobramento evidente de tal contraposição fundamental se dá no reconhecimento pleno ou, conforme aplicável, com limitações, da possibilidade de as próprias partes disciplinarem a alocação dos riscos atrelados ao contrato. Conectada à indagação anterior, há que se inquirir sobre os limites do intervencionismo estatal e sobre a forma por meio do qual deve este operar levando-se em conta a determinação da participação das partes na revisão dos termos previamente acordados. Quando se está diante de circunstâncias supervenientes, cujas probabilidades de materialização podem ser até mesmo desconhecidas no momento da formação do vínculo contratual, a questão adquire contornos específicos.

Retomando o recorte proposto da compra e venda de participação societária, em vista das particularidades do objeto transacionado, verificou-se ser a materialização de circunstâncias supervenientes um risco inevitável em grande parte das operações de tal natureza. Afinal, como indica Fernanda Martins-Costa ao comentar genericamente sobre os contratos envolvendo F&A, "a insuscetibilidade (ou pouca suscetibilidade) de consumação rápida desses modelos jurídicos negociais decorre de necessidades práticas e jurídicas".[24]

Frente à usual impossibilidade de o cumprimento das prestações ocorrer de modo simultâneo ao marco fático utilizado como referência para a fixação do preço, necessário se torna determinar de que modo os possíveis impactos da materialização da superveniência serão contratados entre as partes.

No contexto acima narrado, não obstante a ausência de delimitação de forma específica para a formalização do negócio obrigacional envolvendo a compra e venda de participação societária, a prática negocial tem convergido para a adoção de modelos com circulação internacional. Seja pelo custo inerente à proposição de soluções alternativas, pela confiança no interesse contínuo das partes na consumação do negócio[25] ou pela sua adequação na criação e manutenção de alinhamento de interesses entre os envolvidos, os contratos de compra e venda de participação societária possuem estruturas

[24] MARTINS-COSTA, Fernanda Mynarski. **Execução diferida do contrato em operações de Fusões e Aquisições (F&A) de sociedades anônimas**: análise de aspectos contratuais e societários. Op. cit., p. 11.

[25] DAVIDOFF SOLOMON, Steven, **The Failure of Private Equity**. In: Southern California Law Review, Vol. 82, 2009. Disponível em: SSRN: https://ssrn.com/abstract=1148178, p. 47. Acesso em 13 de fevereiro de 2021.

padronizadas que formalizam e operacionalizam a alocação dos riscos atrelados à verificação de circunstâncias supervenientes, conforme ilustrado no caso envolvendo a Tiffany e a LVMH. Esses mecanismos podem já ser incorporados antes mesmo da celebração do contrato definitivo, no âmbito de instrumentos preliminares, que marcam o processo de formação do regramento contratual. Afinal, a compra e venda de participação societária se desenvolve a partir de um processo de negociações e troca de informações entre as partes. Corre em paralelo a determinação da metodologia e das premissas comerciais que irão orientar a determinação do preço a ser pago como contrapartida pelas ações ou quotas.

A compra e venda de participação societária representa uma faceta de material relevância no desenvolvimento de relações empresárias, sendo dotada de significativo impacto econômico. Compreender, a partir do estudo da Cláusula MAC, de que maneira a materialização de circunstâncias supervenientes — posteriores, portanto, ao encontro das vontades na formação do vínculo contratual e anteriores à consumação da operação — afeta os contratos que disciplinam tais operações implica a reflexão sobre a própria força vinculante de tais instrumentos.

Parte-se aqui, ademais, da premissa de que o contrato de compra e venda de participação societária é dotado de características próprias e motivadores econômicos particulares que os distinguem de outras modalidades de contratos empresariais. Contribui para tal fato a circunstância de este negócio jurídico ter como objeto indireto uma atividade e sua intrínseca noção de continuidade, em oposição a um ativo em específico. Isso carrega consequências quando se está diante de momentos diferidos de execução das prestações.

As próprias metodologias para determinação do preço são variadas. Nas precisas palavras de De Nova, a fixação do preço em uma compra e venda de participação societária é um tema delicado, mesmo quando enunciado de forma simplória na respectiva cláusula de preço.[26]-[27] A determinação dos direitos e responsabilidades aplicáveis a cada polo contratual em um contrato de compra e venda de participação societária é uma variável do preço, e vice-versa.

[26] DE NOVA, Giorgio. **Il Sale and Purchase Agreement: un contratto commentato**. 2a ed. Giappichelli: 2017, p. 114.

[27] A mesma caracterização poderia, evidentemente, ser estendida às quotas. Desse modo, optou-se pela referência, sempre que possível juridicamente, a participação societária.

Associando-se um evento a uma probabilidade de materialização, ainda que estimada, todos os fatos da vida podem ser expressos em um preço, o que, para os mais sensíveis, pode soar no mínimo desconfortável. A compreensão dos efeitos de circunstâncias supervenientes e da interpretação e aplicação da Cláusula MAC perpassa, portanto, por um cotejo do impacto da ocorrência de tais fatos sobre a entidade sendo adquirida e, mais especificamente, sobre o preço acordado entre as partes e a matriz de riscos subjacente.

Na tentativa de se identificar em tais metodologias um denominador comum, questiona-se: afinal, quando um investidor resolve adquirir uma sociedade, o que, de fato, se adquire? O talento dos executivos que a dirigem? A tecnologia que ela pode deter? A fatia do mercado que a sociedade alvo possui?

Mas, antes de dar seguimento, um esclarecimento terminológico deve ser prestado. Embora pareçam termos correspondentes e na linguagem cotidiana possam ser utilizados de forma intercambiável, "valor" e "preço" são conceitos distintos.[28]

Aplicado ao contexto de operações envolvendo a "negociação de empresas", Perez e Famá esclarecem que "enquanto o valor é relativo e depende de vários fatores, muitos deles subjetivos, o preço é único, exato e preciso, e reflete fielmente mensuração financeira de uma transação de compra e venda de determinada empresa".[29] Em citação atribuída a Warren Buffet, a distinção é colocada em termos pragmáticos, sendo "o preço o que se paga; o valor o que se recebe".[30] É diante desse binômio e da distinção de tais variáveis sob a perspectiva do vendedor e comprador que se determina o que poderia ser um bom ou mau negócio.[31]

O valor intrínseco atribuído a participações societárias é passível de ser extraído a partir de diferentes metodologias. A escolha de uma ou outra será mais ou menos adequada a depender do objeto em referência, sendo inclusive

28 PEREZ, Marcelo Monteiro; FAMÁ, Rubens. **Métodos de avaliação de empresas e o balanço de determinação.** Revista Administração em Diálogo, São Paulo, nº 6, 2004, p. 102.

29 PEREZ, Marcelo Monteiro; FAMÁ, Rubens. **Métodos de avaliação de empresas e o balanço de determinação.** Op. cit., p. 102.

30 PWC. **Successful investing**: The difference between price and value. Outubro de 2013. Disponível em: https://www.pwc.com/gx/en/deals/swf/publications/assets/successful-investing-the-difference-between-price-and-value.pdf. Acesso em 10 de abril de 2022, p. 2.

31 PWC. **Successful investing**: The difference between price and value. Op. cit., p. 2.

possível a combinação de diferentes metodologias.[32] Longe de ciências exatas, cada metodologia incorpora premissas e interpretações assumidas de parte a parte. Após um processo de longas auditorias e negociações, vendedor e comprador acordam um preço, idealmente consistente com suas próprias perspectivas de valor se assumida a premissa da racionalidade (mesmo que de forma imperfeita).[33]

Sob nomenclaturas e perspectivas distintas, o que as metodologias de avaliação de empresas consideram, em última análise, é o próprio caixa da sociedade.[34] Nesse exercício, assume-se, ademais, diferentes cenários, premissas e referências históricas ou perspectivas futuras.[35]

A avaliação é o procedimento organizado pelo qual a parte adquirente é capaz de acessar e objetivar o valor atribuído à aquisição da participação societária. O preço, ao seu turno, é derivado a partir do confronto das perspectivas

[32] DE NOVA, Giorgio. **Il Sale and Purchase Agreement: un contratto commentato.** 2a ed. Giappichelli: 2017, p. 115.

[33] Diversos fatores podem comprometer essa ideia de racionalidade. Com base em teorias comportamentais, que contam com contribuições do campo da psicologia, um estudo empírico baseado nas maiores operações de fusões e aquisiçõe, em um período de três anos, conclui que impulsos básicos, tendências inconscientes (*bias*) e simplificações nos processo de tomada de decisão (*mental shortcuts*) também podem ser identificados em fusões e aquisições, operações tradicionalmente vistas como exemplos de decisões racionais e, portanto, mais próximas do parâmetro da racionalidade perfeita. Tais fatores, segundo o autor, podem contribuir para o resultado muitas vezes negativo dessas operações e poderiam justificar mudanças regulatórias para, por exemplo, resguardar os interesses de acionistas (FANTO, James A., **Quasi-Rationality in Action:** A Study of Psychological Factors in Merger Decision-Making. 5 de março de 2000. Disponível em: https://ssrn.com/abstract=265151. Acesso em 10 de abril de 2022). Inevitavelmente, tais limitações de racionalidade igualmente se refletem em processos de avaliação, como, ilustrativamente, na consideração de premissas demasiadamente otimistas.

[34] Vide MARTINS, Eliseu. **Avaliação de Empresas: da Mensuração Contábil à Econômica**. In: Caderno de Estudos, São Paulo, FIPECAFI, v. 13, n. 24, p-28/37, julho/dezembro 2000 e COPELAND, Koller & Murrin: **Avaliação de Empresas – Valuation**: Calculando e Gerenciando o Valor das Empresas, Op. cit., p. 131.

[35] "São várias as formas de se medir patrimônio e lucro de uma empresa; desde o Custo Histórico, com base nas transações ocorridas, passando pelo Custo Corrente, considerando a reposição dos fatores de produção sendo consumidos, avaliando cada ativo e passivo pelo seu Valor Líquido de Realização e chegando ao Valor Presente dos Fluxos de Caixa Futuros. Todas elas consideram, no fundo, um único objeto; o caixa; ora o caixa acontecido, o prestes a acontecer, os que aconteceriam se ativos e passivos fossem vendidos, o que se espera vá ocorrer, etc." MARTINS, Eliseu. **Avaliação de Empresas: da Mensuração Contábil à Econômica**. In: Caderno de Estudos, São Paulo, FIPECAFI, v. 13, n. 24, p-28/37, julho/dezembro 2000.

de valor de comprador e vendedor extraídos a partir da construção de cenários e premissas que podem ou não se materializar na continuidade do desenvolvimento da atividade empresária.

O compartilhamento de posições e alinhamento comercial em relação às premissas que nortearam o exercício de precificação incorpora a noção do equilíbrio econômico-financeiro contratual, mas não de forma isolada. Afinal, como bem pondera Buschinelli, o preço representa a contraprestação não apenas pela aquisição de participação societária, como também pelo sistema de garantias e, por que não, pelo conjunto de disposições refletidas no contrato. As proteções acordadas contratualmente podem servir de fundamento para a parte compradora estar disposta a assumir mais riscos, e vice-versa.

Como comumente construído, o contrato de compra e venda de participação societária especifica, além do preço, as premissas sobre as quais esse está assentido, incluindo, conforme o caso, a sua descrição, enunciada sob a forma de declarações e garantias evidenciadas a partir do surgimento de obrigações de indenização pela quebra ou imprecisão das declarações prestadas.[36] Ao atrelar um sistema de garantias a uma operação de compra e venda de participação societária, é possível reconhecer valor incremental às partes por meio da mitigação de riscos e potenciais assimetrias informacionais tipicamente associadas à compra e venda.[37] Cada conjunto de cláusulas, assim, incorpora parte de uma matriz de riscos contratual e, vistas conjuntamente, delimitam um regime autônomo de responsabilidades potencialmente limitado em relação a outros remédios jurídicos disponíveis a partir do regramento geral.

Exemplifica-se. Uma divergência em relação a uma declaração prestada no contrato pode ensejar o dever de indenização do comprador, sujeito aos termos e condições especificados contratualmente e não raro amplamente negociados. O sistema de garantias representaria, assim, um meio para se efetivar a recomposição do equilíbrio econômico-financeiro contratual. Mas o próprio regime de garantias tipicamente associado à compra e venda de participação

[36] BUSCHINELLI, Gabriel Saad Kik. **Compra e venda de participações societárias de controle**. Tese de doutorado defendida perante a Faculdade de Direito da Universidade de São Paulo. Orientador: Prof. Eduardo Secchi Munhoz. São Paulo, 2017, p. 155.

[37] BUSCHINELLI, Gabriel Saad Kik. **Compra e venda de participações societárias de controle**. Tese de doutorado defendida perante a Faculdade de Direito da Universidade de São Paulo. Orientador: Prof. Eduardo Secchi Munhoz. São Paulo, 2017, p. 155.

societária tem suas limitações, notadamente diante de variações relevantes verificadas em relação às premissas originalmente consideradas para a fixação do preço. É nesse contexto que as Cláusulas MAC poderiam adicionar valor às partes, viabilizando um potencial caminho para não consumar a operação quando entre a celebração do contrato e a efetivação das prestações típicas ocorra circunstância negativa aos negócios e prospectos da sociedade alvo.

Existe ainda outra razão pragmática pela escolha do estudo do contrato de compra e venda de participação societária. Trata-se de negócio jurídico de relevante importância econômica. No ano de 2021, no Brasil, em linha com a tendência mundial, as chamadas operações de fusões e aquisições atingiram recorde em nível de atividade. Esses negócios movimentaram cifras da ordem de US$ 66 bilhões, não obstante a desvalorização da moeda brasileira em face do dólar.[38] Mesmo em um cenário de incerteza, ocorreu um intenso fluxo de operações comerciais. Pode ser duro reconhecer, mas crises criam boas oportunidades de negócios para alguns e rapidamente retiram outros agentes do mercado.

Uma das particularidades da compra e venda de participação societária inerente à sua própria natureza é que ao se debruçar e refletir sobre o assunto logo se constata a necessidade de se adotar uma abordagem multidisciplinar. Além de um negócio jurídico afeito ao Direito Civil e ao Direito Comercial (e de outros ramos que se tornam mais ou menos relevantes a depender do campo da atuação e da situação jurídica da empresa alvo), a compreensão de sua função e motivadores econômicos requer, ainda, a contribuição de outras áreas do conhecimento, como as finanças e contabilidade.

Como um instrumento importado de práticas estrangeiras e, mais especificamente, com origem no *common law*, imperativo se coloca o desenvolvimento de uma base teórica para a interpretação do negócio jurídico.

Essa necessidade é ainda mais premente para a garantia da segurança jurídica em um cenário em que as disputas decorrentes de sua interpretação acabam sendo submetidas a processos de arbitragem confidenciais ou cujas câmaras arbitrais tornam público um limitado conjunto de informações em

[38] BAIN & COMPANY. **Global M&A Report 2022.** Disponível em: https://www.bain.com/globalassets/noindex/2022/bain_report_global_m_and_a-report-2022.pdf. Acesso em 2 de abril de 2022.

relação a controvérsias ali julgadas. É neste contexto que Pereira, em artigo de opinião, faz provocação ao sintetizar que, no Brasil, fusões e aquisições compõem um suposto *"universo paralelo"*.[39] Enquanto as disputas envolvendo esses contratos permanecem na escuridão, os advogados que atuam no mercado se guiam pelas experiências de suas próprias bancas. Segundo o autor, quando essas matérias chegam ao Judiciário, os julgadores adotariam posturas vacilantes, relacionadas possivelmente à estranheza em relação aos institutos importados de modelos estrangeiros, mas legitimados pela própria prática negocial. Por se tratar de artigo de opinião, o autor não apresenta dados que suportariam tal afirmativa, mas o ponto de atenção por ele suscitado permanece válido. Se a jurisprudência é pouco representativa, a doutrina assume papel relevante e deve se atentar para a realidade econômica de tal negócio jurídico.

No estudo dos contratos de compra e venda de participação societária e de suas disposições, como a Cláusula MAC, é necessário considerar o ordenamento jurídico brasileiro como referencial dogmático. Afinal, uma vez regido pela legislação brasileira, o instrumento contratual inevitavelmente se distancia de seus referenciais alienígenas e adquire vida própria a partir de sua redação, negociação e interpretação por advogados, acadêmicos, juízes e árbitros formados e treinados à aplicação das normas do Direito pátrio.

Não obstante o fato de representar um desdobramento natural do desenvolvimento da atividade empresária e das relações empresariais com relevantes impactos econômicos, no Brasil, apenas mais recentemente a compra e venda de participação societária, como fenômeno distinto da transmissão da própria empresa, tem sido objeto de produções acadêmicas jurídicas.[40] Despontam

[39] PEREIRA, Rafael Setogutti. **Os universos paralelos das operações de fusão e aquisição de empresas.** 14 de abril de 2021. Disponível em: https://www.migalhas.com.br/depeso/343664/os-universos-paralelos-das-operacoes-de-fusao-e-aquisicao-de-empresas. Acesso em 2 de abril de 2022.

[40] Vide nesse sentido: BUSCHINELLI, Gabriel Saad Kik. **Compra e venda de participações societárias de controle**. Tese de doutorado defendida perante a Faculdade de Direito da Universidade de São Paulo. Orientador: Prof. Eduardo Secchi Munhoz. São Paulo, 2017; GREZZANA, Giacomo Luiz Maria Oliveira. **A cláusula de declarações e garantias em alienação de participação societária**. São Paulo: Quartier Latin, 2019; PIVA, Luciano Zordan. BRANCO, Gerson Luiz Carlos (Apres.); MARTINS-COSTA, Judith (Pref.). **O Earn-Out na compra e venda de empresas.** São Paulo: Quartier Latin, 2019; OLIVEIRA, Caio Raphael Marotti. **A Cláusula pró-sandbagging (conhecimento prévio) em contratos de alienação de participação acionária.** Dissertação de Mestrado defendida perante a Faculdade de Direito

assim trabalhos que, de forma direta ou indireta, se debruçam sobre os contratos de compra e venda de participação societária, em que pese o fato de algumas disposições que lhe são típicas serem igualmente verificadas em outros instrumentos contratuais complexos, como contratos de financiamento, contratos de construção, entre outros.

O objetivo desta dissertação é contribuir para a linha de pesquisa acima mencionada. Para tanto, coloca-se como centro de estudo as Cláusulas MAC e suas possíveis intersecções com o regime geral da alteração de circunstâncias aplicável aos contratos bilaterais e onerosos no Direito brasileiro. Na seção seguinte, detalha-se o plano de desenvolvimento adotado para o enfrentamento do objeto de pesquisa.

Plano de desenvolvimento

Para desenvolver o objeto pretendido, esta dissertação está estruturada em duas partes e quatro capítulos, antecedidas por esta introdução e sucedidas pela sistematização das principais conclusões desenvolvidas ao longo da dissertação.

Na primeira parte do trabalho, a Cláusula MAC é objeto de estudo enquanto fruto da autonomia da vontade.

Inicialmente, são desenvolvidas noções fundamentais que funcionam como verdadeiros fios condutores para a compreensão e interpretação das Cláusulas MAC. Muito se refletiu sobre a necessidade de manutenção desses itens para se evitar um erro comum em trabalhos acadêmicos: a adoção de um tom de "manualismo". Este é definido por Oliveira em artigo clássico sobre metodologia de pesquisa como "a tendência de escrever na dissertação ou tese

da Universidade de São Paulo. Orientador: Profa. Juliana Krueger Pela. São Paulo, 2020; PARGENDLER, Mariana; GOUVÊA, Carlos Portugal. **As diferenças entre declarações e garantias e os efeitos do conhecimento.** In: CASTRO, Rodrigo Rocha Monteiro; AZEVEDO, Luís Andrade; HENRIQUES, Marcus de Freitas (Coords.). Direito societário, mercado de capitais, arbitragem e outros temas: homenagem a Nelson Eizirik, V. III, São Paulo: Quartier Latin, 2020; MARTINS-COSTA, Fernanda Mynarski. **Execução diferida do contrato em operações de Fusões e Aquisições (F&A) de sociedades anônimas: análise de aspectos contratuais e societários.** 2021. 192 f. Tese (Doutorado em Direito) –Faculdade de Direito da Universidade de São Paulo, São Paulo, 2021.

verdadeiros capítulos de manual, explicando redundantemente o bê-a-bá da disciplina".[41] Por outro lado, concluiu-se que a compreensão da Cláusula MAC enquanto instrumento de alocação de riscos depende da identificação da própria dinâmica das operações envolvendo a compra e venda de participação societária. É o foco na resolução de problemas que confere um aspecto prático à produção teórica em Direito. Com base em tal entendimento, busca-se compreender o significado da existência do período interino nas operações de compra e venda de participação societária.

Ao se refletir sobre perturbações no sinalagma funcional, necessário assimilar a própria construção e determinação da prestação, conceito fundamental na teoria geral dos contratos, notadamente quando se está diante de situações envolvendo a verificação de circunstâncias supervenientes e seus impactos no programa contratual. É a noção de prestação que determina, por exemplo, quando se está diante de hipótese de impossibilidade, em oposição aos casos de excessiva onerosidade ou de frustração do fim contratual.[42]

No caso das operações de compra e venda de participação societária, a prestação típica consiste, de um lado, na entrega da participação societária e, de outro lado, no pagamento do preço. Mas quais são as particularidades de uma compra e venda quando o objeto consiste, indiretamente, em um conjunto de posições ativas e passivas que organizam o desenvolvimento de atividade empresária? Além de explorar tais provocações, no primeiro capítulo investiga-se como as prestações típicas poderiam ser afetadas durante o período interino, pela verificação de circunstâncias supervenientes.

Já no segundo capítulo, busca-se sistematizar a estrutura da Cláusula MAC e compreender as múltiplas funções por ela exercidas a partir de perspectiva estritamente contratual. Utiliza-se como base para a reflexão a estrutura socialmente típica do contrato de compra e venda de participação societária extraído da prática internacional, como aquele envolvendo a operação entre Tiffany e LVMH. Parte-se, dessa forma, do contrato de compra e venda de participação societária enquanto um sistema autônomo, contemplando um

41 OLIVEIRA, Luciano. **Não fale do Código de Hamurabi!**: A pesquisa sócio-jurídica na pós-graduação em Direito. Disponível em: https://edisciplinas.usp.br/pluginfile.php/4213608/mod_resource/content/1/OLIVEIRA%2C%20Hamurabi.pdf. Acesso em 2 de abril de 2022.
42 MARTINS-COSTA, Judith; SILVA, Paula Costa e. **Crise e Perturbações no Cumprimento da Prestação**: estudo de direito comparado luso-brasileiro. Op. cit., p. 57.

conjunto de incentivos e mecanismos para tratar da execução diferida de suas prestações. Embora sem ignorar a sua origem, aqui já se busca uma reflexão das diferentes funções da Cláusula MAC, adotando-se um olhar voltado ao Direito brasileiro a fim de se conferir os corretos enquadramentos dogmáticos, quando necessário.

Compreendida a estrutura e as principais funções da Cláusula MAC, em uma construção lógica busca-se investigar como essa disposição tem sido efetivamente aplicada. Esse é o mote para a segunda parte do trabalho.

Diante da inexistência de precedentes em solo local, de início o estudo se voltou à aplicação da Cláusula MAC no *common law*, com enfoque principal no Direito norte-americano. Optou-se por fazer recurso às principais construções jurisprudenciais que se desenvolveram na Corte de Delaware, partindo do desenvolvimento histórico da Cláusula MAC. Daqui se extrai alguns dos principais desafios interpretativos que a Cláusula MAC suscita. É evidente que o *common law* é marcado por regras interpretativas distintas daquelas identificadas em regimes jurídicos de origem continental, colocadas em perspectiva para fins de construção de possíveis dificuldades que poderiam ser encontradas na sua aplicação. Mas não raro a intensidade da influência da prática norte-americana sobre temas corporativos suscita questionamentos sobre a efetiva representatividade de uma tal distinção.

O terceiro capítulo apresenta, em grande medida, questões para reflexão sobre a Cláusula MAC.

No quarto capítulo, após a construção de entendimento sobre o campo de incidência e principais funções da Cláusula MAC, retoma-se ao solo brasileiro. Propõe-se então a partir da sistematização do regime geral da alteração de circunstâncias, a determinação dos pontos de sobreposição entre os âmbitos de aplicação da Cláusula MAC e do regime geral extraído essencialmente a partir do Código Civil. Verificada a sobreposição, questiona-se a natureza das regras que compõem o regime geral da alteração de circunstâncias, sugerindo-se por fim caminho interpretativo para as Cláusulas MAC, não apenas a partir do regime posto, mas também da influência dos usos e costumes na compra e venda de participação societária.

A dissertação se encerra então com a organização das principais conclusões desenvolvidas.

Metodologia

Sob a ótica metodológica, o ambiente acadêmico de excelência cria incentivos para o desenvolvimento de um estudo profundo sobre as questões que se pretende enfrentar, com o rigor metodológico que tal atividade requer. O resultado dessa avaliação pode ter — e é especialmente desejável que tenha — impactos práticos relevantes. Isso traz ao estudo acadêmico uma abordagem propositiva. As contribuições podem assumir formas múltiplas, como, por exemplo, a identificação de questões jurídicas não tratadas propriamente pela legislação, sugestões de alterações de normas e, por que não, soluções pautadas em arranjos contratuais que poderiam solucionar questões identificadas a partir de um estudo dogmático (assim como o reconhecimento de suas potenciais limitações).

A proposta de aproximação da academia à prática e a troca de contribuições entre cada um dos campos tem como premissa um certo cuidado metodológico. O abandono de tal preocupação pode converter o estudo acadêmico em um memorando ou parecer jurídico e há que se distinguir nesse caso um e outro campo, mantendo-os apartados. Na academia, deve-se zelar por um afastamento em relação ao objeto de análise, ainda que no campo das ciências sociais esse distanciamento em sua concepção plena tenha suas limitações.[43]

A metodologia de pesquisa é o que permite estruturar o conhecimento jurídico sob uma forma "*cientificamente sustentável*", de modo que a resposta a diferentes questões de pesquisa envolve distintas "*condições de aceitação metodológicas*". Do mesmo modo, a determinação das condições metodológicas a serem aplicadas na produção do conhecimento possui uma relação direta com a própria natureza da pergunta de pesquisa que se pretende investigar.[44]

[43] XIMENES, Julia Maurmann. **O processo de produção científico-jurídica – O problema é o problema**. Anais do XVII Congresso Nacional do CONPEDI, realizado em Brasília – DF nos dias 20, 21 e 22 de novembro de 2008, p. 4794.

[44] QUEIROZ, Rafael Mafei Rabelo. **Metodologia da pesquisa jurídica**. Enciclopédia jurídica da PUC-SP. Celso Fernandes Campilongo, Alvaro de Azevedo Gonzaga e André Luiz Freire (coords.). Tomo: Teoria Geral e Filosofia do Direito. Celso Fernandes Campilongo, Alvaro de Azevedo Gonzaga, André Luiz Freire (coord. de tomo). 1. ed. São Paulo: Pontifícia Universidade Católica de São Paulo, 2017. Disponível em: https://enciclopediajuridica.pucsp.br/verbete/151/edicao-1/metodologia-da-pesquisa-juridica. Acesso em 1 de maio de 2020.

É isso que determina se tal ou qual método é mais adequado para a construção do que Queiroz denomina como um conhecimento "*cientificamente sustentável*".

Para responder às questões de pesquisa, diferentes metodologias foram empregadas.

De início, procurou-se estabelecer certas premissas fundamentais e a terminologia base que orientou a dissertação, partindo de revisão bibliográfica.

Ao adentrar mais especificamente na contratualização da compra e venda de participação societária, embora o método proposto fosse o analítico e, em certa medida, dogmático, propôs-se a incorporação de referências e análise de instrumentos contratuais reais.

A dificuldade aqui residiu no fato de tanto os contratos serem usualmente protegidos por cláusulas de confidencialidade, observadas inclusive por autoridades governamentais que eventualmente tinham acesso a tais documentos. É o caso, por exemplo, do Conselho Administrativo de Defesa Econômica (CADE). Apenas em alguns poucos casos (especialmente os mais antigos) ainda é possível visualizar a íntegra de contratos de associação que deram ensejo à abertura do procedimento administrativo instituído perante a autoridade antitruste. Mesmo que não consistam no foco desta pesquisa, vale notar que até companhias abertas não têm a obrigação de disponibilizar a íntegra dos contratos envolvendo negócios jurídicos tendo como objeto participações societárias. Tampouco existem publicações organizadas por associações de classe que contemplem referência a um modelo de contrato de compra e venda de participação societária, seguido por comentários e anotações por profissionais da área.[45] Nesse cenário, não surpreendeu a ausência de estudos quantitativos sobre padrões contratuais.

Não apenas os contratos são sigilosos como também as disputas deles decorrentes. O conhecimento, portanto, seja de estratégias ou problemas contratuais costuma ficar protegido ou, quando tornado público, tende a ser transmitido de modo muitas vezes superficial ou centrado na própria experiência pessoal do autor.

[45] Veja-se por exemplo material organizado pela American Bar Association: AMERICAN BAR ASSOCIATION. **Model stock purchase agreement with commentary.** V.1. 2.ed. Chicago: ABA, 2010.

Como resposta para esse problema, uma alternativa seria o desenvolvimento de trabalhos estritamente teóricos sobre aspectos relacionados à compra e venda de participação societária. No entanto, como diz o ditado popular, *nem tanto ao mar nem tanto à terra*. Afinal, neste tema, o diálogo com a prática e o enfoque na resolução concreta de problemas parece ainda mais essencial. A distância entre academia e prática, portanto, acaba por comprometer a própria disseminação da produção acadêmica enquanto suporte e referência para a resolução de questões jurídicas concretamente suscitadas envolvendo contratos de compra e venda de participação societária.

Diante das limitações narradas, são necessárias soluções metodológicas alternativas e criativas, que permitam a resposta ao tema de pesquisa de modo não enviesado quando se está diante de um conjunto limitado de fontes e se busca realizar uma ponte entre teoria e prática. Afinal, a prática contratual também deve ser objeto de estudo doutrinário, mas nesse caso a metodologia de pesquisa precisa ser adaptada.

No presente trabalho, optou-se por, sempre que possível, fazer referência a cláusulas contratuais extraídas a partir de modelos reais, obtidos exclusivamente a partir de fontes públicas.

O objetivo ao se fazer recurso a tais instrumentos contratuais não consistiu na opção por um método empírico para orientar as respostas às perguntas de pesquisa. Como fizeram, por exemplo, De Nova,[46] Yamaji[47] e Oliveira,[48] foram utilizadas referências a modelos contratuais para ilustrar e contextualizar a leitura sobre como as situações em princípio abstratas e hipotéticas se refletem na prática contratual. Precedentes identificados a partir de fontes públicas foram utilizados como parâmetros meramente indicativos e modelos para o desenvolvimento das questões aqui tratadas. Sob a ótica metodológica, esses

46 DE NOVA, Giorgio. **Il Sale and Purchase Agreement: un contratto commentato.** 2a ed. Giappichelli: 2017.

47 YAMAJI, Crisleine Barboza. **As previsões contratuais da superveniência de circunstâncias: uma construção teórica à luza das cláusulas de MAC**. Tese de doutorado defendida perante a Faculdade de Direito da Universidade de São Paulo. Orientador: Prof. Cristiano de Sousa Zanetti e coorientador Prof. Claudio Scognamiglio. São Paulo, 2019.

48 OLIVEIRA, Caio Raphael Marotti. **A Cláusula pró-sandbagging (conhecimento prévio) em contratos de alienação de participação acionária**. Dissertação de Mestrado defendida perante a Faculdade de Direito da Universidade de São Paulo. Orientador: Profa. Juliana Krueger Pela. São Paulo, 2020.

instrumentos contratuais representam, portanto, um meio transparente de acesso à prática. A abordagem a partir de tais instrumentos é qualitativa.

Diferentemente de De Nova,[49] e aqui aproximando-se da metodologia de Yamaji e Oliveira, foram selecionados precedentes extraídos a partir de diferentes fontes públicas, que incluíssem a Cláusula MAC. Dentre essas fontes, é possível mencionar (i) processos administrativos que tramitaram perante o CADE,[50] (ii) processos judiciais de natureza pública, a partir dos quais seja possível, por via eletrônica, ter acessos aos autos e, principalmente, à documentação de suporte; (iii) eventuais processos ou bases de dados públicas da Comissão de Valores Mobiliários (CVM). Em consulta à base de dados da SEC, verificou-se a existência de diversos contratos de compra e venda de ações de acesso público, mas eventuais referências a precedentes regidos por legislação estrangeira, mesmo no caso de um instrumento de referência mundial, foram feitas com as devidas ressalvas e atenção ao contexto brasileiro. Cuidados metodológicos para evitar generalizações e conclusões apenas com respaldo em tais instrumentos contratuais (considerando as limitações de escopo e aquelas existentes na própria construção do universo utilizado como base) foram adotados e tornados transparentes a quem vier a ler esta dissertação.

Na tentativa de compreensão de dificuldades enfrentadas pela aplicação da Cláusula MAC, realizou-se pesquisa de jurisprudência na Corte de Delaware, que, como mencionado, acaba sendo considerada como uma referência internacional em temas contratuais e societários. A ferramenta utilizada para a pesquisa foi a base de dados do site *WestLaw*, que compila julgados e outros materiais relevantes de pesquisa no contexto estadunidense.

Afora tais ferramentas metodológicas, esta dissertação se guia preponderantemente pelo método dogmático e analítico.

[49] Em sua obra, o autor opta por utilizar como referência um modelo contratual hipotético e padrão e se debruça sobre cada uma de suas cláusulas sob a ótica do direito italiano. A escolha metodológica é interessante e pouco usual, mas parece positiva na medida em que permite que seja acessado com maior clareza a base considerada pelo autor para desenvolver as suas considerações a partir de uma abordagem anatômica do contrato de compra e venda de participações societárias.

[50] Ao que se constata a partir de uma pesquisa processual, mais recentemente, porém, os contratos têm sido tratados como documentos confidenciais.

PARTE 1
A CLÁUSULA MAC COMO FRUTO DA LIBERDADE CONTRATUAL

1
O ITER CONTRATUAL NA COMPRA E VENDA DE PARTICIPAÇÃO SOCIETÁRIA E A CLÁUSULA MAC

1.1 A participação societária como objeto da compra e venda

Operações societárias, em sentido amplo, sejam elas estruturadas por meio de uma incorporação de ações, fusão, formação de uma parceria societária (*joint venture*) ou, como estudado mais a fundo nesta dissertação, a compra e venda de participação societária, são figuras essenciais do desenvolvimento empresarial, representando um importante meio de realocação de recursos no contexto de uma economia global.[51]-[52] Em precisa síntese, representam,

[51] COPELAND, Koller & Murrin: **Avaliação de Empresas – Valuation**: Calculando e Gerenciando o Valor das Empresas, 3ª edição, Makron Books, p. 111.

[52] Ao tratar da multiplicidade de formas jurídicas que as operações societárias envolvendo a transferência de controle societário podem adotar, Munhoz indica a possibilidade de organizá-las em duas categorias principais. A primeira delas englobaria os "negócios de transferência do controle acionário". Essas operações societárias são definidas por essencialmente envolverem a negociação entre os próprios sócios da companhia, sem gerar um impacto direto na estrutura organizacional e patrimonial da sociedade. Já nas operações de reorganização societária, seu objetivo acaba por envolver necessariamente alterações na estrutura organizacional e patrimonial das sociedades, que pode ter como resultado, em alguns casos, a extinção de uma delas. MUNHOZ, Eduardo Secchi. Cash-Out Merger e o Direito Brasileiro. In: CASTRO, Rodrigo Rocha Monteiro de; AZEVEDO, Luis Andre; HENRIQUES, Marcus de Freitas (org.). **Direito Societário, Mercado de Capitais, Arbitragem e Outros Temas**: homenagem a Nelson Eizirik. São Paulo: Quartier Latin, 2020. p. 307-331. Embora o autor

nas palavras de Antunes, "a principal, senão mesmo hegemônica, modalidade empresarial".[53]

A sua consumação pode ser norteada por diferentes motivadores econômicos, jurídicos e estratégicos, tanto sob a ótica do vendedor como do comprador.[54]

O negócio talvez seja impulsionado, por exemplo, pela busca de maior eficiência operacional por meio da redução de custos de transação.[55] A obtenção de ganhos de escala, a concentração de poder de mercado, a diversificação de investimentos ou a incorporação de nova tecnologia são igualmente potenciais argumentos para motivar a estruturação e implementação de uma operação societária. Por que não considerar as operações societárias, ainda, como uma medida para a recuperação da empresa em situação de crise financeira com mais razão quando ela puder ser juridicamente qualificada como uma unidade produtiva isolada?[56] Destarte, são os mais diversos interesses que

trate especificamente da transferência do controle societário, a mesma consideração se aplica indistintamente aos casos envolvendo a negociação de participações societárias minoritárias. Embora se reconheça que existam outros negócios jurídicos envolvendo participação societária, formalizados, por exemplo, por meio de acordos de investimento ou outros contratos associativos que igualmente são capturados genericamente pela expressão F&A (vide nota de rodapé n. 1), e não se ignore o fato de que ali também se coloca a questão sobre os efeitos da ocorrência de circunstâncias supervenientes, optou-se por adotar no presente trabalho o recorte pela compra e venda de participação societária. Isso porque se entende que demais estruturas associativas podem colocar questões jurídicas próprias que merecem um olhar aprofundado que não é objeto de estudo deste trabalho. A abordagem dogmática aqui adotada, portanto, está estruturada a partir da compra e venda, conforme desenvolvido nesta seção e nas subsequentes.

[53] ANTUNES, José Engrácia. **A empresa como objeto de negócios**: "Asset Deals" Versus "Share Deals". Revista da Ordem dos Advogados. Vol. 2/3, n.º 68, 2008, p. 724.

[54] GRAVA, J. W.; SADDI, J. **Fusões e aquisições: aspectos jurídicos e econômicos**. São Paulo: IOB, 2002, p. 102.

[55] Terminologia inspirada a partir do clássico artigo de Posner que compõe a corrente da análise econômica do Direito. Ali o autor desenvolve uma hipótese para a formação das organizações econômicas como um instrumento para a redução dos custos de transação (COASE, R. H. **The Problem of Social Cost**.The Journal of Law & Economics, vol. 3, [University of Chicago Press, Booth School of Business, University of Chicago, University of Chicago Law School], 1960, p. 1–44. Disponível em http://www.jstor.org/stable/724810. Acesso em 4 de abril de 2022).

[56] O termo "unidade produtiva isolada" é pouco técnico e apenas encontra referência na própria Lei n. 11.101, de 9 de fevereiro de 2005 (Lei de Recuperação de Empresas e Falência – LRF), mas poderia ser definido como um estabelecimento empresarial "apto a ser destacado

norteiam as operações societárias e, mais especificamente, a compra e venda de participação societária.

A aquisição da participação societária de uma sociedade que desenvolva certa atividade empresarial em oposição a arranjos alternativos, como a mera aquisição do conjunto de ativos por ela detidos ou a formalização de um trespasse de estabelecimento empresarial encontra respaldo em razões múltiplas, sendo muitas delas jurídicas. Seus efeitos econômicos após a implementação de uma ou outra estrutura — isto é a exploração do estabelecimento empresarial sob uma nova estrutura de controle — podem ser, ainda assim, aparentemente equivalentes.

A afirmação acima é capaz de ser ilustrada por uma situação hipotética envolvendo sociedade que explore um único estabelecimento comercial ou detenha apenas um ativo, em decorrência de um modelo de segregação de riscos da atividade empresarial. Se no exemplo indicado considerarmos uma indústria, a aquisição do ativo em contraposição à participação societária do vendedor na sociedade que detém a planta industrial exigiria, além da própria transferência da propriedade, a obtenção de novas licenças para a operação, transferência de empregados, cessão de contratos, possível anuência de fornecedores, entre tantas outras providências a serem cautelosamente estudadas a fim de se evitar, a qualquer tempo, a interrupção das atividades desenvolvidas na planta. A efetiva cessão das quotas ou transferência das ações do vendedor ao comprador, ao seu turno, se efetiva de forma relativamente simples, mediante a formalização de alteração ao contrato social ou, conforme o caso, realização das anotações nos livros societários ou assinatura de ordens de transferência a serem apresentadas perante instituição escrituradora na

do corpo plural de estabelecimentos, a ser isolado" (TOLEDO, Paulo Fernando Campos Salles de; POPPA, Bruno. **UPI e estabelecimento:** uma visão crítica. In: *Direito das empresas em crise: problemas e soluções* [S.l: s.n.], 2012, p. 278). Como pontua Buschinelli, tornou-se prática comum a utilização da compra e venda de participações societárias de sociedade titular de estabelecimento empresarial como mecanismo para viabilizar a alienação de unidade produtiva isolada (BUSCHINELLI, Gabriel Saad Kik. **Compra e venda de participações societárias de controle.** Op. cit., p. 229 – 256). O fundamento original para a venda de ativos sob a forma de unidade produtiva isolada, sem sucessão em passivos do vendedor, já poderia se extrair a partir do artigo 60, parágrafo único, da LRF, tendo ficado ainda mais claro com a introdução do artigo 60-A, introduzido à LRF por força da Lei n. 14.112, de 24 de dezembro de 2020.

hipótese de uma sociedade anônima. A titularidade formal do estabelecimento comercial permanece inalterada.[57]

Uma indagação fundamental pressuposta nas linhas antecedentes consiste na compreensão dos efeitos de a participação societária ser objeto do negócio jurídico obrigacional da compra e venda. Isto é, em que medida a participação societária modifica o regime típico da compra e venda, visto sob a ótica dos direitos e deveres de cada uma das partes, ou até mesmo tendo em perspectiva o programa geral aplicável aos contratos, responsabilidade contratual e pré-contratual, e o próprio negócio jurídico?

Aqui cabe destacar uma distinção entre os sistemas de *common law* e os regimes com origens romano-germânicas que não deve passar despercebida. Neste sentido, pondera Fernanda Martins-Costa que, no Direito Privado brasileiro, já nas tratativas, incidem deveres de colaboração e de proteção aplicáveis indistintamente a todos aqueles que se envolvem no tráfego comercial, mesmo quando as prestações principais ainda sequer são exigíveis.[58] De sua violação, surge um dever de indenizar com fundamento dogmático na boa-fé objetiva, conforme compreendida sob suas funções integrativa e corretora.[59]

Retomando a questão anteriormente colocada, qual seja, a particularidade da participação societária enquanto objeto da compra e venda, Pires oferece três razões que demonstram a complexidade da matéria e a insuficiência ao mero recurso às normas gerais de Direito Civil.[60] Fazendo referência ao Direito português, a autora cita, por exemplo, as disposições envolvendo *culpa*

[57] Há que se ter cuidado com a equiparação de uma operação envolvendo uma compra e venda de participações societárias e outra em que apenas se efetiva a transferência de ativos ou trespasse de estabelecimento comercial. Sobre o tema, Buschinelli bem conclui que: "A aplicação de regimes pertinentes à transmissão de bens integrantes do patrimônio societário é admitida. Por importar na desconsideração da personalidade jurídica, porém, sujeita aquele que a propugna a se desincumbir de ônus argumentativo e a demonstrar a razão que justificaria o afastamento." (BUSCHINELLI, Gabriel Saad Kik. **Compra e venda de participações societárias de controle**. *Op cit*, p. 63).

[58] MARTINS-COSTA, Fernanda Mynarski. **Execução diferida do contrato em operações de Fusões e Aquisições (F&A) de sociedades anônimas**: análise de aspectos contratuais e societários, p. 59-60.

[59] MARTINS-COSTA, Judith. **A boa-fé no direito privado: critérios para a sua aplicação.** 2. ed. São Paulo: Saraiva, 2018, p. 561-567; 625-626.

[60] PIRES, Catarina Monteiro. **Aquisição de Empresas e de Participações Acionistas: Problemas e Litígios.** Coimbra: Almedina, 2018, p. 16.

in contrahendo, erro sobre a base do negócio, inadimplemento de obrigações, entre outras.[61] A dificuldade já se evidencia pelo fato de não bastar apenas a aplicação de tais regimes. Em tal tarefa, se mostra necessária uma reflexão crítica sobre o seu cabimento à compra e venda de participação societária.[62]

Segundo a autora, o sistema não oferece respostas claras ou simples quando se está diante da interpretação e determinação do regime jurídico aplicável à compra e venda de participação societária. De início, tal fato se relaciona à constatação de que os próprios regimes típicos já são por si só capazes de suscitar crítica, ainda mais quando se verifica a sua inadequação em uma aplicação pouco refletida ao contexto empresarial. Embora a autora tenha como referência o ordenamento jurídico português, em caráter abstrato a mesma observação igualmente se coloca ao regramento civil brasileiro. O regime geral da superveniência de circunstâncias que melhor será explorado ao longo desta dissertação é uma boa ilustração.[63]

Ademais, para a mencionada doutrinadora, o fato de as disputas decorrentes da compra e venda de participação societária serem comumente submetidas à resolução em foro arbitral traz uma dificuldade adicional que consiste na escassez de precedentes judiciais.[64] Infere-se desta observação uma falta de previsibilidade na resolução de disputas envolvendo esse tipo de negócio jurídico, hipótese essa já inclusive suscitada nas primeiras páginas desta dissertação.

Por fim, contribui para o diagnóstico acima delineado "uma pressão anglo-saxônica" que conduz à introdução de um clausulado característico, mas de aplicação às vezes desafiadora à luz do ordenamento jurídico pátrio.[65] A mera disseminação de tais fórmulas contratuais estrangeiras, de um lado, carrega consigo um processo de naturalização com os clausulados por parte

61 PIRES, Catarina Monteiro. **Aquisição de Empresas e de Participações Acionistas: Problemas e Litígios.** Op. cit., p. 16.
62 PIRES, Catarina Monteiro. **Aquisição de Empresas e de Participações Acionistas: Problemas e Litígios.** Op. cit., p. 16.
63 PIRES, Catarina Monteiro. **Aquisição de Empresas e de Participações Acionistas: Problemas e Litígios.** Op. cit., p. 16.
64 PIRES, Catarina Monteiro. **Aquisição de Empresas e de Participações Acionistas: Problemas e Litígios.** Op. cit., p. 17.
65 PIRES, Catarina Monteiro. **Aquisição de Empresas e de Participações Acionistas: Problemas e Litígios.** Op. cit., p. 17.

dos agentes econômicos, mas não dispensa a avaliação da sua compatibilidade e interpretação à luz do regime geral, comumente suscitada já com o litígio instaurado. A despeito de deterem origem estrangeira, parece incorreta uma concepção de que um tal clausulado seria composto por disposições meramente de estilo ou vazias de conteúdo. A dificuldade reside em se determinar o seu sentido à luz das normas de Direito local quando elas se propõem a constituir um regime autônomo e, quiçá, supranacional. Concluir pela sua mera nulidade em face de princípios gerais, sem maiores esforços ou contextualizações, é uma solução inadequada e que conduz a preocupante quadro de insegurança jurídica. O cenário se agrava quando se está diante de partes qualificadas e já acostumadas ao trânsito comercial. Como bem pontua a autora, ainda que fosse possível se cotejar reforma legislativa expressa esclarecendo as particularidades aplicáveis à compra e venda de participação societária, "a ideia não nos dispensa de encontrar, no plano do direito constituído, soluções coerentes e equilibradas para um dos negócios mais relevantes do Direito Comercial".[66]

Não cabe ao presente trabalho explorar em detalhes as vantagens e desvantagens de cada estrutura, mas tão somente explicitar que, a depender do arranjo adotado, os efeitos jurídicos, regimes de responsabilidade e procedimentos para a implementação da operação variam. Deve ser avaliada, no caso concreto, a melhor alternativa para se almejar o resultado econômico pretendido.

Sob a perspectiva do adquirente, a aquisição de participação societária, notadamente aquela representativa do controle, tem como consequência imediata a assunção de direitos e obrigações inerentes à posição de controlador.[67]-[68]

[66] PIRES, Catarina Monteiro. **Aquisição de Empresas e de Participações Acionistas: Problemas e Litígios.** Op. cit., p. 18.

[67] Ao avaliar a natureza jurídica da cessão de controle acionário em um contexto em que os atos de comércio ficavam sujeitos às disposições do Código Comercial, enquanto os atos da vida civil sob a disciplina do Código Civil, concluiu Comparato pela inaplicabilidade de dispositivos do Código Comercial a tal negócio jurídico. Constatando as particularidades da cessão de controle acionário em relação à compra e venda "pura e simples" de ações, o autor afasta a utilização do critério da "causa" subjacente ao negócio como uma indicação para a subjunção a um ou outro conjunto de normas. Tendo identificado a aproximação entre a cessão de controle acionário e a compra e venda, já que no primeiro "*a causa do controle é a transferência da propriedade ou titularidade de um bem; e o sinalagma se completa com a obrigação de pagamento de um preço*, e ao confrontar o negócio jurídico à disciplina da compra e venda mercantil, concluiu pela ausência de requisitos ali constantes, o que levaria à conclusão de

A partir da efetiva consumação da operação e da formalização da transferência das ações ou cessão das quotas, conforme aplicável, o comprador assume a prerrogativa de exercer os direitos políticos e econômicos subjacentes à participação societária adquirida. Quando essas compõem o bloco de controle, o adquirente passa a deter o poder (e o ônus dele decorrente) de efetivamente dirigir as atividades sociais e, por que não, dispor de seu patrimônio. Mesmo nos casos de participação societária minoritária, a operação igualmente resulta no adquirente assumindo a condição de sócio, aplicando-lhe o feixe de posições ativas e passivas que dela decorrem — é certo que com grau de influência e com um conjunto de obrigações distintos quando comparados àqueles derivados do *status* de controlador.

A diferença primordial, contudo, é que a compra e venda de participação societária representativa do bloco de controle guarda maior semelhança com a situação envolvendo o trespasse de estabelecimento contratual.[69] Disso poderiam decorrer questionamentos sobre a aplicação da disciplina dos vícios ou das regras de sucessão aplicáveis ao trespasse à compra e venda participação societária.

O trespasse de estabelecimento envolve a própria empresa, enquanto organização de meios produtivos voltados ao desenvolvimento de atividade empresária.[70] O objeto da compra e venda de participação societária não corresponde diretamente ao patrimônio da sociedade, mas ao próprio capital

se tratar a cessão de controle acionário de negócio sujeito à legislação civil" (COMPARATO, Fábio Konder. **A cessão de controle acionário é negócio mercantil?** In: Novos ensaios e pareceres de direito empresarial. Rio de Janeiro: Forense, 1981, p. 254-255).

68 Ilustrativa a ponderação de Comparato nesse sentido: "A cessão de 51% das ações votantes de uma companhia difere da cessão de 49% dessas ações, não apenas por razões de ordem quantitativa, mas sobretudo pela diversidade qualitativa do objeto. Essa diferença de 2% não é apenas numérica, pois importa a alienação de outro bem econômico, diverso dos títulos acionários. No primeiro caso, aliena-se com a maioria das ações votantes, o poder de decidir e comandar na sociedade, em última instância. Por isso mesmo, o preço unitário das ações cedidas, em tal caso, é muito diferente do que seria estipulado na segunda". (COMPARATO, Fábio Konder; SALOMÃO FILHO, C. **O poder de controle na sociedade anônima**. Op. cit., p. 312).

69 BUSCHINELLI, Gabriel Saad Kik. **Compra e venda de participações societárias de controle.** *Op cit*, p. 339-340.

70 ANTUNES, José Engrácia. **A empresa como objeto de negócios**: "Asset Deals" Versus "Share Deals". Op. cit., p. 719.

social, representado por ações, de entidade dotada de personalidade jurídica que desenvolve atividade empresarial, por meio de um ou diversos estabelecimentos comerciais.[71]

Em meio a um "*caos de opiniões*",[72] concorda-se com a conclusão de que, no caso da existência de normas disciplinando a transferência da empresa ou a própria compra e venda, cumpre verificar no caso concreto e de modo casuístico a sua pertinência e adequação aos negócios jurídicos envolvendo a transmissão da participação societária. Afinal, a equiparação da compra e venda de participação societária ao trespasse de estabelecimento perpassa pela desconsideração da personalidade jurídica, operação que deve ser vista com cuidado e entendida enquanto fenômeno excepcional e corretivo.[73]

Veja-se, dessa forma, que, juridicamente, elemento fulcral na determinação dos direitos e obrigações aplicáveis às partes que compõem a compra e venda de participação societária é a caracterização do que está sendo transacionado. A particularidade da participação societária em contrapartida a outros bens que possam igualmente ser objeto do negócio obrigacional da compra e venda é que ali, notadamente nos casos envolvendo a transferência das ações ou cessão das quotas que garantam a preponderância do voto de seu titular nas decisões da entidade que as emitiu, mais do que as ações ou quotas se aliena o poder de se determinar os rumos da própria sociedade. Nas palavras de Comparato, o "objeto do negócio de cessão de controle acionário, portanto, é, apenas, imediatamente, ações; o que se visa, na verdade, por intermédio da titularidade das ações, é a própria empresa".[74] O valor das ações está diretamente relacionado à atividade empresarial desenvolvida pela sua emissora e sua rentabilidade futura, aplicando-se — ou não, tratando-se de participações minoritárias — um prêmio pela aquisição do controle da entidade. A atividade, por sua vez, carrega consigo a noção de uma continuidade e impermanência

[71] ANTUNES, José Engrácia. **A empresa como objeto de negócios**: "Asset Deals" Versus "Share Deals". Op. cit., p. 719.

[72] PIRES, Catarina Monteiro. **Aquisição de Empresas e de Participações Acionistas: Problemas e Litígios.** Op. cit., p. 18.

[73] BUSCHINELLI, Gabriel Saad Kik. **Compra e venda de participações societárias de controle.** *Op cit*, p. 339-340.

[74] COMPARATO, Fábio Konder. **A cessão de controle acionário é negócio mercantil?**. Op. cit., p. 252.

em uma série de atos ordenados por uma finalidade comum.[75] Enquanto engrenagens em permanente movimento capazes de conferir ao seu detentor capacidade de geração de receitas, reconhece-se um valor incremental aos seus próprios elementos constitutivos vistos isoladamente.

Representando, dessa forma, um feixe de direitos e obrigações, a cessão da quota ou transferência das ações é um negócio jurídico dispositivo que se traduz em faceta da própria titularidade ou propriedade da participação societária.[76] Tal ato, todavia, sob pena de configuração de enriquecimento sem causa, deve ser associado a um negócio jurídico obrigacional subjacente.[77]

A compra e venda enquanto negócio jurídico sinalagmático envolve a transferência de domínio de coisa certa por uma parte e o pagamento de contrapartida financeira pela outra. Dado que o artigo 481 do Código Civil faz referência ao termo "coisa", que pode ser definido como um "bem economicamente apreciável e tangível",[78] dúvida poderia ser suscitada sobre a possibilidade de as participações societárias serem passíveis de se sujeitarem a um negócio jurídico obrigacional de compra e venda. Tivesse feito o legislador referência ao termo "bem", que constitui gênero do qual a "coisa" é espécie e que contempla "objetos corpóreos e incorpóreos passíveis de apropriação",[79] ficaria evidente a possiblidade de a compra e venda dispor sobre participação societária.

Independentemente da imprecisão terminológica do termo empregado pelo legislador, outras posições patrimoniais não corpóreas são igualmente

[75] ASCARELLI, Tullio. **O empresário.** Trad. de Fabio Konder Comparato. In.: Revista de Direito Mercantil, Industrial, Financeiro e Econômico. São Paulo, n. 109, p. 183-189, jan./mar., 1998.

[76] *"O direito de dispor da ação está compreendido no direito de propriedade, e reforça uma das características da ação: a circulabilidade"*. LAMY FILHO, Alfredo; PEDREIRA, José Luiz Bulhões (coord.). **Direito das Companhias.** 2ª ed. Rio de Janeiro: Forense, 2017, p. 318.

[77] BUSCHINELLI, Gabriel Saad Kik. **Compra e venda de participações societárias de controle.** Tese de doutorado defendida perante a Faculdade de Direito da Universidade de São Paulo. Orientador: Prof. Eduardo Secchi Munhoz. São Paulo, 2017, p. 78.

[78] ROSENVALD, Nelson. Artigo 481. In: PELUSO, Antonio Cezar (coord.). **Código civil comentado**: doutrina e jurisprudência. 12. ed. rev. atual. São Paulo: Manole, 2018, p. 548.

[79] ROSENVALD, Nelson. Artigo 481. In: PELUSO, Antonio Cezar (coord.). **Código civil comentado**: doutrina e jurisprudência. 12. ed. rev. atual. São Paulo: Manole, 2018, p. 547.

aptas a serem objeto de compra e venda.[80] Logo, incabível aqui uma interpretação restritiva do referido artigo 481 do Código Civil, concluindo-se, a partir de então, ser possível que o negócio compra e venda disponha sobre participação societária.[81] A efetiva transferência de titularidade da participação societária é apenas uma das prestações de tal contrato de compra e venda, ficando sujeita a regras específicas dedicadas ao tema decorrentes da natureza do objeto.

Por um lado, na compra e venda de participação societária os elementos essenciais permanecem sendo o bem, o preço e o consenso e a efetiva cessão de quotas e transferência das ações encontram respaldo, respectivamente, no artigo 1.057 do Código Civil e nos artigos 31 e 35 da Lei n. 6.404, de 15 de dezembro de 1976 (Lei das Sociedades por Ações – LSA). Tal consideração parece, contudo, insuficiente e, no mínimo, precipitada para submeter a compra e venda de participação societária ao regime típico da compra e venda e às demais normas que regem os contratos e obrigações em geral, como aquelas que tratam da evicção, vícios redibitórios e, por que não, os efeitos da verificação de circunstâncias supervenientes que afetem o negócio contratado.

Em outras palavras, a operação de compra e venda de participação societária não é bem capturada pelas normas gerais que regem o tipo contratual, como já sinalizado por Pires.[82]

Embora as prestações inerentes a uma compra e venda de participação societária possam ser as mesmas de uma compra e venda típica (tradição de

[80] BUSCHINELLI, Gabriel Saad Kik. **Compra e venda de participações societárias de controle**. Tese de doutorado defendida perante a Faculdade de Direito da Universidade de São Paulo. Orientador: Prof. Eduardo Secchi Munhoz. São Paulo, 2017, p. 79.

[81] Mesma conclusão se extrairia a partir da noção de propriedade. A noção de propriedade pode contemplar diferentes orientações. Sob uma conceção mais restrita, a propriedade e os direitos dela decorrentes apenas poderiam recair sobre coisas corpóreas. Sob outra ponta do espectro, encontra-se uma concepção mais ampla que admite que o direito de propriedade incida igualmente sobre bens incorpóreos e direitos. Segundo Pereira, "a linguagem corrente, não apenas popular ou literária, mas igualmente a jurídica, não sofre pelo fato de se levar a noção de direito de propriedade aos bens incorpóreos". Continua o autor que "em puro rigor, a condição de sujeito de direito sobre bens incorpóreos se designa por outros apelidos. [...] Mas à amplitude semântica do vocabulário jurídico não repugna designar a titularidade dos direitos sobre bens incorpóreos como "propriedade". PEREIRA, Caio Mario da Silva. **Instituições de Direito Civil.** Vol. IV. Direitos Reais. Rev. e Atual. Carlos Edison do Rêgo Monteiro Filho. 27ª. Ed. Rio de Janeiro: Forense, 2019, p. 109.

[82] PIRES, Catarina Monteiro. **Aquisição de Empresas e de Participações Acionistas: Problemas e Litígios.** Coimbra: Almedina, 2018, p. 16.

um bem em contrapartida ao pagamento do preço), a sua exegese requer um tratamento contextualizado, seja como decorrência da natureza do bem transacionado — o que determina a metodologia de base para a atribuição de valor e o regime de responsabilidade associado — ou pelo reconhecimento dos comportamentos socialmente típicos a ela imputados dentro do exercício de atividade empresária.[83]

Frente ao acima exposto, a construção do regime jurídico aplicável à compra e venda de participação societária requer a consideração das particularidades que a definem. Em tal reflexão, convém ainda a ponderação dos diferentes interesses e situações que o regramento geral busca tutelar. Tal exercício se mostra imperativo e busca evitar a validação de soluções incompatíveis ou que acabem por desnaturar a própria operação econômica que o contrato busca revestir.[84]

Há de se constatar, ademais, que o conjunto de regras gerais previsto no Código Civil, em princípio, não obsta, como decorrência do exercício da autonomia da vontade, a definição dos termos aplicáveis ao caso concreto, nos limites da função social do contrato, probidade e boa-fé (conforme artigos 421 e 422 do Código Civil). Cabe perquirir, no entanto, sobre os limites e condições aplicáveis à dispositividade em face de normas de caráter cogente das quais decorram princípios básicos orientadores das condutas das partes, sejam eles implícitos ou explícitos.

Fica evidente, ainda, que os limites acima mencionados variam a depender da situação fática e do tipo de relação obrigacional subjacente, aplicando-se, ainda, maior flexibilidade nas relações empresariais.

Embora sob a perspectiva da forma aplicável à disciplina da compra e venda de participação societária haja espaço para o exercício da autonomia da vontade, a prática contratual envolvendo operações complexas, com partes

[83] Vale a citação aqui a Salomão em atualização à obra de Comparato: "A questão dos defeitos supervenientes e passivos descobertos após a alienação de controle sempre foi discutida em doutrina. Para bem avaliá-la e poder chegar nas soluções coerentes é preciso uma análise evolutiva dos dados da realidade empresarial ao mesmo tempo que uma análise da dogmática (e dos interesses envolvidos em sua discussão". COMPARATO, F. K.; SALOMÃO FILHO, C. **O poder de controle na sociedade anônima**. Op. cit., p. 319.

[84] Em referência à clássica e ainda precisa definição de Roppo, que deixa em evidência a função do contrato enquanto representação jurídica de operações econômicas, as quais representam a sua verdadeira substância (ROPPO, Enzo. **O contrato**. Almedina: Coimbra, 2009).

devidamente assistidas, revela a opção por modelos estruturados a partir de um conjunto de cláusulas padronizado e consistente com práticas internacionais com origem anglo-americana, fato que justifica inclusive sua referência como *share purchase agreement* e, não raro, sua redação em língua inglesa.[85] Em solo brasileiro, são usualmente poucas, inclusive, as referências às normas do Código Civil. Mesmo quando redigidos no idioma português, o vocabulário adotado acaba incorporando noções socialmente típicas, mas muito distantes, a um primeiro olhar, do normativo aplicável aos negócios jurídicos e contratos em geral.

Aqui se verifica um claro exemplo de que em matéria comercial o processo de convergência entre os mais diferentes países tem dependido menos da edição de convenções internacionais ou leis uniformizadoras do que de modelos contratuais.[86] Esses costumam ter natureza atípica e normalmente são referidos a partir dos nomes a eles atribuídos na língua inglesa, denunciando sua origem.[87]

O recurso aos modelos acima mencionados, de um lado, revela a necessidade de determinadas soluções para problemas e desafios inerentes à compra e venda de participação societária e outros negócios jurídicos complexos, que acabaram levando ao desenvolvimento de certos clausulados voltados à sua mitigação. Cabe avaliar, no entanto, como minutas em princípio uniformes e estandardizadas são aplicadas e interpretadas em cada ordenamento jurídico em que são adotadas.

Não se pode descartar, é verdade, um possível efeito adverso da adoção generalizada de cláusulas padronizadas, marcado por um processo de dependência dos caminhos e abordagens adotados no passado (*path dependence*).[88]

[85] DE NOVA, Giorgio. **Il Sale and Purchase Agreement: un contratto commentato**. 2a ed. Giappichelli: 2017, p. 1-2.

[86] GALGANO, Francesco. **The New Lex Mercatoria**. Annual Survey of International & Comparative Law. Vol. 2. Iss. 1. Article 7. 1995. Disponível em: https://digitalcommons.law.ggu.edu/annlsurvey/vol2/iss1/7. Acesso em 15 de setembro de 2018, p. 104-105.

[87] DE NOVA, Giorgio. **Il Sale and Purchase Agreement: un contratto commentato**. 2a ed. Giappichelli: 2017, p. 1-2.

[88] Sobre a chamada "*path dependence*" evidenciada pela reiterada adoção de modelos contratuais padronizados e seus potenciais efeitos perversos, referência se faz ao interessante estudo de Davidoff (DAVIDOFF SOLOMON, Steven, **The Failure of Private Equity**. In: Southern California Law Review, Vol. 82, p. 481, 2009). Como sintetizam Prado e Trebilcock (PRADO, Mariana Mota; TREBILCOCK, Michael J., **Path Dependence, Development,**

Atinge-se, dessa forma, um ponto em que a prática dos fluxos comerciais pode levar a custos transacionais demasiadamente elevados para a adoção de mecanismos diversos e um desincentivo aos profissionais envolvidos em tais operações na reflexão e renegociação de soluções alternativas e adaptadas. Seria, então, a tragédia da replicação de modelos contratuais.

O efeito perverso desse fenômeno é que podem deixar de ser refletidas no próprio contrato as particularidades de determinadas situações. Essa consequência se torna evidente em casos levados ao conhecimento de cortes e tribunais envolvendo operações fracassadas, sensivelmente multiplicados em contextos de crise.[89]

Ainda assim, dentro do tal "universo paralelo",[90] os chamados *share purchase agreements* passaram a ser as principais referências nesta modalidade de negócio jurídico (em oposição à própria lei ou jurisprudência), sendo comumente precedidos de instrumentos preliminares, com caráter vinculante ou não,

and the Dynamics of Institutional Reform. University of Toronto Law Journal, 2009, U Toronto, Legal Studies Research Paper No. 09-04, p. 11), o conceito de "*path dependence*" nas ciências econômicas e políticas busca explicar a razão pela qual é difícil se promover a implementação de mudanças em instituições, sendo construída a partir de variáveis como "*self-reinforcing mechanisms*", "*switching costs*" e "*critical juntures*". De modo mais amplo, a base teórica desenvolvida a partir de tal concepção encontrou um campo fértil de aplicação na pesquisa voltada à investigação da relação entre o direito e o desenvolvimento. No contexto acima descrito, a referência feita por Davidoff (DAVIDOFF SOLOMON, Steven, **The Failure of Private Equity**. Op. cit.) ao conceito de "*path dependence*" aplicado às relações contratuais é uma construção provocativa. O autor analisa operações fracassadas envolvendo a aquisições de participações societárias nos Estados Unidos no contexto da crise econômica dos anos de 2007 e 2008. O universo de estudo consistiu em operações de "*private equity*", definidas pelo autor como um mercado envolvendo a aquisição de companhias de capital aberto ou fechado marcado pela alavancagem financeira utilizada pelas partes compradores, que se refletiu no recurso a determinadas estruturas transacionais. Após um estudo aprofundado marcado não apenas pela análise dos instrumentos contratuais selecionados, mas também a entrevistas e recurso a outras fontes, conclui o autor que a não consumação das operações avaliadas se deu preponderantemente pelo fracasso dos assessores legais de inovarem e negociarem os instrumentos contratuais levando-se em consideração as particularidades que tais estruturas impunham, na medida em que elementos extracontratuais eram considerados como incentivos suficientes para as partes consumarem as suas obrigações.

[89] DAVIDOFF SOLOMON, Steven, **The Failure of Private Equity**. Op. cit.

[90] PEREIRA, Rafael Setogutti. **Os universos paralelos das operações de fusão e aquisição de empresas.** 14 de abril de 2021. Op. cit.

que estabelecem as principais diretrizes e termos comerciais para a posterior conclusão da operação, desde que observadas as condições ali estabelecidas.

Tratando-se de contratos cuja estrutura, em termos formais, é relativamente padronizada, poder-se-ia questionar de que modo cláusulas contratuais são capazes de gerar valor para as partes, justificando a enorme quantidade de horas dedicadas à sua negociação.[91]

Conforme pontuam Gilson e Black, a criação de valor por meio dos contratos de compra e venda de participação societária não advém de seus aspectos formais, mas da maneira pela qual seus elementos oferecem respostas satisfatórias às limitações que maculam a teoria da perfeita precificação.[92] Tais limitações resultam, por exemplo, de diferentes expectativas das partes relacionadas à probabilidade associada à ocorrência de eventos futuros ou incertos e dos custos associados à obtenção de informações e dos potenciais impactos que estas podem gerar no preço e aquisição.

A alocação de riscos e a consequente definição dos limites do equilíbrio contratual, representado pelo sinalagma genético, se dá, ainda, em um ambiente bastante distante dos ideais herméticos da racionalidade perfeita e plena simetria informacional. As informações relativas ao funcionamento de cada companhia, seus empregados, principais clientes e fornecedores estratégicos são verdadeiros ativos, mantidos, em geral, em sigilo, configurando traço essencial da atividade empresarial.[93] Assim, é usual que a parte vendedora esteja em situação privilegiada, conhecendo melhor os riscos associados ao negócio e suas principais contingências materializadas ou não. Quanto menor a disparidade entre as informações detidas por cada parte em relação ao ativo transacionado, mais simples tenderia a ser o processo de negociação do contrato.[94] Embora os processos de auditoria sejam realizados justamente para

[91] GILSON, Ronald J.; BLACK, Bernard S. **The law and finance of corporate acquisitions**. Westbury: Foundation, 1995, p. 1563.

[92] GILSON, Ronald J.; BLACK, Bernard S. **The law and finance of corporate acquisitions**. Op. cit., p. 1567.

[93] MARTINS-COSTA, Fernanda Mynarski. **Execução diferida do contrato em operações de Fusões e Aquisições (F&A) de sociedades anônimas: análise de aspectos contratuais e societários**. Op. cit., p. 13.

[94] OLIVEIRA, Caio Raphael Marotti. **A Cláusula pró-sandbagging (conhecimento prévio) em contratos de alienação de participação acionária**. Dissertação de Mestrado defendida

diminuir a disparidade na situação informacional das partes, tais processos têm inevitáveis limitações.

A assimetria informacional é um dos principais elementos que acompanha o processo de negociação e posterior celebração dos contratos de compra e venda de participação societária.[95] Ainda que se traduza em uma característica, talvez, de qualquer processo de transferência de um ativo de uma parte a outra diante do volume e relevância econômica das operações societárias, aqui o tema ganha ainda maior sensibilidade e amplo campo de estudo.

No caso de operações cuja consumação fica condicionada à satisfação de determinadas "condições precedentes", até o cumprimento das prestações pactuadas, o vendedor pode influir e determinar os rumos da atividade da sociedade alvo, de tal sorte que, ausente um adequado tratamento contratual, esse possivelmente não teria necessariamente incentivo para realizar investimentos e medidas voltados à preservação de valor durante esse período interino. Desse modo, mesmo no fechamento, o vendedor comumente detém mais informações sobre eventuais variações verificadas desde a assinatura dos instrumentos definitivos ou data-base utilizada como referência para fixação das premissas comerciais.[96] Já o comprador detém limitados meios de observação da conduta do vendedor.

Na conjuntura acima delineada, em que pese o fato de não ser o jurista capaz de eliminar as limitações mencionadas, a estrutura contratual poderá gerar um alinhamento dos interesses entre as partes, ampliando a zona de acordo possível. O contrato é, assim, um dos principais instrumentos que

perante a Faculdade de Direito da Universidade de São Paulo. Orientador: Profa. Juliana Krueger Pela. São Paulo, 2020.

95 Embora se reconheça a existência de ampla literatura sobre a assimetria informacional em contratos, inclusive aqueles envolvendo, mais especificamente, a compra e venda de participações societárias, para os fins desta dissertação optou-se pela utilização de um artigo de referência, de autoria de Choi e Triantis, em decorrência do recorte adotado pelos referidos autores e sua aderência às questões e enfoques aqui desenvolvidos (CHOI, Albert; TRIANTIS, George. **Strategic Vagueness in Contract Design: The Case of Corporate Acquisitions**. In: The Yale Law Journal, vol. 119, no. 5, 2010. JSTOR, www.jstor.org/stable/20698313. Acesso em 19 de abril 2020, p.860).

96 CHOI, Albert; TRIANTIS, George. **Strategic Vagueness in Contract Design: The Case of Corporate Acquisitions**. Op. cit., p. 860-861.

distribui os riscos associados ao domínio da informação.[97] O atingimento de um acordo em relação às premissas que irão orientar a contratação vem normalmente acompanhado de um intenso processo de negociação.

O conhecimento profundo das cláusulas contratuais estruturantes da compra e venda de participação societária, bem como dos riscos que as partes pretendem repartir é uma habilidade fundamental do jurista engajado em tais operações. É evidente que este exercício requer mais do que o reconhecimento das origens e aplicações no Direito estrangeiro de certa disposição contratual, mas uma compreensão das funções e disfunções a elas associadas no sistema jurídico pátrio.

Seja por força de um processo de dependência e apego a modelos contratuais já estabilizados ou por adequadas respostas a temas típicos em operações similares — ou ambos —, a estrutura dos *share purchase agreeement* se disseminou. Especialmente em um sistema jurídico romano-germânico, o modelo cria maiores desafios dogmáticos na medida em que propõe a instituição de uma disciplina contratual autônoma e autossuficiente. O objeto de estudo desta dissertação, qual seja, as Cláusulas MAC, enquadra-se no contexto geral acima delineado.

1.2 A compra e venda de participação societária no tempo

Para os fins deste trabalho, delimitou-se o objeto de estudo a um período determinado do desenvolvimento da operação econômica envolvendo a compra e venda de participação societárias. É ela a fase que se segue entre a celebração contratual (*signing*) e a produção de sua eficácia típica, o fechamento da operação (*closing*). Trata-se do chamado período interino, intermediário ou intermístico, também referido como iter contratual (*interim period*).[98]

Como pontuado por De Nova, no estudo do contrato de compra e venda de participação societária, como em qualquer outra modalidade contratual — mas aqui com ainda mais destaque —, é necessário compreender o processo

[97] CHOI, Albert; TRIANTIS, George. **Strategic Vagueness in Contract Design: The Case of Corporate Acquisitions**. Op. cit., p. 856.

[98] Denominação adotada por Fernanda Mynarski Martins-Costa.

que dá origem à sua celebração.[99] O contrato de compra e venda de participação societária não implica a imediata conclusão do negócio, mas já incorpora e formaliza uma série de acordos e negociações que o antecederam até a efetiva finalização do regulamento contratual.[100] Adotando-se uma representação metafórica, o contrato representa uma pequena ponta visível e pública de uma estrutura, composta por um entendimento muito mais profundo e repleto de nuances entre as partes.[101] Ao longo do processo de formação do regulamento contratual, cabe ao intérprete identificar os entendimentos que de fato estabilizam a vontade das partes, e delimitar suas consequências.[102]

De modo geral, a compra e venda de participação societária e o processo em relação ao qual produzem-se seus efeitos poderiam ser organizados didaticamente em três etapas principais. Na terminologia de Antunes, aqui adotada, seriam elas a Fase Preparatória, a Fase Obrigacional e a Fase Real ou Executória.[103]

Na Fase Preparatória são firmados instrumentos sob as mais distintas nomenclaturas, com linguagem mais ou menos vinculante. Cartas de intenção, memorando de entendimentos e tantos outros.[104] Tais instrumentos formalizam condições comerciais prévias, ou, ainda, o compromisso das partes de dar andamento nas negociações de uma potencial operação. Não é comum que esses sejam completos e vinculantes a ponto de serem qualificados, por si só, como contratos cuja obrigação principal consiste na celebração de contrato definitivo — contratos preliminares. Ainda que não dotados de eficácia contratual, possuem eficácia jurídica, o que justifica a aplicação do regime de responsabilidade pré-contratual ou, conforme aplicável, contratual.[105]

99 DE NOVA, Giorgio. **Il Sale and Purchase Agreement**: un contratto commentato. Op. cit., p. 47-48.

100 DE NOVA, Giorgio. **Il Sale and Purchase Agreement**: un contratto commentato. Op. cit., p. 58.

101 DAVIDOFF SOLOMON, Steven, **The Failure of Private Equity**. Op. cit., p. 487.

102 MARTINS-COSTA, Judith. **A boa-fé no direito privado: critérios para a sua aplicação**. 2a. ed. São Paulo: Saraiva, 2018, p. 431.

103 ANTUNES, José Engrácia. **A empresa como objeto de negócios**: "Asset Deals" Versus "Share Deals". Op. cit., p. 749-750.

104 ZANETTI, Cristiano de Sousa. **Responsabilidade pela Ruptura das Negociações**. São Paulo: Ed. Juarez de Oliveira, 2005, p. 32.

105 ZANETTI, Cristiano de Sousa. **Responsabilidade pela Ruptura das Negociações**. São Paulo: Ed. Juarez de Oliveira, 2005, p. 32.

Como bem aponta Judith Martins-Costa, acordos preliminares podem ainda ter eficácia no plano hermenêutico, podendo melhor ilustrar a intepretação sobre disposições acordadas após a sua celebração.[106]

Ainda na Fase Preparatória, pactuados compromissos de confidencialidade, iniciam-se os trabalhos de auditoria (*due diligence*), em suas dimensões jurídica, técnica, financeira, a depender das circunstâncias do negócio. Trata-se de procedimento voltado à redução de assimetria informacional entre as partes compradora e vendedora. Contando com o engajamento de assessores técnicos, realiza-se um exame sobre diferentes aspectos relacionados à organização objeto do negócio. Diversas funções poderiam ser atribuídas a esse processo. Seriam elas: *função informativa*, a fim de instruir o processo de formação da vontade; *função de garantia*, em referência ao processo de compartilhamento da situação do ativo; *função valorativa*, ao corroborar a identificação do valor da empresa e atribuição de um preço; e *função probatória*, ao igualmente servir para documentar as interações entre as partes envolvidas previamente à assinatura do contrato de compra e venda de participação societária.[107]

Passada a Fase Preparatória, tendo sido bem-sucedidas as interações entre as partes e atingido acordo comercial, adentrar-se-ia na Fase Obrigacional. Essa etapa é marcada pela celebração do contrato de compra e venda de participação societária.[108] Trata-se, evidentemente, de marco relevante do desenvolvimento das relações negociais entre as partes. Sua celebração, todavia, não necessariamente produz os efeitos típicos da compra e venda, quais sejam, a transferência de titularidade sobre a participação societária em contrapartida ao pagamento do preço pelo comprador e vendedor, nas condições previamente pactuadas. Isso porque a consumação do negócio pode ficar atrelada à satisfação de *condições de entrada*, que assim impõem o diferimento da eficácia contratual.[109] A verificação ou não de tais condições

[106] MARTINS-COSTA, Judith. **A boa-fé no direito privado: critérios para a sua aplicação.** 2a. ed. São Paulo: Saraiva, 2018, p. 436.

[107] ANTUNES, José Engrácia. **A empresa como objeto de negócios**: "Asset Deals" Versus "Share Deals". Op. cit., p. 753.

[108] ANTUNES, José Engrácia. **A empresa como objeto de negócios**: "Asset Deals" Versus "Share Deals". Op. cit., p. 749-750.

[109] MARTINS-COSTA, Fernanda Mynarski. **Execução diferida do contrato em operações de Fusões e Aquisições (F&A) de sociedades anônimas**: análise de aspectos contratuais e societários. Op. cit., p. 67.

de entrada é fato incerto, mas ainda assim as partes optam por vincular-se em um negócio jurídico já completo e definitivo, que inclusive estabelece as consequências em caso de não verificação das exigências necessárias para a realização do fechamento.[110]

A depender da razão para a não consumação do fechamento no prazo assinalado, podem-se atribuir diferentes resultados, como a aplicação de penalidade ou inclusive reconhecimento de execução específica. Elemento relevante no processo subjacente às aquisições de participação societária consiste justamente na certeza do negócio. A maior problemática nesse ponto reside na existência de interesses possivelmente conflitantes entre as partes. De um lado, a parte vendedora pode ter maior interesse na garantia do negócio. Para tanto, limita-se as hipóteses de desistência de quaisquer das partes ou fica essa condicionada à aplicação de penalidade contratual (*break up fee*). Já a compradora pode preferir maior flexibilidade como mecanismo de proteção contra alterações relevantes na situação da sociedade alvo. A Cláusula MAC é um desses instrumentos. Em linha com o poder de barganha de cada parte, são incluídas disposições voltadas à garantia do negócio ou reconhecimento de flexibilidade para responder a cenários futuros e incertos.[111] O resultado de tal contraposição de interesses pode exercer influência relevante para se determinar se o contrato produzirá a integralidade de seus efeitos, se as partes irão renegociar suas condições ou se uma das partes irá abandonar o negócio. O litígio ainda é sempre uma possibilidade. O caso referido na abertura desta dissertação é bastante ilustrativo nesse sentido.

As exigências que condicionam a produção da eficácia típica da compra e venda de participação societária são genericamente referidas como condições precedentes (*conditions precedent*). Para o fechamento da operação, deve ser atestado o seu cumprimento (ou renúncia) pela parte em benefício de quem tenham sido constituídas.

110 MARTINS-COSTA, Fernanda Mynarski. **Execução diferida do contrato em operações de Fusões e Aquisições (F&A) de sociedades anônimas**: análise de aspectos contratuais e societários. Op. cit., p. 67.

111 WACHTELL, LIPTION, ROSEN & KATZ. **Takeover Law and Practice**. 2020. Disponível em: https://www.wlrk.com/webdocs/wlrknew/ClientMemos/WLRK/WLRK.27094.20.pdf. Acesso em de abril de 2022, p. 103.

Essas condições podem ser agrupadas, como sugerem Choi e Triantis, em quatro categorias.[112]

A primeira delas seria a necessidade de as declarações e garantias (*representations and warranties*) prestadas pelas partes no momento da assinatura do contrato permanecerem verdadeiras (*bring down condition*).[113]

O segundo grupo de condições seria representado pelo cumprimento de obrigações prévias (*pre-closing covenants*), como a eventual implementação de reestruturação societária.[114]

Outras variáveis exógenas podem compor o rol de condições à obrigação das partes de consumarem o negócio. É o caso da obtenção de consentimentos de terceiros, como contrapartes relevantes, financiadores ou, ainda, autoridades governamentais. São tratados como variáveis exógenas pelo fato de requererem interações e ações de terceiros alheios à relação contratual, para as quais as partes têm nenhum ou limitado controle. Também podem envolver a confirmação da ausência de empecilhos para consumação do negócio, não apenas pela confirmação da obtenção de todos os consentimentos necessários, como também por conta da inexistência de qualquer ordem expedida por autoridade competente expressamente impedindo a conclusão da operação.[115]

Por fim, uma condição comumente verificada em tais contratos consiste na não ocorrência de circunstâncias supervenientes que tenham a potencialidade de adversamente afetar os negócios da sociedade alvo, conforme venham a ser definidos de forma mais ou menos ampla pelas partes.[116] Trata-se da Cláusula MAC. Na ausência de um diferimento no momento do cumprimento das prestações, a Cláusula MAC tem sua utilidade limitada. O decurso do tempo e a sujeição ao improvável impõem inevitável risco. Tal fato justifica o recorte

[112] CHOI, Albert; TRIANTIS, George. **Strategic Vagueness in Contract Design: The Case of Corporate Acquisitions**. In: The Yale Law Journal, vol. 119, no. 5, 2010, p. 848–924. JSTOR, www.jstor.org/stable/20698313. Acesso em 19 de abril 2020, p. 863.

[113] AMERICAN BAR ASSOCIATION. **Model stock purchase agreement with commentary**. Op. cit., pp- 253-254.

[114] CHOI, Albert; TRIANTIS, George. **Strategic Vagueness in Contract Design: The Case of Corporate Acquisitions**. Op. cit., p. 870.

[115] MARTINS-COSTA, Fernanda Mynarski. **Execução diferida do contrato em operações de Fusões e Aquisições (F&A) de sociedades anônimas**: análise de aspectos contratuais e societários. Op. cit., p. 36.

[116] CHOI, Albert; TRIANTIS, George. **Strategic Vagueness in Contract Design: The Case of Corporate Acquisitions**. Op. cit., p. 864-865.

deste trabalho no período interino no contexto de operações de compra e venda de participação societária.

Como efeito de um processo de importação de modelos contratuais estrangeiros, as partes podem deliberadamente conferir os mesmos efeitos a figuras juridicamente distintas.

Havendo um hiato entre a assinatura e a conclusão da operação econômica de compra e venda, dúvida surge sobre a natureza jurídica do próprio contrato de compra e venda de participação societária e, por que não, do fechamento da operação.

Ainda que instrumentos anteriores à celebração contratual, de modo geral, não caracterizem verdadeiros contratos preliminares na linguagem do artigo 462 do Código Civil, com ainda mais ênfase poder-se-ia questionar se o contrato de compra e venda de participação societária traduz espécie da categoria dos contratos preliminares. Nesse caso, o fechamento, conforme documentado, por exemplo, em um termo de fechamento, consistiria no contrato definitivo, sendo celebrado conforme cláusulas essenciais previamente estabelecidas no que seria então o contrato preliminar. A formação da vontade das partes ocorreria de forma progressiva e alongada no tempo. A celebração do contrato de compra e venda de participação societária seria apenas uma etapa e, a Cláusula MAC, verdadeira cláusula de arrependimento na dicção do artigo 463 do Código Civil. O cerne da questão consistiria em se determinar se, no momento da celebração do contrato, o negócio jurídico já existe, mas sua eficácia está suspensa ou se, embora estejam presentes seus elementos essenciais, a principal obrigação do contrato de compra e venda de participação societária traduzir-se-ia na celebração de um contrato definitivo de execução instantânea no momento do fechamento.

A partir do advento do Código Civil de 2002, o contrato preliminar recebeu disciplina própria, embora mesmo antes disso já fosse uma realidade especialmente no contexto de relações empresárias.[117]

[117] Neste tema, impossível não fazer referência ao conhecido "Caso Disco" julgado pelo Supremo Tribunal Federal em 11 de setembro de 1979, sob relatoria do Ministro Moreira Alves. Trata-se de disputa tendo como partes a Distribuidora de Comestíveis Disco S.A. (Disco), Supermercados Pão e Açúcar S.A. (Pão de Açúcar) e os acionistas da Disco. O contexto envolve o processo de negociação das ações da Disco entre os seus acionistas originais e o Pão de Açúcar, na condição de potencial compradora. Já o seu cerne consiste na natureza jurídica

O contrato preliminar é um verdadeiro contrato que, exceto pela forma, deve conter todos os requisitos essenciais ao contrato a ser celebrado (artigo 462 do Código Civil). Não havendo previsão de cláusula de arrependimento, a celebração do contrato preliminar vincula as partes à formação do contrato definitivo (artigo 463 do Código Civil). Sendo tal obrigação inadimplida, a parte adimplente poderá pleitear a execução específica do contrato preliminar, com efeito de se conferir caráter definitivo ao contrato preliminar, ou, alternativamente, converter a exigibilidade de seu cumprimento em perdas e danos (artigo 465 do Código Civil). Conforme indica Zanetti, "por meio do contrato preliminar, as partes projetam outro contrato porque ainda não entendem conveniente definir integralmente o regramento contratual nem deixá-lo a seu exclusivo arbítrio".[118]

Como sintetizado por Tomasetti, ainda antes da tipificação do contrato preliminar, há uma "programação variável quanto à estabilização e a fixação do regramento contratual cuja introdução é diferida", conforme se caminha do contrato preliminar ao contrato definitivo.[119] Esclarece ainda a particularidade da natureza do vínculo jurídico do contrato preliminar em relação ao do instrumento dele derivado. Nesse sentido, no primeiro caso confere-se maior

do instrumento firmado ente as acionistas originais e Pão de Açúcar, intitulado "contrato preliminar para compra e venda de ações". Por meio desses, os acionistas originais teriam supostamente assumido obrigação de natureza irretratável, tendo recebido um depósito como contrapartida. A controvérsia reside em se determinar qual a natureza da obrigação irretratável assumida pelos acionistas originais. Se seria ela a obrigação de continuarem as negociações a fim de firmar um acordo ou se de fato já teriam aqueles se obrigado a vender as ações, por meio da futura assinatura do contrato definitivo, tendo então o Pão de Açúcar o direito de demandar a adjudicação compulsória do objeto, em caso de recusa dos acionistas originais de consumarem o negócio. Em seu voto, o Ministro Moreira Alves conclui que o instrumento analisado "se trata, inequivocamente de um projeto de contrato ou minuta [...] em que se estabelecem pontos já acordados, mas em que se expressam outros a ser determináveis posteriormente, 'se a compra e venda das referidas ações vier a ser aperfeiçoada'". Dessa forma, ainda que sugerisse de outra forma o título atribuído, o instrumento firmado pelas partes sequer poderia ser qualificado como um contrato preliminar (RE 88716, Relator(a): MOREIRA ALVES, Segunda Turma, julgado em 11/09/1979, DJ 30-11-1979 PP-08985 EMENT VOL-01155-02 PP-00549 RTJ VOL-00092-02 PP-00250).

118 ZANETTI, Cristiano de Sousa. **Responsabilidade pela Ruptura das Negociações**. São Paulo: Ed. Juarez de Oliveira, 2005, p. 25.

119 TOMASETTI JR., Alcides. **Execução do contrato preliminar**. Tese (Doutorado em Direito) – Faculdade de Direito da Universidade de São Paulo, 1982, p. 22.

"factibilidade" aos termos e condições do negócio jurídico a ser efetivado. O vínculo jurídico existe, mas não se confunde com aquele característico aos negócios jurídicos cujos efeitos encontram-se suspensos ou que se protraem. A dificuldade é que mesmo nos contratos preliminares existe uma gradação no grau de programação que deles se extrai, o que torna a distinção entre um e outro mais complexa.[120]

Ainda assim, a qualificação não convence.

O contrato de compra e venda de participação societária tradicionalmente já incorpora em si próprio todos os elementos essenciais que regem a compra e venda sob a perspectiva obrigacional, ainda que no momento da celebração não contemple a formação de todos os efeitos pretendidos pelas partes. Embora a distinção possa ser sutil conforme aumente o grau de programação derivado do contrato preliminar, o ponto central para a distinção reside no campo da eficácia.

Ainda que sujeito a ajustes, o contrato de compra e venda de participação societária entendido como um processo contempla um conjunto de prestações e contraprestações.[121] Desde a sua etapa de formação e mesmo após a consumação da eficácia típica emergem direitos e deveres e regimes de responsabilidade e grau de vinculação das partes.

Mesmo quando o fechamento ocorre em momento diferido, por exemplo em decorrência da necessidade de obtenção de consentimentos ou adoção de medidas preparatórias, embora as prestações típicas do negócio jurídico obrigacional compra e venda (pagamento do preço e transferência das ações) fiquem suspensas ou sujeitas a termo, é usual que o contrato preveja outras obrigações que passam a produzir efeitos já com a sua assinatura. É isso justamente que justifica a sua imediata celebração. A forma já é perfeita e final, assim como seus termos.

Em outras palavras, existem obrigações como compromissos de exclusividade, prazos para a apresentação de pedidos de consentimento, cláusulas de melhores esforços e boa-fé para a consecução do fechamento, além, é claro, de obrigações relacionadas à condução dos negócios da sociedade alvo no

120 TOMASETTI JR., Alcides. **Execução do contrato preliminar**. Tese (Doutorado em Direito) – Faculdade de Direito da Universidade de São Paulo, 1982, p. 22.

121 SILVA, Clóvis V. do Couto e. **A obrigação como processo**. Reimpressão. Rio de Janeiro: Editora FGV, 2006.

período interino. O pagamento do preço e a transferência das ações, portanto, representam prestações do contrato de compra e venda, entendido enquanto contrato definitivo, cuja execução se dá em momento diferido. O diferimento das prestações, nesse caso, decorre da própria natureza do objeto transacionado, mas o acordo comercial em seus termos essenciais já se encontra perfeito no momento da assinatura. Sua celebração marca uma estabilidade da relação comercial das partes, estabelecendo um compromisso vinculante, sujeito inclusive à execução específica, em caso de inadimplemento.

No fechamento, ao seu turno, não se verifica a manifestação de uma nova declaração de vontade, mas apenas a produção dos efeitos daquela já declarada no momento da execução contratual, que por desejo das partes ou pela necessidade de obtenção de consentimentos de terceiros não poderia ocorrer em momento anterior. Isso não significa, igualmente que no momento do fechamento as partes no exercício da autonomia contratual não possam firmar termo de fechamento ou outro instrumento que possua eficácia modificativa ao contrato originalmente firmado, a fim de incluir, adequar ou suprimir disposições que entendam necessárias.[122]

O entendimento acima é corroborado por Judith Martins-Costa. De acordo com a civilista, o contrato de compra e venda de participação societária é peculiar na medida em que não se trata de hipótese envolvendo um processo progressivo de formação de vontade até o efetivo encontro entre oferta e aceitação. Aqui, "o contrato já é existente e válido e, mesmo, parcialmente eficaz, mas a eficácia contratual aumenta e se confirma progressivamente, a depender do implemento de certas condições, típicas e atípicas".[123]

[122] Marino pondera as múltiplas naturezas jurídicas possíveis de assumir um termo de fechamento, devendo sua determinação final ser realizada a partir da consideração de variados fatores. Seriam elas a qualificação concreta do contrato de compra e venda de participação societária, a natureza das Condições Precedentes e os efeitos — reprodutivos, declarativos ou modificativos — do Termo de Fechamento. É assim que o autor pondera pela possibilidade de o instrumento consistir em mero ato de reconhecimento, negócio de acertamento ou negócio jurídico modificativo. MARINO, Francisco Paulo de Crescenzo. **A interpretação de negócios jurídicos celebrados no contexto de uma compra e venda de participação societária e a responsabilidade limitada de um dos alienantes pelas consequências pecuniárias do ajuste de preço pactuado**. In: GOUVêA, Carlos Portugal; PARGENDLER, Mariana; LEVI--MINZI, Maurizio (org.). **Fusões e Aquisições**: pareceres. São Paulo: Almedina, 2022. p. 97-98.

[123] MARTINS-COSTA, Judith. **A boa-fé no direito privado: critérios para a sua aplicação**. Op. cit., p. 432.

De Nova igualmente refuta o enquadramento do contrato de compra e venda de participação societária à disciplina do contrato preliminar, a partir de construção argumentativa indicada nos parágrafos seguintes que coloca em questionamento a própria natureza jurídica do fechamento (*closing*) da operação.[124]

Seguindo-se o curso originalmente pretendido pelas partes, satisfeitas as condições suspensivas, as partes determinam a data em que será realizado o fechamento da operação.[125] Ilustrativamente, em instrumento contratual envolvendo a compra e venda de ações de sociedade anônima, define-se o fechamento nos seguintes termos:

> 3.1 Fechamento. Observados os termos e condições do presente Contrato, **a compra e venda das Ações, a transferência de posse e titularidade das Ações** à Compradora e o **pagamento do Preço de Compra Base** à Vendedora (o "Fechamento") deverá ocorrer (i) no último dia de um dado mês, caso a última condição suspensiva prevista no Capítulo 4 seja cumprida ou renunciada (conforme o caso) até o 15º (décimo quinto) dia do mesmo mês; (ii) no último dia do mês subsequente, caso a última condição suspensiva prevista no Capítulo 4 seja cumprida ou renunciada (conforme o caso) entre o 16º (décimo sexto) e o último dia de um dado mês; ou (iii) em qualquer outra data mutuamente acordada pelas Partes ("Data de Fechamento"), na sede da Vendedora, ou em qualquer outro local e/ou horário previamente acordados por escrito pelas Partes. Cumpridas todas as condições suspensivas para o Fechamento, qualquer Parte poderá notificar à outra para proceder o Fechamento.[126]

[124] DE NOVA, Giorgio. **Il Sale and Purchase Agreement: un contratto commentato.** Op. cit., p. 15.

[125] DE NOVA, Giorgio. **Il Sale and Purchase Agreement: un contratto commentato.** Op. cit., p. 15.

[126] Contrato de Compra e Venda de Ações celebrado em 26 de abril de 2018 por e entre Itaúsa – Investimentos Itaú S.A, na qualidade de vendedora, Kilimanjaro Brasil Partners I B – Fund de Investimento em Participações Multiestratégia Investimento no Exterior, na qualidade de compradora e, ainda, na qualidade de parte interveniente, Elekeiroz S.A.

Da cláusula acima mencionada, verifica-se que o Fechamento é definido como a data em que ocorre a transferência da posse e titularidade das ações objeto da compra e venda da vendedora à compradora e o pagamento do preço de compra base (estabelecido como o valor indicado no contrato, previamente à aplicação do mecanismo de ajuste ali indicado). Trata-se, portanto, do momento em que a eficácia típica da compra e venda, qual seja, a realização pelas partes das prestações inerentes da compra e venda, com transferência da posse e titularidade da participação societária e com ela a titularidade da posição jurídica vinculada à participação societária em contrapartida ao recebimento de preço contratualmente pactuado, se materializa.

Mais adiante, ao definir os atos previstos para ocorrerem no fechamento, além do pagamento do preço e transferência das ações (nesse caso ações escriturais) são previstas as seguintes atividades: (i) apresentação de cartas de renúncia de membros do conselho de administração da sociedade e transferência das ações nominais detidas por eles à compradora; (ii) compartilhamento de certificados, consignando a veracidade das declarações e garantias na data do fechamento; (iii) formalização dos demais documentos e instrumentos e disponibilização dos materiais e informações e prática dos demais atos "necessários, adequados ou convenientes, na medida permitida pela Lei Aplicável" ao cumprimento das obrigações contratuais; e (iv) outorga de procuração pela Sociedade à vendedora para a venda de determinados imóveis cujas receitas dariam ensejo ao pagamento de parcela contingente do preço.[127]

Não causa surpresa o fato de o instrumento contratual utilizado como referência neste capítulo, firmado em 2019 e regido por lei brasileira, ser bastante similar ao modelo contratual usado como fio condutor para a obra de De Nova.[128]

O autor observa que no fechamento da operação ocorrem diferentes ações que recebem qualificações igualmente distintas entre si no Direito italiano.[129]

[127] Cláusula 4.6 do Contrato de Compra e Venda de Ações celebrado em 26 de abril de 2018 por e entre Itaúsa – Investimentos Itaú S.A, na qualidade de vendedora, Kilimanjaro Brasil Partners I B – Fund de Investimento em Participações Multiestratégia Investimento no Exterior, na qualidade de compradora e, ainda, na qualidade de parte interveniente, Elekeiroz S.A.

[128] DE NOVA, Giorgio. **Il Sale and Purchase Agreement: un contratto commentato**. Op. cit.

[129] DE NOVA, Giorgio. **Il Sale and Purchase Agreement: un contratto commentato**. Op. cit., p. 15.

São elas o pagamento do preço contra a transferência das ações, indicando, respectivamente, a ocorrência de um ato de execução e a materialização do efeito translativo, mas aqui em momento diverso da celebração do contrato de compra e venda de participação societária, e a realização de atos executivos e secundários relacionados contratualmente.[130]

O binômio assinatura do contrato de compra e venda de participação societária (*Signing*) e fechamento (*Closing*), como pontuado pelo autor, não é típico no Direito italiano e ali parece suscitar alguns desafios lógicos. Isso porque, no Direito italiano, como narra Sirena, a compra e venda típica gera um efeito obrigacional e translativo.[131] Ou seja, a eficácia real associada à transferência da propriedade do ativo alienado do vendedor ao comprador se opera por força da própria assinatura do contrato de compra e venda, refletindo assim o princípio do *consenso translativo.*

O contrato de compra e venda de participação societária, referido por De Nova simplesmente como *share purchase agreement*, gera uma contradição: um contrato de compra e venda que na assinatura não reconhece a eficácia da transferência da propriedade e, portanto, não se assimila a uma tradicional compra e venda e que, do mesmo modo, na data da transferência das ações e pagamento do preço opera-se o que não seria considerado propriamente um contrato, mas cujos efeitos se assemelham.[132] Há que ponderar, no entanto, que no Direito italiano o princípio do consensualismo do qual deriva a eficácia translativa da compra e venda pode igualmente ser objeto de pactuação em contrário pelas partes, pela previsão de condições suspensivas, embora não se trate dos efeitos típicos da compra e venda no país. Mesmo aqui o adimplemento da prestação translativa em contrapartida à obrigação de dar coisa certa nesse caso seria tratada como um ato unilateral atípico. Não se revestiria de natureza abstrata, mas sim vinculada ao negócio causal pactuado

[130] DE NOVA, Giorgio. **Il Sale and Purchase Agreement: un contratto commentato.** Op. cit., p. 15.

[131] SIRENA, Pietro. **La Nozione Della Vendita: Gli Effetti Traslativi.** In: Trattato dei Contratti. P. 59

[132] DE NOVA, Giorgio. **Il Sale and Purchase Agreement: un contratto commentato.** Op. cit., p. 15.

anteriormente pelas partes. Sob pena de nulidade e ineficácia, deve, portanto, declarar expressamente a finalidade para a qual o ato translativo será formalizado.[133]

Segundo o autor, na tentativa de qualificar o chamado "*SPA*" dentro do sistema jurídico italiano, não se poderia enquadrá-lo como um contrato preliminar em relação ao qual, no momento do fechamento, se seguiria a celebração de um contrato definitivo, tampouco se reconhecer que tal instrumento representa uma venda definitiva e com efeitos translativos.[134]

Aplicada ao Direito brasileiro, a distinção entre o contrato de compra e venda de participação societária e o contrato preliminar requer menor esforço dogmático, na medida em que a compra e venda já é tipicamente despida de eficácia translativa.[135]

Também não se confunde, ou ao menos causa estranheza, a identificação do contrato de compra e venda de participação societária como uma opção de compra ou venda, exercível pela parte que se beneficia da opção uma vez satisfeitas determinadas condições precedentes.

A opção de compra ou venda pode ser definida como negócio jurídico mediante o qual o promitente assume dever jurídico de adquirir ou alienar um ativo, enquanto a outra parte pode optar ou não por exercer a opção e exigir o cumprimento da prestação.[136] Diante do direito formativo gerador, ocorre uma situação de sujeição e de vinculação do outorgante em relação à formalização do contrato optativo.[137] Na opção, outorgante e outorgado manifestam sua vontade em momento distinto àquele da celebração do contrato optativo. O objeto do contrato de opção é o reconhecimento do direito formativo gerador em favor do outorgado. O contrato de opção ainda que

133 SIRENA, Pietro. **La Nozione Della Vendita: Gli Effetti Traslativi.** In: Trattato dei Contratti. p. 59

134 DE NOVA, Giorgio. **Il Sale and Purchase Agreement: un contratto commentato.** Op. cit., p. 15.

135 BUSCHINELLI, Gabriel Saad Kik. **Compra e venda de participações societárias de controle.** *Op cit*, p. 77.

136 PEREIRA, Caio Mario da Silva. Instituições de Direito Civil – Vol. III. Atrual. Caitilin Mulhollsnd. 21. Ed. Rio de Janeiro: Forense, 2017. P. 92

137 IGLESIAS, Felipe Campana Padin **Opção de Compra ou Venda de Ações no Direito Brasileiro: Natureza Jurídica e Tutela Executiva Judicial.** Dissertação de Mestrado defendida perante a Faculdade de Direito da Universidade de São Paulo. Orientador: Prof. Dr. José Alexandre Tavares Guerreiro. São Paulo, 2011, p. 95.

relacionado é figura distinta do contrato optativo, mas conserva a presença dos requisitos da existência, validade e eficácia.[138]

Para fins do efetivo ingresso do contrato optativo ao mundo jurídico, basta a manifestação de vontade do beneficiário, observados os demais termos e condições delimitados no momento da criação do direito formativo gerador. Afinal, a vontade do outorgante já teria sido manifestada em sua completude no momento inicial. Há, portanto, uma "cisão temporal na manifestação de vontade".[139]

Como bem explicita Iglesias, o contrato sob condição suspensiva constitui figura distinta em relação à opção.[140] No contrato sob condição suspensiva, a manifestação da vontade das partes ocorre no momento de formação do vínculo contratual.[141] O contrato, portanto, já existe e é válido, mas a produção de seus efeitos, no caso de condição suspensiva, fica vinculada à ocorrência de evento futuro e incerto. No negócio jurídico envolvendo a opção, o contrato optativo não existe e, portanto, não ingressa no mundo jurídico, até a manifestação da vontade da parte que se beneficia da opção. Esse fato afastaria, portanto, o reconhecimento de verificação de condição puramente potestativa. De outro lado, a eficácia do direito formativo gerador consiste no estabelecimento do estado de sujeição, durante o qual, a partir de manifestação de vontade e formação do contrato optativo, pode se materializar a eficácia típica da compra e venda. Seus efeitos, portanto, já passam a ser produzidos no momento na celebração do contrato de opção.

A identificação de contrato de compra e venda de participação societária a uma opção poderia derivar de verdadeira patologia. Isso porque, se a produção da eficácia típica da compra e venda ficar vinculada à discricionariedade de uma das partes de seguir ou não com o negócio, o contrato de compra e venda de participação societária perderia seu elemento estabilizador, desnaturando-se.

138 IGLESIAS, Felipe Campana Padin **Opção de Compra ou Venda de Ações no Direito Brasileiro: Natureza Jurídica e Tutela Executiva Judicial.** Op. cit., p. 140.

139 IGLESIAS, Felipe Campana Padin **Opção de Compra ou Venda de Ações no Direito Brasileiro: Natureza Jurídica e Tutela Executiva Judicial.** Op. cit., p. 96.

140 IGLESIAS, Felipe Campana Padin **Opção de Compra ou Venda de Ações no Direito Brasileiro: Natureza Jurídica e Tutela Executiva Judicial.** Op. cit., p. 96.

141 IGLESIAS, Felipe Campana Padin **Opção de Compra ou Venda de Ações no Direito Brasileiro: Natureza Jurídica e Tutela Executiva Judicial.** Op. cit., p. 96.

Caracterizado o contrato de compra e venda de participação societária, cumpre aprofundar a natureza jurídica do fechamento.

Como mencionado por De Nova, mais do que a formalização do negócio dispositivo por meio da efetiva cessão de participação societária, o fechamento marca a realização de uma série de atos relacionados direta ou indiretamente à conclusão definitiva do negócio. O conjunto dos atos realizados concomitantemente na data de fechamento não se confunde com a individualidade e natureza jurídica isolada de cada um deles.

Fernanda Martins-Costa identifica ao menos duas possíveis concepções para o fechamento.

Sob uma perspectiva que a autora identifica como ampla, reflete "procedimento de avaliação das exigências necessárias a se proceder à execução das obrigações típicas do contrato".[142] Dentro de um cenário de normalidade, representa o momento do iter contratual em que ocorre a execução plena do contrato pela satisfação ou renúncia das condições então colocadas para a consumação da compra e venda. Existem, contudo, situações de desvio, em que o fechamento, ou mais especificamente o seu não atingimento, implica na geração de "efeitos desvinculativos ou indenizatórios".[143] Tais desvios, em um cenário alternativo, podem levar à repactuação das condições comerciais originalmente contempladas. A inexecução plena ainda impede a produção dos efeitos típicos, resultando em reconhecimento de ineficácia ao menos a parte das obrigações então pactuadas.[144] Também não se descarta a hipótese de resolução unilateral do contrato por denúncia unilateral motivada.[145] Dentro de uma mesma terminologia, portanto, circundam diferentes cenários.

[142] MARTINS-COSTA, Fernanda Mynarski. **Execução diferida do contrato em operações de Fusões e Aquisições (F&A) de sociedades anônimas**: análise de aspectos contratuais e societários. Op. cit., p. 123.

[143] MARTINS-COSTA, Fernanda Mynarski. **Execução diferida do contrato em operações de Fusões e Aquisições (F&A) de sociedades anônimas**: análise de aspectos contratuais e societários. Op. cit., p. 123.

[144] MARTINS-COSTA, Fernanda Mynarski. **Execução diferida do contrato em operações de Fusões e Aquisições (F&A) de sociedades anônimas**: análise de aspectos contratuais e societários. Op. cit., p. 123.

[145] MARTINS-COSTA, Fernanda Mynarski. **Execução diferida do contrato em operações de Fusões e Aquisições (F&A) de sociedades anônimas**: análise de aspectos contratuais e societários. Op. cit., p. 123.

Já em seu sentido estrito, apenas admite o cenário de execução plena do contrato.[146]

O período interino, diante do acima exposto, é um hiato. É justamente pelo fato de encontrar-se imiscuído entre o cumprimento integral dos efeitos previstos no instrumento definitivo e a estabilização das condições comerciais do negócio que seu estudo adquire especial relevância jurídica.

O iter entre a assinatura e conclusão das operações previstas contratualmente será maior ou menor a depender das condições para a realização do negócio acordadas entre as partes e eventuais formalidades e procedimentos a serem verificados previamente à efetiva transferência da participação societária. A fim de evitar a manutenção de uma obrigação por prazo indeterminado de se proceder à conclusão da operação mediante a satisfação das condições precedentes, comprador e vendedor podem acordar pela determinação de um período máximo. Atrela-se o não cumprimento de tal prazo à resolução expressa do contrato pela parte em relação à qual o não cumprimento das condições não seja imputável.[147]

Com maior ou menor intensidade a depender da metodologia e forma de pagamento do preço, as partes podem, ainda, contemplar contratualmente uma série de limitações à condução da atividade empresarial até a efetiva consumação do negócio, como forma de evitar comportamentos oportunistas e eventual destruição de valor pela parte vendedora.

Além do regime convencional de tutela do sinalagma genético, sobre o iter contratual também incidem deveres acessórios, decorrentes da cláusula geral da boa-fé objetiva.

[146] MARTINS-COSTA, Fernanda Mynarski. **Execução diferida do contrato em operações de Fusões e Aquisições (F&A) de sociedades anônimas**: análise de aspectos contratuais e societários. Op. cit., p. 124.

[147] Poder-se ia dizer, nesse caso, que a mesma condição de natureza suspensiva para o direito e consequente obrigação de consumação da realização das prestações e contraprestações principais (pagamento do preço e transferência da participação societária) incorpora uma condição resolutiva para todos os demais deveres contratuais incorporados no contrato de compra e venda de participações societárias. É o caso, por exemplo, das obrigações de cooperação, limites à condução dos negócios pela parte vendedora, dentre outras.

1.3 Perturbações no cumprimento das prestações e continuidade da atividade empresária no período interino

A superveniência, por definição, incorpora a noção de uma circunstância que se materializa em momento subsequente a outro fato.[148] A imprevisibilidade, em verdade, pode ser um dos seus elementos, mas não compõe seu núcleo constitutivo. Trata-se, portanto, de uma categoria geral dentro da qual circunstâncias com eventos de diferentes naturezas são passíveis de enquadramento.

É verossímil a ocorrência de eventos objetivos após a formação do contrato e em princípio alheios ao controle das partes, mas que, ainda assim, afetem as condições do negócio, especialmente quando existe um diferimento entre o cumprimento das prestações e a fixação das condições comerciais que regem o negócio. A referência ao termo "*em princípio*" aqui se dá pelo fato de que, uma vez verificado o evento, a parte afetada tem o dever de mitigá-lo e, conforme aplicável, até mesmo preveni-lo. Desse modo, mesmo que não tenha contribuído para o evento, cabe a responsabilização pela não adoção das medidas que dela eram razoavelmente esperadas.

A superveniência é juridicamente relevante na medida em que pode afetar o cumprimento de obrigações exigíveis, por exemplo, de forma diferida. Aplicada à compra e venda de participação societária, um evento superveniente tem a potencialidade de afetar diretamente as atividades da sociedade alvo ou as condições da compradora e vendedora de cumprirem as prestações pactuadas. Embora pareça uma afirmação óbvia, as consequências de sua materialização, bem como o cabimento ou não de recurso ao regime jurídico da superveniência não o são, exigindo uma compreensão das soluções contratuais pactuadas.

O tema é especialmente interessante por evidenciar uma tensão entre a vinculação do contrato e o talvez necessário reconhecimento de uma flexibilidade que permita às partes frustrar a consumação do negócio. Além de despertar questões e reflexões voltadas à própria técnica de redação contratual e mecanismos para a criação de incentivos, suscita a ponderação sobre a

[148] Dentre as definições de superveniência, identificou-se as seguintes "supervenção; ação de sobrevir, de ocorrer após um outro evento" ou "ação ou efeito de sobrevir, de acontecer inesperadamente". DICIO. Disponível em: https://www.dicio.com.br/. Acesso em 16 de abril de 2022.

aplicabilidade de deveres e normas implícita ou explicitamente consignadas no ordenamento pátrio.

Neste ponto, vale novamente esclarecer que a superveniência pode se relacionar ao conhecimento, na fase de execução contratual, de um vício no processo de concorrência das vontades para formação do contrato, sendo comumente atribuível a uma das partes. Suscitaria, portanto, a aplicabilidade de institutos como erro, dolo, evicção, vícios redibitórios, entre outros regimes construídos em torno da obrigação de informar no momento da delimitação do sinalagma genético do contrato. Tais circunstâncias aplicadas à compra e venda de participação societária estão intrinsicamente relacionadas à tutela da confiança e com os deveres de informação das partes nesta situação em particular (na medida em que existam). Desde já deve ser esclarecido que não é sobre tal hipótese que o presente trabalho se propõe enfocar. Considerando a complexidade e profundidade dos temas relacionados, as circunstâncias associadas aos institutos acima referidos merecem, assim, estudos particulares, sob pena de uma abordagem meramente descritiva e transversal.

No caso específico da compra e venda de participação societária, o próprio valor do objeto transacionado consiste no desenvolvimento de atividade empresária que tenha a potencialidade de gerar um fluxo de receitas futuro, característica essa que, como mencionado, é objeto de avaliações financeiras a partir de diferentes metodologias. Passado um processo de negociação, comprador e vendedor pactuam um preço, comumente traduzido ora em um pagamento fixo ou ajustável a partir de procedimentos previamente pactuados para refletir potenciais variações até o fechamento da operação, ora, ainda, complementado por parcelas contingentes atreladas à verificação de condições previamente estabelecidas.

Mesmo quando admitido um ajuste do preço para capturar, por exemplo, variações no capital de giro ou endividamento da entidade alvo, a ocorrência de circunstâncias supervenientes ao momento da assinatura do contrato incorporando os termos e condições definitivos do negócio pode gerar perturbações na relação contratual, tornando o negócio menos atrativo para uma ou outra parte após a sua estabilização. Pela própria natureza da participação societária, é inevitável ou ao menos razoavelmente esperado que durante o período interino ocorram variações na sociedade alvo, em relação à situação então em vigor no momento da conclusão da auditoria, à data de referência ou da assinatura do contrato. Novos contratos podem ser firmados, notificações de inadimplemento recebidas, processos ou investigações iniciados, ou flutuações nos preços de insumos ou dos produtos ou serviços percebidas. O próprio ambiente de negócios pode ser objeto de intercorrências e mudanças profundas, seja por alterações de natureza regulatória, alterações nas preferências dos consumidores ou mudanças macroeconômicas.

Tais variações podem ter um impacto maior ou menor na capacidade da sociedade alvo em gerar seus resultados presentes ou futuros, ou quando menos no custo de oportunidade com impacto no valor relativo da participação societária negociada. Dentro desse conjunto de circunstâncias supervenientes a que fica sujeita a entidade objeto da compra e venda, algumas distinções são fundamentais sob a ótica jurídica.

Existem, assim, alterações supervenientes que se verificam no período de cumprimento das condições comerciais definitivas do negócio. Essas podem ser agrupadas como circunstâncias que representem riscos de natureza *endógena* ou *exógena*.[149]

De início, variações súbitas nos negócios da sociedade alvo e seus resultados podem ocorrer por desvio na condução da atividade por seus administradores, seja pela não realização dos investimentos necessários para a preservação do ativo ou por uma maior exposição a riscos, por exemplo mediante a celebração de contratos relevantes para a atividade empresária, propositura de novos litígios ou celebração de acordos, contratações ou demissões de empregados, solicitação de revogação de licenças, entre outras. O elemento comum dos itens indicados é que para eles a alteração do *status quo* em relação à condução da atividade até esse momento está vinculada a uma mudança de comportamento que pode contar com a orientação da parte vendedora na condição de sócio ou de administrador dos negócios sociais.

Parcela do risco acima enunciado se reflete no conceito de *moral hazard*, ou seja, uma alteração não observável no comportamento de uma das partes, na medida em que outra parte passe a assumir as consequências adversas de tal

[149] MARTINS-COSTA, Fernanda Mynarski. **Execução diferida do contrato em operações de Fusões e Aquisições (F&A) de sociedades anônimas**: análise de aspectos contratuais e societários. Op. cit., p. 124.

comportamento.[150] Tal fato faz com que um determinado indivíduo deixe de realizar os investimentos na conservação do ativo ou passe a tomar decisões que impliquem maiores riscos.

Por outro lado, parte das variações nos resultados da companhia pode ser natural e relacionada ao próprio ciclo dos negócios, conforme historicamente avaliado, e não decorre de alterações no ambiente de negócios, considerado de forma mais ampla.

Além das situações acima, poderiam ser enquadrados na categoria de riscos endógenos potenciais efeitos adversos aos negócios decorrentes da assinatura e anúncio da operação econômica envolvendo a compra e venda de participação societária, traduzindo-se em potenciais migrações de clientes e, consequentemente, término antecipado de contratos, redução de receitas, etc. Mas tais efeitos decorreriam diretamente da celebração do contrato de compra e venda, e não de uma (má) decisão que altere o curso da condução dos negócios.

Diferentemente dos casos narrados, a execução das prestações contratuais em momento diferido também atrai consigo a potencial ocorrência de riscos de natureza exógena, cujos efeitos potencialmente impliquem a modificação da situação financeira ou jurídica da sociedade alvo.

O principal deles consiste nos riscos sistêmicos, que podem incorporar genericamente desde alterações regulatórias até mudanças no cenário macroeconômico. Essas situações têm entre si em comum o fato de representarem eventos fora do controle das partes, cujos efeitos se estendem muito além da sociedade alvo.[151]

Tratando-se a ocorrência de circunstâncias supervenientes no período interino como um risco inevitável em operações com fechamento diferido, a prática dos contratos de compra e venda de participação societária vem acompanhada de uma série de mecanismos voltados à distribuição dos riscos associados à sua materialização. Em relação a tais construções atípicas orientadas a partir do "poder modelador da autonomia privada", procede-se a um

[150] GILSON, Ronald; SCHWARTZ, Alan. **Understandings MACs: Moral Hazard in Acquisitions**. Center for Law and Economic Studies. Working Paper No. 245. Fevereiro, 2004.
[151] EMMERICH, Adam O.; NORWITZ, Trevor S. **The MAC is Back: Material Adverse Change Provisions After Akorn**. In. The International Comparative Legal Guide to: Mergers & Acquisitions, p. 6.

processo de "acomodação do contrato às circunstâncias supervenientes ao momento de sua formação".[152]

Mais especificamente no caso da compra e venda de participação societária, e dos modelos padronizados e disseminados de *share purchase agreement*, o risco da materialização de circunstâncias supervenientes que possam, de alguma forma, macular uma suposta relação de equivalência entre prestação e contraprestação é distribuído e mitigado contratualmente pelas partes a partir do conjunto de cláusulas que suportam tais contratos igualmente para outros fins. São elas as condições precedentes, declarações e garantias, obrigações e indenizações.[153]

Além dos mecanismos contratuais de mitigação de riscos e criação de incentivos para a adoção de comportamentos considerados desejáveis pelas partes somam-se ainda as soluções negociais de composição e determinação do preço contratual, seja pela realização de descontos, determinação de parcelas diferidas e contingentes de pagamento de parcela do preço, entre outras.

Diante da diversidade de potenciais caminhos para se endereçar o tema da ocorrência de circunstâncias supervenientes no período interino, optou-se por se debruçar sobre uma delas, que se articula e se efetiva justamente a partir dos instrumentos estruturadores dos contratos de compra e venda de participação societária, indicados e explicitados acima. A estranha Cláusula MAC.

[152] MARTINS-COSTA, Judith. **A boa-fé no direito privado: critérios para a sua aplicação.** 2a. ed. São Paulo: Saraiva, 2018, p. 652.

[153] *"Four horsemen"*, que seriam as cláusulas de *representations and warranties, covenants, conditions precedent e indemnification*: *"These contractual four horsemen function together as a unit, serving different but complementary purposes"* (FREUND, James C. Anatomy of a merger. New York: Law Journal Press, 1975, p. 153).

2
SUBSTRATO E FUNÇÕES DA CLÁUSULA MAC

2.1 Anatomia da cláusula MAC

Indaga-se, neste capítulo, de que modo a Cláusula MAC compõe e completa a regulação contratual refletida nos disseminados formatos do contrato de compra e venda de participação societária, entendidos enquanto *modelos negociais maximalistas*.[154] De início, adota-se um olhar descritivo desta disposição contratual. Assim, apresenta-se a anatomia geral da Cláusula MAC, vista isoladamente. Logo em seguida, é desenvolvida uma abordagem funcional, em que são explorados os múltiplos usos e significados de sua inclusão em disposições específicas do contrato de compra e venda de participação societária. Reconstruída a anatomia da Cláusula MAC, passa-se a investigar a sua efetiva aplicação, questionando-se, então, as potenciais pretensões que poderiam advir daquele que dela se beneficia (mais comumente a parte compradora em estruturas de compra e venda de participação societária, ainda que possível cotejar situações em que a vendedora igualmente se beneficia dos seus efeitos).

A fim de tornar menos abstrata a exposição a seguir, optou-se por utilizar como fio condutor e de maneira ilustrativa cláusulas extraídas a partir de instrumentos contratuais publicamente disponíveis.

154 ANTUNES, José Engrácia. **A empresa como objeto de negócios**: "Asset Deals" Versus "Share Deals". Op. cit., p. 748.

2.1.1 Descrição geral

Para consistência e garantia de coesão, instrumentos contratuais especificam a maneira pela qual termos de outra forma derivados da linguagem comum ou de natureza técnica devam ser compreendidos e aplicados ao longo do documento. A referência aos termos previamente definidos no contrato evita a utilização recorrente de expressões mais longas que possam comprometer a fluidez da leitura — naquilo em que a linguagem contratual assim o permita.[155] Mais que isso, as definições implicam o reconhecimento de *códigos linguísticos*, que orientam o processo interpretativo a partir da conjunção das disposições contratuais.[156]

Como destaca De Nova, as definições exigem atenção do intérprete, especialmente em contratos empresariais que tutelam relações complexas e sejam inspirados a partir de práticas estrangeiras.[157] Essas podem contemplar fragmentos de cláusulas cuja consideração é fundamental para a apreensão da integralidade de seus efeitos e âmbitos de aplicação.[158] As definições formam verdadeiras partes de um quebra-cabeça.

Retoma-se nesse sentido, o precedente inicialmente mencionado na abertura desta dissertação. Mais adiante, são apresentadas outras referências para fins de comparação. Assim, realiza-se uma análise gradativa dos elementos que podem compor essa ampla e muitas vezes aparente circular e tautológica definição.[159]

[155] ADAMS, Kenneth A. **A Legal-Usage Analysis of Material Adverse Change Provisions.** Fordham Journal of Corporate & Financial Law, vol. 10, N. 1, 2004. Disponível em: https://ir.lawnet.fordham.edu/jcfl/vol10/iss1/2/. Acesso em 23 de março de 2021, p. 20.

[156] MARINO, Francisco Paulo de Crescenzo. **A interpretação de negócios jurídicos celebrados no contexto de uma compra e venda de participação societária e a responsabilidade limitada de um dos alienantes pelas consequências pecuniárias do ajuste de preço pactuado.** In: GOUVêA, Carlos Portugal; PARGENDLER, Mariana; LEVI-MINZI, Maurizio (org.). **Fusões e Aquisições**: pareceres. São Paulo: Almedina, 2022. p. 88.

[157] DE NOVA, Giorgio. **Il Sale and Purchase Agreement: un contratto commentato.** Op. cit., p. 20.

[158] DE NOVA, Giorgio. **Il Sale and Purchase Agreement: un contratto commentato.** Op. cit., p. 92.

[159] YAMAJI, Crisleine Barboza. **As previsões contratuais da superveniência de circunstâncias: uma construção teórica à luza das cláusulas de MAC**. Op. cit., p. 111.

No caso das Cláusulas MAC, seu núcleo essencial encontra-se, de fato, imiscuído em uma definição.[160] A definição, contudo, vista de forma isolada pouco representa. A Cláusula MAC, portanto, é resultado da articulação da definição de MAC com outras disposições socialmente típicas do contrato de compra e venda de participação societária.

O termo MAC usualmente inicia-se a partir de uma descrição ampla e genérica dos eventos que podem compor o suporte fático que dá ensejo à aplicação da cláusula (*definição base*).[161] Não raro, contudo, tal descrição não parece trazer muitas respostas. Ela pode até mesmo desafiar a lógica, ao incluir menção ao próprio termo sendo definido, dessa vez redigido em termos minúsculos.[162] Confira-se abaixo:

> "*Efeito Material Adverso*" significa qualquer Efeito que, individualmente ou em conjunto com os outros Efeitos, (a) tenha ou seja razoavelmente esperado que tenha um efeito material adverso nos negócios, condição (financeira ou outra), propriedades, ativos, responsabilidades (contingentes ou outras), operações de negócios ou resultados de operações da Companhia e suas Subsidiárias, consideradas em conjunto ou (b) possa ou razoavelmente possa ser esperado que impeça, atrase materialmente ou comprometa materialmente a capacidade da Companhia de consumar a Operação ou cumprir quaisquer de suas obrigações sob esse Contrato fora da Data Máxima [...].[163]

[160] DE NOVA, Giorgio. **Il Sale and Purchase Agreement: un contratto commentato.** Op. cit., p. 102.

[161] MILLER, Robert T. **A New Theory of Material Adverse Effects.** In: 76 Business Lawyer 749, 2021. Disponível em: https://papers.ssrn.com/sol3/papers.cfm?abstract_id=3706580#:~:text=Beginning%20from%20the%20foundational%20premise,principles%20of%20corporate%20finance%E2%80%94that. Acesso em 12 de janeiro de 2022, p. 7.

[162] MILLER, Robert T. **A New Theory of Material Adverse Effects.** Op. cit., p. 7.

[163] Tradução livre de: *"Material Adverse Effect" means any Effect [event, occurrence, fact, condition, change, development, circumstance or effect] that, individually or in the aggregate with all other Effects, (a) has had or would be reasonably expected to have a material adverse effect on the business, condition (financial or otherwise), properties, assets, liabilities (contingent or otherwise), business operations or results of operations of the Company and its Subsidiaries, taken as a whole or (b) would or would reasonably be expected to prevent, materially delay or materially impair the ability of the Company to consummate the Merger or to perform any of its obligations under this Agreement by the Outside Date, [...]"*. Agreement and Plan of Merger celebrado entre Tiffany & Co., LVMH Moët Hennessy-Louis Vuitton SE,

Agora, igualmente para fins de referência, abaixo foi transcrita a definição de MAC extraída de instrumento regido pela lei brasileira:

> "*Efeito Adverso Relevante*" significa qualquer circunstância, condição, evento, alteração ou ocorrência ("Evento") que, individualmente ou em conjunto com um ou mais Eventos, afete de forma adversa e relevante, (i) os Negócios, as condições financeiras ou operacionais, os ativos e/ou os resultados das operações da Companhia; ou (ii) a capacidade da Companhia e das Partes de cumprir as obrigações aqui assumidas e consumar os negócios jurídicos aqui previstos, dentro dos prazos aqui determinados. Sem limitar o quanto disposto acima, quaisquer Eventos que, individualmente ou em conjunto com um ou mais Eventos, acarretem em uma Perda (e, não obstante a definição de Perda e exclusivamente para fins desta definição de Efeito Adverso Relevante, incluirá lucros cessantes e perda de receita), contingente ou efetiva, impactos financeiros negativos, imposição de pagamentos ou desembolsos em um valor igual ou superior a R$ 100.000.000,00 (cem milhões de reais), serão necessariamente considerados e interpretados como um "Efeito Adverso Relevante" para fins deste Contrato. Não obstante, nenhum Evento será considerado um "Efeito Adverso Relevante" para fins deste Contrato quando oriundo de ou imputável a qualquer dos fatores enumerados a seguir, isoladamente ou em conjunto entre si: (a) alterações gerais nas condições econômicas ou políticas que afetem, de modo geral, os setores ou mercado em que a Companhia e a Compradora operam; (b) atos de guerra (declaradas ou não), sabotagem ou terrorismo, ações militares ou escalada militar após a presente data, (c) desdobramentos previsíveis, na data de celebração deste Contrato, de pandemias e crises de saúde pública, ou (d) quaisquer mudanças das Leis ou normas contábeis ou tributárias aplicáveis, ocorridas após a presente data; observado, no entanto, que qualquer Evento oriundo ou imputável às hipóteses "(a)" a "(d)" acima não será desconsiderado para fins de caracterização de um Efeito

Breakfast Holdings Acquisition Corp. e Breakfast Acquisition Corp. em 24 de novembro de 2019. Op. cit. Paginação sem numeração.

> Adverso Relevante apenas se e à medida em que tal Evento gere um impacto adverso desproporcional sobre os Negócios ou operações da Companhia, quando comparado com outras Pessoas que operem nos mesmos setores e mercados de atuação de tais Pessoas.[164]

Os trechos iniciais das definições de MAC em ambos os precedentes transcritos são substancialmente equivalentes. A definição é composta por duas partes. A primeira é aquela que define MAC como uma mudança adversa relevante, como já mencionado. Em seguida, estabelece-se o complemento. Ou seja, o campo de incidência das mudanças verificadas.

Para fins da definição, dois tipos de consequências são relevantes. De um lado, genericamente, a alteração nos negócios da companhia alvo ou de suas subsidiárias. De outro lado, aquelas mudanças que comprometam a capacidade das partes de cumprirem as obrigações determinadas contratualmente. No primeiro caso, o adimplemento da prestação principal ainda seria possível. Na segunda hipótese, o cumprimento do contrato é afetado.

Ressalva relevante antes de se adentrar na descrição da anatomia das Cláusulas MAC é que, na contracorrente da intuição inicial, seria incorreta a afirmação de que a definição incorre em um paradoxo lógico ao fazer recurso ao termo efeito material adverso (em letras minúsculas). Isso porque, em verdade, um Efeito Material Adverso (com letras maiúsculas) seria uma circunstância da qual resulte ou possa razoavelmente resultar um efeito material adverso a algo; como se viu, à entidade cujas participações societárias são negociadas ou às próprias partes em relação ao cumprimento do pactuado. Em outras palavras, o Efeito Material Adverso é a circunstância, e não suas consequências.

Deve-se ter cuidado aqui na utilização do termo definido. Ainda assim, nas negociações de contratos de compra e venda de participação societária não é incomum a referência à sociedade alvo tendo sofrido um Efeito Material Adverso (redigido com letras maiúsculas), mas sem ter ocorrido um evento

164 Minuta de Contrato de Compra e Venda de Ações sob Unidade Produtiva Isolada e Outras Avenças, em que figuram como vendedores Oi Móvel S.A. – Em recuperação judicial e Telemar Norte Leste S.A. – em recuperação judicial, tendo como objeto as ações de emissão da Caliteia RJ Infraestrutura e Redes de Telecomunicações. Disponível em: https://recuperacaojudicialoi.com.br/wp-content/uploads/2020/10/anexo-i-edital-upi-torres-minuta-do-contrato-de-compra-e-venda-da-upi-torres-fls-478.304-478.622.pdf. Acesso em 4 de maio de 2021.

cujos efeitos resultem ou possam resultar em um efeito material adverso (satisfazendo, portanto, os requisitos para a aplicação da definição).[165] Existe, assim, na definição de MAC uma relação de causa e efeito.[166] O termo redigido em maiúscula faz referência ao que Miller denomina de Evento Predicativo Subjacente (*Underlying Predicate Event*).[167] No exemplo reproduzido acima, referido Evento Predicativo Subjacente consistiria no trecho "*circunstância, condição, evento, alteração ou ocorrência*". Esse Evento Predicativo Subjacente é que tem a característica de gerar um efeito material adverso (termo não definido). A consequência prática é que pode ter havido um Efeito Material Adverso sem que ainda tenham sido verificadas as suas consequências, embora, a partir de um elemento qualificador extraído a partir da prática razoável em um setor e circunstância, elas possivelmente venham a ocorrer. O termo pode endereçar um risco iminente além de consequências já verificadas. Tudo depende, evidentemente, da forma como o termo MAC é definido no contrato.

Colocado esse comentário preliminar, o primeiro ponto de atenção na definição acima consiste no significado atribuído ao termo "*Efeito*" ou "*Evento*". Nesse caso, contribuindo para a complexidade da interpretação dessas disposições, os precedentes indicados fazem recurso a uma referência cruzada, de modo que o termo "efeito" foi definido separadamente e de modo genérico como "*evento, ocorrência, fato, condição, mudança, desenvolvimento, circunstância ou efeito*" (tradução livre). O mesmo ocorre no segundo precedente aqui transcrito.

Ao identificar os diferentes termos atrelados ao mesmo fim, Adams rapidamente conclui que esse trecho seria o resultado de um *pedantismo de advogados* que usam de sinônimos e quase sinônimos em uma única afirmação,

[165] MILLER, Robert T. **What do Exceptions in MAE Definitions Except?** In: Business Law Today. Disponível em: https://ssrn.com/abstract=3854238. Acesso em 24 de junho de 2021, p. 2.

[166] MILLER, Robert. **Pandemic Risk and the Interpretation of Exceptions in MAC Clauses.** Journal of Corporation Law 2021. Disponível em: https://papers.ssrn.com/sol3/papers.cfm?abstract_id=3826378. Acesso em 18 de abril de 2022, p. 107.

[167] MILLER, Robert. **Pandemic Risk and the Interpretation of Exceptions in MAC Clauses.** Journal of Corporation Law 2021. Disponível em: https://papers.ssrn.com/sol3/papers.cfm?abstract_id=3826378. Acesso em 18 de abril de 2022, p. 108.

para atingir o mesmo resultado.[168] Colocado o pedantismo de lado, da visão conjunta de tais termos, pode-se concluir que a aplicação da cláusula se dá apenas mediante a ocorrência de um fato jurídico, ou seja, um determinado acontecimento que, uma vez cumpridos os requisitos mínimos ali previstos, produzirá efeitos jurídicos. A ocorrência de um fato jurídico, por sua vez, pressupõe uma alteração na situação fática original, que pode ser decorrente de um novo acontecimento ou, no caso mencionado, um desenvolvimento ou mera produção de efeitos de algo que já tenha se materializado. As cláusulas transcritas parecem ter sido redigidas de tal forma ampla a evitar questionamentos sobre a possibilidade de o desenvolvimento de um fato anterior à assinatura do contrato e potencialmente já conhecido configurar uma MAC.[169] Trata-se de aspecto atinente ao compartilhamento de riscos acordado pelas partes.

Para fins de comparação, abaixo transcreveu-se trecho inicial de definição com redação ligeiramente distinta nesse ponto:

> "*Efeito Adverso Relevante*" significa, em relação à Sociedade ou a qualquer Subsidiária, qualquer **evento, alteração ou conjuntura** que enseje implicações adversas relevantes sobre o negócio, a situação financeira, as propriedades, os ativos, os passivos ou os resultados operacionais da Sociedade e de suas Subsidiárias, como um todo, que resulte, comprovadamente, (i) em danos irreversíveis em 25% (vinte e cinco por cento) ou mais nos ativos permanentes da Sociedade; e/ou (ii) variação negativa de 20% (vinte por cento) na comparação entre: (x) receita bruta média da Sociedade apurada nos 12 (doze) meses anteriores à ocorrência do evento (excluindo o mês do evento); e (y) receita bruta média apurada nos últimos 12 (doze) meses (incluindo o mês do evento); [...].[170]

168 ADAMS, Kenneth A. **A Legal-Usage Analysis of Material Adverse Change Provisions**. Op. cit., p. 22.

169 Aqui vale a menção à discussão envolvendo a licitude e validade de cláusulas de conhecimento prévio em contratos de compra e venda de participação societária, ainda que o tema não consista no cerne do caminho lógico aqui construído. OLIVEIRA, Caio Raphael Marotti. **A Cláusula pró-sandbagging (conhecimento prévio) em contratos de alienação de participação acionária**. Op. cit.

170 Contrato de Compra e Venda de Ações celebrado em 26 de abril de 2018 por e entre Itaúsa – Investimentos Itaú S.A, na qualidade de vendedora, Kilimanjaro Brasil Partners I B – Fund

No precedente acima, a composição das palavras na definição de "Efeito Adverso Relevante" resulta em uma construção mais limitada e de menor âmbito de aplicação — nesse caso, mais favorável, portanto, ao vendedor que queira evitar a frustração da venda em decorrência da aplicação da Cláusula MAC. Ainda que de modo sutil, parece excluir desenvolvimentos e efeitos que possivelmente gerem consequências adversas do âmbito de aplicação da disposição. Visto abstratamente, contudo, é difícil antecipar as consequências de tal distinção, se é que elas poderiam existir. Mas justamente nesses detalhes podem ser identificadas redações mais ou menos favoráveis a uma ou outra parte e que, em momento de disputa, poderiam ser exploradas por meio de esforço argumentativo. Adams, ao tratar, da utilização dos diferentes sinônimos na definição da Mudança Adversa Relevante, conclui que bastaria a referência a "*mudança adversa*".[171] Qualquer terminologia adicional seria, ao seu ver, supérflua.[172]

Com a licença que o ambiente acadêmico permite, questiona-se qual o papel de um advogado transacional na redação de um contrato de compra e venda de participação societária e sua negociação. Há dúvidas se seria, a depender da disposição contratual em referência, assegurar a linguagem mais objetiva e direta possível, apenas concluir o negócio ou criar um ambiente mais favorável ao seu cliente para uma possível disputa se e caso essa se instaure. Se esse dilema de fato existir, seria esse um caso de um típico conflito entre principais e agentes? Colocado de outra forma, teriam os clientes interesse em uma linguagem mais simples e direta, enquanto os advogados veriam mais valor em redações abstratas e passíveis de interpretação múltipla? Ou essa questão sequer seria enfrentada pela replicação pouco refletida de modelos contratuais, independentemente de suas consequências?

Neste ponto, uma possível hipótese é que os assessores e seus clientes podem ter visões e incentivos distintos. Enquanto o empresário pode estar

de Investimento em Participações Multiestratégia Investimento no Exterior, na qualidade de compradora e, ainda, na qualidade de parte interveniente, Elekeiroz S.A. Disponível em: https://sistemas.cvm.gov.br/dados/LaudEditOpa/RJ-2018-04437/20180807_Contrato_de_Compra_e_Venda_de_A%C3%A7%C3%B5es.pdf. Acesso em: 20 jan. 2021.

171 ADAMS, Kenneth A. **A Legal-Usage Analysis of Material Adverse Change Provisions.** Op. cit., p. 22.

172 ADAMS, Kenneth A. **A Legal-Usage Analysis of Material Adverse Change Provisions.** Op. cit., p. 22.

mais preocupado com a rápida conclusão da transação, talvez para que essa se reflita no cálculo de seu bônus, os assessores podem ter incentivos para antecipar potenciais temas de disputa ou apenas se beneficiar de um regime de remuneração baseado em horas trabalhadas.[173] Freund pontua, no entanto, que muitas vezes a fama de advogados como agentes prolixos deriva, na realidade, da inevitável dificuldade de se condensar em poucas palavras escritas a disciplina de uma matéria.[174] Em operações econômicas complexas e repletas de sutilezas, o poder de síntese pode implicar uma excessiva simplificação da realidade.[175] Por outro lado, sempre que for possível prezar pela simplicidade sem perder a substância, este caminho deve, segundo o autor, ser perseguido.[176]

O segundo elemento relevante da definição de MAC é que, no binômio causa-consequência, já mencionado, não bastaria a ocorrência de um acontecimento, mas também que esse tenha um resultado adverso, de modo geral, com referência à própria empresa-alvo sendo adquirida e suas subsidiárias e, indiretamente, a quem se beneficiar da proteção oferecida pela cláusula. Ou seja, uma redução no valor da companhia pode ser desfavorável ao comprador, que, no momento da aquisição, passará a ser titular dos direitos de sócio sobre sociedade com menor capacidade de geração de receitas, e, por outro lado, pode tornar o negócio ainda mais atrativo para o vendedor. De outro lado, por temer a configuração de fraude à execução, poderia a vendedora optar por não dar seguimento a uma operação que tenha como contraparte empresa em situação de crise.

Vale agora se debruçar sobre os campos de incidência dos efeitos adversos. Ambos os precedentes selecionados adotam abordagem similar, e mencionam genericamente os negócios, situação financeira, propriedades, ativos, passivos ou resultados. Ao tratar desse tema, Adams destaca que, embora as cláusulas possam refletir linguagem ampla, a depender do negócio desenvolvido pela sociedade-alvo, pode ser mais adequada a referência a um campo

173 FREUND, James C. **Anatomy of a merger**. New York: Law Journal Press, 1975, p. 114-116.
174 FREUND, James C. **Anatomy of a merger**. New York: Law Journal Press, 1975, p. 114-116.
175 FREUND, James C. **Anatomy of a merger**. New York: Law Journal Press, 1975, p. 114-116.
176 FREUND, James C. **Anatomy of a merger**. New York: Law Journal Press, 1975, p. 114-116.

de incidência, que seria explicitado no contrato.[177] Cabe, portanto, ao jurista identificar a terminologia adequada para estabelecer o escopo da alteração adversa em relação à sociedade alvo.

Além de efeitos materiais adversos à entidade em referência para fins de aplicação da cláusula, no instrumento contratual de referência entre LVMH e Tiffany, nota-se a inclusão de menção a verdadeira impossibilidade ou atraso material na realização de qualquer obrigação prevista contratualmente ou que possa resultar em um impedimento para a realização do fechamento. Essa situação, contudo, poderia ser igualmente endereçada em outras disposições contratuais, como as declarações e garantias. Tratando-se de situação mais objetiva, ao longo desta dissertação adotou-se foco maior no primeiro campo de incidência, já que juridicamente ela levanta maiores questionamentos, já que o adimplemento ainda seria possível, mas sob outra formulação.

Alguns autores que estudam as Cláusulas MAC destacam uma usual disputa entre as partes sobre a inclusão do termo "*prospects*" (possivelmente a melhor tradução seria "rentabilidade futura") dentro do campo de incidência do efeito material adverso.[178] A partir do "fechamento" da operação societária, notadamente nos casos envolvendo a compra e venda de ações representativas do controle da sociedade, a parte compradora passará a ter ingerência sobre a condução dos negócios da companhia. A introdução de termo fazendo referência à rentabilidade futura carrega consigo inerentemente uma visão preditiva do resultado da ocorrência do evento em referência. De seu lado, a parte compradora argumentaria que a referência às projeções financeiras do negócio é relevante na medida em que, como já mencionado na seção anterior, a precificação da participação societária é comumente atrelada à capacidade futura de geração de caixa. Se um evento resultar em um efeito material adverso que tenha um efeito negativo e relevante sobre a rentabilidade futura,

[177] ADAMS, Kenneth A. **A Legal-Usage Analysis of Material Adverse Change Provisions**. Op. cit., p. 30.

[178] Vide por exemplo GILSON, Ronald; SCHWARTZ, Alan. **Understandings MACs: Moral Hazard in Acquisitions**. Op. cit., p. 3; CHENG, David. **Interpretation of Material Adverse Change Clauses in an Adverse Economy**. Columbia Business Law Review, no. 2, 2009, p. 572; ZAKRZEWSKI, Rafal. **Material adverse change and material adverse effect provisions**: construction and application. In: Law and Financial Markets Review, 5:5. Disponível em: http://dx.doi.org/10.5235/175214411797474222. Acesso em 24 de maio de 2020, p. 347.

logo, a parte compradora deveria ter a prerrogativa de não seguir adiante com a operação, desde que as consequências futuras da ocorrência do evento superveniente sejam razoavelmente esperadas.[179] Já a parte vendedora poderia argumentar pela sua incapacidade de garantir um retorno previamente determinado à compradora. Por se tratar de evento futuro e incerto, a inclusão de referência à rentabilidade futura poderia representar um flanco na certeza da conclusão do negócio.

Adjetivo extremamente relevante e desafiador na construção das cláusulas ora sob estudo é o termo materialidade (*materiality*). Trata-se de terminologia inevitavelmente indeterminada, com origem derivada da doutrina do inadimplemento contratual significativo (*material breach*).[180] A utilização do termo pode colocar o intérprete em situação difícil, já que a construção do conceito de materialidade dentro de uma dinâmica empresarial pode exigir conhecimentos técnicos próprios e, ainda assim, insuficientes de proverem um adequado grau de assertividade em relação à sua aplicação. Aqui encontra-se um dos principais desafios da Cláusula MAC.[181]

Do exposto, conclui-se que em sua descrição genérica, a própria definição do significado de MAC já efetiva uma distribuição de riscos, de natureza residual e complementar a outras disposições contratuais.[182] Assim, a descrição geral captura quaisquer situações fáticas que uma vez configuradas resultam ou razoavelmente tenham o potencial de resultar um efeito material adverso relevante sobre a sociedade alvo ou o próprio cumprimento das obrigações assumidas contratualmente pelas partes. Havendo a subsunção dos fatos à definição contratual, ocorre a aplicação dos efeitos previstos contratualmente. Isso significa que aqueles fatos cujas consequências não satisfaçam

[179] ADAMS, Kenneth A. **A Legal-Usage Analysis of Material Adverse Change Provisions.** Op. cit., p. 30.

[180] Fernanda Mynarski Martins. **Execução diferida do contrato em operações de Fusões e Aquisições (F&A) de sociedades anônimas: análise de aspectos contratuais e societários.** Op. cit., p. 50. Ao traduzir o termo *materialirty*, a autora prefere a referência à substancialidade. Embora se concorde que a escolha da autora consista em tradução mais adequada para a língua portuguesa, optou-se pela referência ao termo conforme usualmente referido.

[181] OLIVEIRA E SÁ, Fernando. **Cláusulas Material Adverse Change (MAC) em Contratos de Compra e Venda de Empresas.** In. Direito e Justiça, vol. Especial, 2012, p. 427-444.

[182] HILL, Claire A; QUINN, Brian JM; SOLOMON, Steven Davidoff. **Mergers and Acquisitions: Law, Theory and Practice.** 2ª. Ed. West Academic Publishing: 2019, p. 402.

adequadamente os requisitos ali constantes em tese estariam fora da proteção autônoma assegurada pela Cláusula MAC.

A partir de então, na Cláusula MAC, segue-se a referência a um conjunto de eventos que, embora impliquem um efeito material adverso à entidade em referência (seja ela uma holding ou o conjunto de sociedades de um grupo empresarial), não devem ser considerados como verdadeiros Efeitos Materiais Adversos e, portanto, realocam o risco contratual da ocorrência desta circunstância superveniente, em geral, à parte compradora. É o que se explora a seguir.

2.1.2 Exclusões

Em artigo publicado em novembro de 2016, Coates IV sugere que os contratos que compõem o gênero F&A se tornaram mais do que duas vezes mais longos dentro de um período de vinte anos, passando de 35 páginas com espaçamento simples para 88 páginas.[183] Não bastasse a maior extensão dos contratos, o autor igualmente concluiu pela maior complexidade de tais instrumentos contratuais ao longo dos anos.[184]-[185] Para chegar a tal conclusão, o autor avaliou uma amostra composta por 564 contratos. Com a ressalva de que Coates IV desenvolveu pesquisa utilizando por base companhias abertas adquiridas por entidades sediadas nos Estados Unidos, no processo de importação de modelos contratuais, poder-se-ia desenvolver a hipótese de que a crescente extensão e complexidade dos contratos envolvendo a negociação de participação societária igualmente é um fenômeno que foi sentido em solo brasileiro. Os próprios precedentes regidos por lei brasileira consultados no

[183] COATES IV, John C. **Why have M&A Contracts Grown? Evidence from Twenty Years of Deals.** European Corporate Governance Institute. Law Working Paper No. 333/2016. Novembro de 2016. Disponível em: acesso em 17 de abril de 2022, p. 1.

[184] Poderia ser criticada a utilização da metodologia de Flesch-Kincaid para a avaliação da complexidade crescente dos contratos envolvendo F&As — mas deve-se reconhecer que o próprio autor se diz ciente da dificuldade de se determinar e mensurar a complexidade aplicada um contexto de conceitos jurídicos. Referido índice foi desenvolvido para estimar o grau escolar necessário para a compreensão de um texto em língua inglesa — fórmula essa já adaptada para a compreensão do idioma português.

[185] COATES IV, John C. **Why have M&A Contracts Grown? Evidence from Twenty Years of Deals.** Op. cit., p. 1.

desenvolvimento desta dissertação parecem ilustrar esse fenômeno. A Cláusula MAC pode ter contribuído para esse processo. As exclusões (ou *carve outs*) que se seguem à descrição genérica do suporte fático da cláusula são bons exemplos, exigindo do intérprete concentração absoluta na tentativa de se extrair o significado concreto dessa longa definição.

Historicamente, assim, a Cláusula MAC se desenvolveu tornando-se mais complexa em sua redação e, inevitavelmente, interpretação.[186] Esse processo acabou sendo impulsionado não apenas pelo mero acontecimento de grandes crises, mas também como reflexo de discussões derivadas a partir da sua aplicação em casos concretos.[187] Com a inclusão de múltiplas exclusões à Cláusula MAC, o efeito identificado nos contratos é o de restringir substancialmente as hipóteses que poderiam conduzir a parte que se beneficia de tal disposição contratual — usualmente a compradora — a se desvincular da relação contratual.[188]

A cláusula poderia, assim, apenas conter brevemente uma descrição geral do suporte fático da definição de Efeito Material Adverso, como no precedente abaixo:

> "*Efeito Adverso Relevante*" significa um evento que afete, de forma adversa e relevante, os resultados ou negócios das Subsidiárias ou da Companhia, incluindo, mas não se limitando, a qualquer fator ou causa que: (i) acarrete a destruição de ativo essencial das Subsidiárias ou da Companhia, ou (ii) comprometa, de forma relevante e negativa, a operação e continuidade das atividades das Subsidiárias ou da Companhia. A rescisão de qualquer Contrato de Concessão, assim como uma alteração de um Contrato de Concessão que torne a concessão

186 GILSON, Ronald; SCHWARTZ, Alan. **Understandings MACs: Moral Hazard in Acquisitions**. Op. cit., p. 3.

187 COATES IV, John C. **Why have M&A Contracts Grown? Evidence from Twenty Years of Deals.** Op. cit., p. 1. Vide também MILLER, Robert T. **Pandemic Risk and the Interpretation of Exceptions in MAE Clauses.** In: Journal of Corporation Law 2021. Disponível em: SSRN: https://ssrn.com/abstract=3826378. Acesso em 24 de junho de 2021.

188 GILSON, Ronald; SCHWARTZ, Alan. **Understandings MACs: Moral Hazard in Acquisitions**. Op. cit., p. 5.

> significativamente mais onerosa para a respectiva Subsidiária será considerada um Efeito Adverso Relevante.[189]

A redação acima reproduzida contém um enunciado geral menos amplo do que aquele extraído da operação envolvendo Tiffany e LVMH. Por outro lado, se limita a enunciar genericamente os fatos que configuram a verificação de um Efeito Adverso Relevante, sem excepcionar potenciais causas que poderiam levar a uma "destruição de ativo essencial" ou comprometer "a operação e continuidade das atividades das Subsidiárias ou da Companhia". Coloca ainda acima de discussão que o término antecipado de qualquer contrato de concessão ou alteração unilateral que onere a execução contratual será considerado um "Efeito Adverso Relevante" para fins de tal instrumento. Essa solução não surpreende considerando que a companhia alvo do negócio tinha como objeto social "a participação no capital social de sociedades prestadoras de serviço público e privado de transmissão de energia elétrica no Brasil e no exterior".

A complementação da definição com exceções geraria consequências relevantes na repartição dos riscos atrelados à ocorrência de circunstâncias supervenientes e seus potenciais efeitos sobre as prestações originalmente pactuadas pelas partes. As exclusões implicam uma forma subsequente de redistribuição de riscos, de natureza contratual. Essas devolvem o risco para a parte que originalmente se beneficiaria do enunciado geral da cláusula.[190] Ou seja, em um cenário em que apenas a compradora pode suscitar a aplicação da Cláusula MAC, as hipóteses excepcionadas pela definição são riscos por ela arcados. Ou seja, a Cláusula MAC não poderá ser utilizada como justificativa para a desvinculação contratual ainda que uma circunstância comprometa significativamente a situação financeira da sociedade-alvo.[191]

[189] Contrato de Compra e Venda de Ações celebrado entre Abengoa Concessões Brasil Holding S.A. e, de outro lado, Transmissora Aliança de Energia Elétrica S.A e, na qualidade de interveniente anuente, União de Transmissoras de Energia Elétrica S.A. – UNISA, em 16 de março de 2012.

[190] OLIVEIRA E SÁ, Fernando. **Cláusulas Material Adverse Change (MAC) em Contratos de Compra e Venda de Empresas.** In. Direito e Justiça, vol. Especial, 2012, p. 427-444.

[191] OLIVEIRA E SÁ, Fernando. **Cláusulas Material Adverse Change (MAC) em Contratos de Compra e Venda de Empresas.** In. Direito e Justiça, vol. Especial, 2012, p. 427-444.

Retomando, assim, o precedente concreto, o trecho abaixo contempla o conjunto de causas que implicaram o afastamento do reconhecimento de um verdadeiro Efeito Material Adverso para fins contratuais. Veja-se:

> [...] ressalvado, contudo, que no caso da cláusula (a) nenhum Efeito decorrente de ou resultante do seguinte será considerado individualmente ou em conjunto como um Efeito Material Adverso: (i) mudanças nas condições que geralmente afetem as indústrias em que a Companhia ou quaisquer de suas Afiliadas operem, (ii) condições econômicas gerais ou políticas (incluindo relações Estados Unidos – China), preços de *commodities* ou valores mobiliários, crédito, condições do mercado de capitais ou financeiro, em qualquer caso nos Estados Unidos ou em qualquer jurisdição em que a Companhia ou quaisquer de suas Subsidiárias operem, (iii) o não cumprimento, em ou de, pela Companhia no atingimento de projeções internas ou públicas, previsões, estimativas ou predições envolvendo receitas, recebimentos ou outras métricas financeiras ou operacionais por qualquer período (sendo certo que os fatos ou as ocorrências dando ensejo ou contribuindo para tal fracasso podem ser considerados como constituindo, ou serem considerados ao se determinar se houve, ou razoavelmente seja esperado que haja, um Efeito Material Adverso, na medida do admitido por essa definição), (iv) consequências derivadas da celebração e entrega deste Contrato ou o anúncio público ou a pendência das transações aqui contempladas, incluindo o seu impacto sobre as relações, contratuais ou de outra natureza, da Companhia ou quaisquer de suas Subsidiárias com empregados, sindicatos, clientes, fornecedores, designers, proprietários ou parceiros, (v) qualquer mudança, em ou de, no preço de mercado ou volume de transações dos valores mobiliários da Companhia ou em suas avaliações de risco (sendo certo que os fatos ou as ocorrências dando ensejo ou contribuindo para tal fracasso podem ser considerados como constituindo, ou serem considerados ao se determinar se houve, ou razoavelmente seja esperado que haja, um Efeito Material Adverso, na medida do admitido por essa definição), (vi) qualquer alteração na Lei aplicável aos negócios da Companhia ou GAAP (ou interpretação vinculante dessas),

(vii) condições geopolíticas, a ocorrência ou escalada de hostilidades (incluindo os protestos de Hong Kong e o movimento dos "Coletes Amarelo"), quaisquer atos de guerra (declarados ou não), sabotagem (incluindo ataques cibernéticos) ou terrorismo, ou qualquer escalada ou piora de quaisquer de tais atos de hostilidade, guerra, sabotagem ou terrorismo ameaçados ou iminentes na data deste Contrato, (viii) qualquer furacão, tornado, enchente, terremoto ou outro desastre natural ou (ix) quaisquer ações necessárias para ser tomadas ou não tomadas pela Companhia ou quaisquer de suas subsidiárias (que não as obrigações da Companhia sob a primeira sentença da Seção 7.1(a) de acordo com esse Contrato ou, com a anuência prévia e por escrito da Controladora.[192]

[192] *"[...] no Effect arising out of or resulting from any of the following shall be deemed either alone or in combination to constitute a Material Adverse Effect: (i)* ***changes or conditions generally affecting the industries*** *in which the Company and any of its Subsidiaries operate, (ii)* ***general economic or political conditions (including U.S.-China relations), commodity pricing or securities, credit, financial or other capital markets conditions, in each case in the United States or any foreign jurisdiction in which the Company or any of its Subsidiaries operate,*** *(iii) any* ***failure, in and of itself, by the Company to meet any internal or published projections, forecasts, estimates or predictions in respect of revenues, earnings or other financial or operating metrics for any period*** *(it being understood that the facts or occurrences giving rise to or contributing to such failure may be deemed to constitute, or be taken into account in determining whether there has been, or is reasonably expected to be, a Material Adverse Effect, to the extent permitted by this definition), (iv)* ***consequences resulting from the execution and delivery of this Agreement or the public announcement or pendency of the transactions contemplated hereby, including the impact thereof on the relationships, contractual or otherwise, of the Company or any of its Subsidiaries with employees, labor unions, customers, suppliers, designers, landlords or partners,*** *(v)* ***any change, in and of itself, in the market price or trading volume of the Company's securities or in its credit ratings*** *(it being understood that the facts or occurrences giving rise to or contributing to such change may be deemed to constitute, or be taken into account in determining whether there has been, or is reasonably expected to be, a Material Adverse Effect, to the extent permitted by this definition), (vi) any* ***change in Law applicable to the Company's business or GAAP*** *(or authoritative interpretation thereof), (vii)* ***geopolitical conditions****, the outbreak or escalation of hostilities (including the Hong Kong protests and the "Yellow Vest" movement), any acts of war (whether or not declared), sabotage (including cyberattacks) or terrorism, or any escalation or worsening of any such acts of hostilities, war, sabotage or terrorism threatened or underway as of the date of this Agreement, (viii) any* ***hurricane, tornado, flood, earthquake or other natural disaster*** *or (ix) any* ***actions required to be taken or not taken by the Company or any of its Subsidiaries (other than the Company's obligations under the first sentence of Section 7.1(a)) pursuant to this Agreement or, with Parent's prior written consent*** *[...]."* Agreement and Plan of Merger celebrado entre Tiffany & Co., LVMH Moët

Do acima exposto, é possível enquadrar as exceções em alguns conjuntos de eventos materiais adversos, como sugerido por Miller, Emmerich e Norwitz[193]:

i. **Riscos de Negócios**: aqueles que afetem genericamente as indústrias em que a sociedade-alvo e suas subsidiárias atuem;
ii. **Riscos Indicativos**: derivados da não materialização de eventuais projeções ou estimativas refletidas em planos de negócios ou quaisquer outros documentos que tenham se tornado públicos ou, no caso de companhias abertas, de flutuações no preço das ações ou de avaliações (*ratings*);
iii. **Riscos de Mercado**: envolvem modificações no cenário econômico ou político que impliquem alterações nas condições de mercado e financiamento;
iv. **Riscos do Contrato**: derivados da própria celebração do contrato e do anúncio da operação por ele regido;
v. **Riscos de Alterações Regulatórias**: derivados de alterações no marco regulatório, incluindo nas normas que tratam da elaboração e divulgação de informações financeiras;
vi. **Riscos de Eventos de Força Maior e Caso Fortuito**: relacionados, por exemplo, à ocorrência de desastres naturais ou atos de terrorismo, guerra, sabotagem;
vii. **Riscos de Ações Consentidas**: derivados da implementação de atos que tenham sido praticados no período interino com a anuência da parte compradora ou que tenham sido de outra forma consentidos ou previstos contratualmente.

Hennessy-Louis Vuitton SE, Breakfast Holdings Acquisition Corp. e Breakfast Acquisition Corp. em 24 de novembro de 2019. Op. cit. Paginação sem numeração.

193 MILLER, Robert. **The Economics of Deal Risk:** Allocating Risk through MAC Clauses in Business Combination Agreements, 50 Wm. & Mary L. Rev. 2007, Disponível em: https://scholarship.law.wm.edu/wmlr/vol50/iss6/4. Acesso em 14 de julho de 2021, p. 2049 e EMMERICH, Adam O.; NORWITZ, Trevor S. **The MAC is Back: Material Adverse Change Provisions After Akorn.** In. The International Comparative Legal Guide to: Mergers & Acquisitions, p. 6.

Da análise das categorias acima, poder-se-ia realizar nova organização para fins metodológicos.

De um lado seriam agrupados eventos de natureza geral e imprevisíveis, mas que carregam consigo a característica de constituírem riscos em grande medida fora do controle das partes. Seriam, portanto, representados pelos Ricos de Negócios, Riscos de Mercado, Riscos de Alterações Regulatórias, Riscos Relacionados a Eventos de Força Maior e Caso Fortuito.

Em paralelo, o conjunto de exclusões mapeado no precedente em referência contempla potenciais eventos adversos que decorrem direta ou indiretamente do próprio contrato de compra e venda de participação societária, como o cumprimento de obrigações ali previstas, a mera assinatura do contrato e seus potenciais efeitos perante terceiros que contratem com a sociedade alvo ou a autorização para a realização de ações em vista das restrições previstas à condução regular dos negócios (vide itens (iv) e (vii) – Riscos de Contrato e Riscos derivados de Ações Consentidas).

Por fim, os Riscos Indicativos compõem categoria própria. O não cumprimento de projeções ou eventuais avaliações negativas por agências de *rating* podem indicar a ocorrência de um Efeito Material Adverso, mas esses por si só não são considerados como eventos suficientes e autônomos para tanto. Tal fato não exclui, como indica o precedente da Tiffany e LVMH, que as causas subjacentes que motivaram as mudanças nas cotações em bolsa ou *rating* possam ser enquadradas como um Efeito Material Adverso.

A questão que naturalmente se segue é a orientação que justifica o reconhecimento do mesmo tratamento contratual para figuras distintas (riscos exógenos e endógenos), como ilustrado nos excertos acima transcritos.

Recorre-se aqui aos princípios gerais de alocação de riscos, construídos a partir da doutrina da análise econômica do direito.[194] Como bem sintetiza Miller, espera-se que os "riscos sejam alocados àqueles que possam mitigá-los ao menor custo, possam melhor suportar o risco, ou a partes com vantagens informacionais que permitam que essas determinem que o custo esperado de um risco é baixo".[195] Com base em tais premissas, o autor investiga os

[194] MILLER, Robert. **The Economics of Deal Risk:** Allocating Risk through MAC Clauses in Business Combination Agreements, Op. cit., p. 2050.

[195] MILLER, Robert. **The Economics of Deal Risk:** Allocating Risk through MAC Clauses in Business Combination Agreements, Op. cit., p. 2051.

motivadores econômicos para a alocação dos riscos sistêmicos (que seriam compatíveis com a primeira categoria aqui proposta), riscos indicativos e riscos contratuais.

No que se refere ao primeiro ponto, quais sejam, os riscos sistêmicos, pondera o autor que, em verdade, no período interino a capacidade de ambas as partes de prevenirem ou mitigarem a ocorrência de eventos de tal natureza é bastante limitada.[196] Disso decorreria a conclusão de que o tratamento de riscos sistêmicos como exceções à descrição geral dos eventos caracterizados da Mudança Adversa Relevante não implica o reconhecimento de uma alocação de riscos a uma parte com melhor capacidade de absorver o risco, como em princípio orientaria a teoria tradicional de alocação de riscos. Ao então alocar o risco de alterações sistêmicas à parte que se beneficiaria do regime da Cláusula MAC, o incentivo criado seria, na realidade, o de evitar que a materialização de um risco sistêmico fosse utilizada oportunisticamente por uma das partes para se desvincular da relação contratual. Tal hipótese seria ainda corroborada por potenciais custos adversos e de natureza reputacional, na medida em que um negócio não fechado por força da verificação de um Efeito Material Adverso causado pela materialização de um risco sistêmico sinaliza ao mercado que a sociedade alvo teria sido gravemente afetada por tal evento.[197]

Ademais, como já mencionado anteriormente, o diferimento no cumprimento das prestações na compra e venda de participação societária é usualmente uma necessidade derivada de restrições regulatórias e contratuais ou da preparação de um processo de reestruturação societária prévio. Ou seja, não fossem essas ações, a compradora já seria titular da participação societária. Nesta condição ela própria igualmente teria que se deparar com as consequências de riscos sistêmicos. Portanto, trata-se de risco que a compradora iria assumir ao optar por adquirir a participação societária.

No que se refere aos riscos indicativos, de modo similar ao descrito anteriormente, de início, poder-se-ia considerar que o vendedor, especialmente nos casos envolvendo a compra e venda de participação societária representativa

196 MILLER, Robert. **The Economics of Deal Risk:** Allocating Risk through MAC Clauses in Business Combination Agreements, Op. cit., p. 2051.

197 MILLER, Robert. **The Economics of Deal Risk:** Allocating Risk through MAC Clauses in Business Combination Agreements, Op. cit., p. 2075.

do controle, teria maiores condições e incentivos de monitorar o cumprimento de eventuais projeções ou buscar a manutenção de eventuais avaliações de agências de risco durante o período interino. Por outro lado, no contexto de uma operação de compra e venda de participação societária, a parte compradora poderia oportunisticamente suscitar a ocorrência de Mudanças Adversas Relevantes com base em riscos indicativos sem, contudo, efetivamente demonstrar uma verdadeira alteração negativa aos negócios da companhia e ao seu valor de mercado. Por tal razão, a transferência dos riscos indicativos aos compradores seria solução mais adequada, embora soe como contraintuitiva.[198]

Por fim, para os Riscos de Contrato, tratar-se-ia de algo inevitável diante da celebração do contrato, sendo inerente, portanto, a qualquer operação envolvendo a negociação indireta da empresa. Já o Risco de Ações Consentidas seria assumido pela compradora uma vez que ela própria manifestou sua anuência para a realização da atividade que ensejou a materialização do risco. Não poderia então adotar comportamento contraditório para se desvincular da relação contratual.

O contrato de compra e venda de participação societária já contempla igualmente mecanismos para mitigar o risco de ações auto interessadas por parte do vendedor, voltados à redução de impactos nos negócios da sociedade alvo. O conjunto de obrigações de fazer e não fazer no período interino, bem como a própria exigência de obtenção de consentimentos de contrapartes como condição para a implementação do negócio, são boas evidências disso. Entendendo ainda tratarem-se os riscos derivados da própria celebração do contrato como ordinários e pouco relevantes em geral nas operações envolvendo a compra e venda de participação societária, o reconhecimento de tais riscos como de responsabilidade do comprador novamente serviria como um mitigador para a adoção de comportamentos oportunistas que pudessem resultar no desfazimento do negócio.[199]

O mesmo padrão de exceções igualmente pode ser constatado em precedentes regidos pelo Direito brasileiro, como ilustrado a seguir:

[198] MILLER, Robert. **The Economics of Deal Risk:** Allocating Risk through MAC Clauses in Business Combination Agreements, Op. cit., p. 2075.

[199] MILLER, Robert. **The Economics of Deal Risk:** Allocating Risk through MAC Clauses in Business Combination Agreements, Op. cit., p. 2075.

"Efeito Adverso Relevante" significa, em relação à Sociedade ou a qualquer Subsidiária, qualquer evento, alteração ou conjuntura que enseje implicações adversas relevantes sobre o negócio, a situação financeira, as propriedades, os ativos, os passivos ou os resultados operacionais da Sociedade e de suas Subsidiárias, como um todo, que resulte, comprovadamente, (i) em danos irreversíveis em 25% (vinte e cinco por cento) ou mais nos ativos permanentes da Sociedade; e/ou (ii) variação negativa de 20% (vinte por cento) na comparação entre: (x) receita bruta média da Sociedade apurada nos 12 (doze) meses anteriores à ocorrência do evento (excluindo o mês do evento); e (y) receita bruta média apurada nos últimos 12 (doze) meses (incluindo o mês do evento); **fica contudo ressalvado que quaisquer efeitos adversos decorrentes**, resultantes ou de outra forma oriundos:

(i) de evento pontual ou série de eventos ou circunstâncias que afetem (A) a economia brasileira em geral ou os mercados financeiros, de crédito ou de capitais do Brasil ou de qualquer outro país ou jurisdição em que a Sociedade ou suas Subsidiárias atuem, o que inclui (x) alterações em taxas de juros ou câmbio e (y) eventual suspensão coletiva na negociação de ações das companhias listadas na B3 S.A. – Brasil, Bolsa e Balcão, e (B) mudanças que decorram de fatores que afetem em termos gerais quaisquer dos setores em que atuem a Sociedade e quaisquer de suas Subsidiárias ou em que os serviços da Sociedade e de quaisquer de suas Subsidiárias sejam atualmente utilizados;

(ii) de eventuais mudanças na Lei Aplicável ou no GAAP Brasileiro, ou em sua execução ou interpretação pelas autoridades competentes;

(iii) da existência, ocorrência ou persistência de quaisquer eventos de força maior, o que inclui terremotos, enchentes, furacões, tempestades tropicais, incêndios ou outros desastres naturais;

(iv) de eventual inobservância a projeções, estimativas ou previsões de receitas, rendimentos, ou outras métricas de desempenho operacional ou financeiro, internas ou publicadas, com relação a qualquer período encerrado na data do presente Contrato ou a partir de então; e

(v) do presente Contrato ou da operação nele prevista, ou de seu correspondente anúncio à imprensa ou divulgação por exigência regulatória,

não serão levados em conta ao apurar se um Efeito Adverso Relevante efetivamente ocorreu ou poderia razoavelmente vir a ocorrer.[200]

"*Efeito Adverso Relevante*" significa qualquer circunstância, condição, evento, alteração ou ocorrência ("Evento") que, individualmente ou em conjunto com um ou mais Eventos, afete de forma adversa e relevante, (i) os Negócios, as condições financeiras ou operacionais, os ativos e/ou os resultados das operações da Companhia; ou (ii) a capacidade da Companhia e das Partes de cumprir as obrigações aqui assumidas e consumar os negócios jurídicos aqui previstos, dentro dos prazos aqui determinados. Sem limitar o quanto disposto acima, quaisquer Eventos que, individualmente ou em conjunto com um ou mais Eventos, acarretem em uma Perda (e, não obstante a definição de Perda e exclusivamente para fins desta definição de Efeito Adverso Relevante, incluirá lucros cessantes e perda de receita), contingente ou efetiva, impactos financeiros negativos, imposição de pagamentos ou desembolsos em um valor igual ou superior a R$ 100.000.000,00 (cem milhões de reais), serão necessariamente considerados e interpretados como um "Efeito Adverso Relevante" para fins deste Contrato. Não obstante, nenhum Evento será considerado um "Efeito Adverso Relevante" para fins deste Contrato quando oriundo de ou imputável a qualquer dos fatores enumerados a seguir, isoladamente ou em conjunto entre si: **(a) alterações gerais nas condições econômicas ou políticas que afetem, de modo geral, os setores ou mercado em que a Companhia e a Compradora operam; (b) atos de guerra (declaradas ou não), sabotagem ou terrorismo, ações militares ou escalada militar após a presente data, (c) desdobramentos previsíveis, na data de celebração deste Contrato, de pandemias e crises de saúde pública, ou (d) quaisquer mudanças das Leis ou normas contábeis ou tributárias aplicáveis, ocorridas após a presente data;** observado, no entanto, que qualquer Evento oriundo ou imputável

[200] Contrato de Compra e Venda de Ações – 26 de abril de 2018 – Itaúsa – Investimentos Itaú S.A. e Kilimanjaro Brasil Partners IB – Fundo de Investimento em Participações Multiestratégia Investimento no Exterior. Op. cit.

> às hipóteses "(a)" a "(d)" acima não será desconsiderado para fins de caracterização de um Efeito Adverso Relevante apenas se e à medida em que tal Evento gere um impacto adverso desproporcional sobre os Negócios ou operações da Companhia, quando comparado com outras Pessoas que operem nos mesmos setores e mercados de atuação de tais Pessoas.[201]

Discussão interessante trazida pelos precedentes acima transcritos diz respeito à inclusão de parâmetros objetivos para, de um lado, admitir o enquadramento de uma circunstância como um Efeito Adverso Relevante para todos os fins contratuais e, de outro lado, afastar o seu reconhecimento mesmo que todos os demais elementos tenham sido verificados. Evidente que a inclusão de qualificadores quantitativos na definição de Efeito Material Adverso carrega consigo uma maior previsibilidade para as partes contratantes do que elas próprias avaliam como um efeito adverso material para fins da operação econômica de referência. O contraponto é que, ao lidar com circunstâncias supervenientes, a adoção de parâmetros objetivos exclui a proteção da Cláusula MAC para situações que, sob uma lógica conceitual, poderiam legitimamente justificar a sua aplicação. Os próprios indicadores objetivos podem se tornar obsoletos ou incapazes de adequadamente capturar e exprimir um potencial Efeito Material Adverso. A objetividade e a previsibilidade em cenário de disputa podem ainda ser apenas aparentes, já que as metodologias de cálculo adotadas pelas partes podem variar, residindo aí o principal campo de disputa.

Dificuldade adicional consiste na determinação da ocorrência ou não de um Evento Material Adverso na hipótese de os desdobramentos de uma mesma circunstância poderem receber tratamento distintos.[202] Exemplo de tal situação seria um prejuízo incorrido pela companhia alvo no período interino

[201] Minuta de Contrato de Compra e Venda de Ações sob Unidade Produtiva Isolada e Outras Avenças, celebrado entre, de um lado, OI Móvel S.A. – Em Recuperação Judicial, Telemar Norte Leste S.A. – Em Recuperação Judicial, [Compradora], Caliteia RJ Infraestrutura e Redes de Telecomunicações S.A. e OI S.A. – Em Recuperação Judicial. Op. cit.

[202] MILLER, Robert T. **What do Exceptions in MAE Definitions Except?** Op. cit. Tema semelhante também pode ser identificado em SUBRAMANIAN, Guhan; PETRUCCI, Caley. **Deals in the Time of Pandemic**. Columbia Law Review, Vol. 121, No. 5, Julho de 2021. Disponível em: https://columbialawreview.org/wp-content/uploads/2021/06/Subramanian-Petrucci-Deals_In_The_Time_Of_Pandemic.pdf. Acesso em 28 de maio de 2022.

que, indiretamente, decorresse da pandemia e, mais diretamente, tivesse como causa a expedição de instrumentos normativos determinando o fechamento de negócios e o confinamento.[203] Afinal, qual seria o Efeito Material Adverso nesse caso? A pandemia ou as normas editadas por autoridades governamentais?

Vale notar que essa situação potencialmente seria debatida pela Corte de Delaware, tivesse a disputa envolvendo Tiffany e LVMH prosseguido à avaliação de mérito. Que os resultados da Tiffany rapidamente declinaram de forma substancial, parece inquestionável. Então o suporte fático para a descrição geral seria em princípio satisfeito. Não havia no contrato em referência qualquer exceção relacionada diretamente à pandemia. Adotando-se interpretação restritiva das exclusões então existentes, assume-se, por exemplo, que a pandemia não poderia ser considerada como capturada pelo termo "desastre natural". Logo, sob essa perspectiva, por força da descrição geral constante da cláusula, as consequências adversas da pandemia seriam riscos assumidos pela própria Tiffany e, em princípio, poderiam justificar a suscitação da Cláusula MAC pela compradora.[204] Por outro lado, entre as exclusões que devolveriam o risco á LVMH, existe referência a alterações legais que afetassem os negócios da companhia.

No exemplo de Miller, como na disputa envolvendo Tiffany e LVMH, a pandemia seria um risco genericamente sob responsabilidade da vendedora, mas as consequências derivadas de eventuais alterações de normas seriam alocadas diretamente à compradora, por meio de exceção ao enunciado geral. Conclui o autor que, ao alocar à vendedora o risco de possíveis consequências negativas sobre os negócios da companhia alvo em decorrência de uma pandemia, o contrato efetivaria igualmente a alocação de todas as potenciais ações que poderiam derivar de tal evento extraordinário, incluindo, por exemplo, a edição de normas pelas autoridades governamentais competentes. Para tanto, menciona a regra de interpretação contratual segundo a qual o específico prevalece sobre o geral.

203 MILLER, Robert T. **What do Exceptions in MAE Definitions Except?** Op. cit., p. 4.

204 Como será aprofundado no capítulo 3, em linha com outros precedentes envolvendo a aplicação da Cláusula MAC, a avaliação da Corte de Delaware levaria ainda em conta outros elementos, como, por exemplo, a persistência no tempo dos efeitos decorrentes da pandemia.

A resposta final do autor é correta, mas o fundamento pode ser criticado. Na Cláusula MAC, as exclusões compõem campo mais específico do que o enunciado geral e, portanto, deveriam prevalecer. Ou seja, se a alocação de risco da pandemia à vendedora se der por força da aplicação de um enunciado geral, a hipótese mais específica no caso seria a alteração nas leis, listada dentre as exclusões. Se o fundamento do autor fosse o mandamento de interpretação contratual, deveria então prevalecer o entendimento de que, por haver referência específica a alteração de leis, o risco de mudança adversa relevante teria sido transferido à compradora. Mas não é essa a conclusão do autor.

O argumento que o autor deveria ter explicitado é que o referencial de análise nesse caso é a circunstância que gera as consequências adversas, e não a relação entre o enunciado geral e as exclusões. Ainda que o prejuízo decorra de uma alteração nas leis, essas aconteceram por conta de outro evento mais distante na cadeia de causalidade, que é a pandemia. A edição nos decretos que previram o fechamento das lojas derivou exclusivamente da pandemia. Sendo assim, o Evento Material Adverso (em maiúscula) seria a pandemia, e não a alteração de leis. Ocorrendo uma pandemia, é razoavelmente esperado que sejam adotadas medidas administrativas e legislativas voltadas à adoção de medidas emergenciais. Ou seja, todas os eventos materiais adversos que razoavelmente decorram da pandemia teriam sido alocados de forma conjunta. E, contratualmente, o risco de pandemia, no exemplo que está sendo utilizado de base, foi alocado genericamente à vendedora. Logo, teria havido um Evento Material Adverso que poderia escusar a compradora de prosseguir com a operação.

A construção acima é mais consistente com o entendimento de que quaisquer exceções devam ser interpretadas restritivamente. Afinal, na Cláusula MAC, a exclusão implica o não cumprimento do acordo originalmente pactuado.

2.1.3 Inclusões

É possível que o contrato determine um conjunto de hipóteses que, em princípio, ficariam excluídas da definição de Efeito Material Adverso, pelas razões indicadas na seção 2.1.2, acima (enquadramento em uma exceção), mas que as partes convencionam incluí-las novamente em seu campo de aplicação.

É assim que a Cláusula MAC não raro é estruturada sob um modelo de "regra--exceção-exceção".[205] Ou seja, ao indicar que uma circunstância não se enquadra na exceção por uma particularidade, afirma-se que referida circunstância poderá ser qualificada como um Evento Material Adverso.

Assim como as exclusões, as inclusões seguem alguns padrões socialmente construídos. Dentre elas, destaca-se a hipótese da desproporcionalidade, conforme ilustrada a seguir:

> [...] ressalvando-se, contudo, que, para todos os fins do presente Contrato, qualquer referido evento, circunstância, desenvolvimento, estado de fatos, ocorrência, mudança ou efeito resultante ou decorrente dos seguintes itens não constituirá um Efeito Adverso Relevante: **[...] exceto nos casos dos parágrafos (A), (B), (I) e (J), na medida em que essas questões impactarem de forma desproporcional a Companhia e as Subsidiárias (consideradas como um todo) em comparação aos outros negócios nas indústrias nas quais a Companhia e as Subsidiárias operarem diretamente;**[206]

Trata-se, portanto, de circunstância adversa decorrente da materialização de eventos total ou parcialmente alheios ao controle das partes atrelados à materialização de Riscos de Negócios, Riscos de Mercado, Riscos de Alterações Regulatórias e Riscos de Eventos de Força Maior e Caso Fortuito, mas que geram consequências desproporcionais à sociedade alvo e suas subsidiárias, tendo como referência agentes que atuem em mercados comparáveis.

205 PIRES, Catarina Monteiro. **Cláusulas de Preço Fixo, de Ajustamento de Preço e de Alteração Material Adversa ("MAC") e Cláusulas de Força Maior**: Revisitando problemas de riscos de desequilíbrio e de maiores despesas em tempos virulentos, Op. cit., p. 83.

206 Contrato de Compra e Venda de Ações celebrado por e entre, de um lado, como vendedores, Fundo de Investimento em Participações Latin America, Fundo de Investimento em Participações Brasil Equity II, Investidores Institucionais II – Fundo de Investimento em Participações, Boreal Fundo de Investimento em Participações, Fundo de Investimento em Participações GGPar, Fundo de investimento em Participações Volluto, Fundo de Investimento em Participações C.A., Boreal Ações III Fundo de Investimento em Ações, Banco Espírito Santo S.A. e Espírito Santo Capital – Sociedade de Risco, S.A., e de outro lado, como compradora, PGI Polímeros do Brasil S.A., como garantidora, Polymer Group, Inc., e como parte interveniente anuente, Companhia Providência Indústria e Comércio, firmado em 27 de janeiro de 2014.

Conceitualmente, a referência à desproporcionalidade parece justificável. A sua verificação implica a constatação de que a parte que se beneficia da Cláusula MAC não assume o risco derivado de consequências extraordinárias, que destoem do que se observa em outras entidades que atuem na mesma indústria da sociedade alvo e suas subsidiárias. Ora, a concepção por trás de tal orientação parece ser que a desproporcionalidade nas consequências derivadas de uma circunstância pode ser atribuível a decisões empresariais adotadas pela administração da sociedade alvo, e consentidas por seu acionista controlador. Se o racional subjacente às exclusões é atribuir à parte que se beneficia da Cláusula MAC riscos fora do controle das partes em benefício da preservação do negócio, a desproporcionalidade pode indicar que a vendedora direta ou indiretamente contribuiu para o aprofundamento dos prejuízos derivados da circunstância superveniente. A desproporcionalidade criaria então incentivos para a parte vendedora realizar os investimentos necessários e tomar decisões consistentes com a prática de mercado na vigência do período interino.

Evidentemente, a dificuldade prática derivada da inclusão do conceito da desproporcionalidade é estabelecer os parâmetros de referência para se comparar a situação da sociedade alvo e suas subsidiárias com outras indústrias diante da ocorrência de uma circunstância superveniente que cause efeitos materiais adversos. E, nesta matéria, nenhum dos precedentes consultados incluiu uma descrição prévia da indústria a ser considerada para fins de referência e aplicação da Cláusula MAC.

Além do qualificador da desproporcionalidade, a definição de Efeito Material Adverso poderia, ainda, elencar hipóteses específicas que, dentro do negócio pretendido, serão automaticamente consideradas capturadas pela definição, independentemente do enunciado geral e suas exceções. Veja-se, como referência, o contrato de compra e venda de participação societária em que a sociedade alvo é titular de concessões de serviço público. Nesse caso, além de enunciado genérico, foi contemplada referência expressa ao término antecipado de uma concessão como hipótese suficiente para caracterizar um Efeito Material Adverso.

> "*Efeito Adverso Relevante*" significa um evento que afete, de forma adversa e relevante, os resultados ou negócios das Subsidiárias ou da Companhia incluindo, mas não se limitando, a qualquer fator ou causa

> que: (i) acarrete a destruição de ativo essencial das Subsidiárias ou da Companhia, ou (ii) comprometa, de forma relevante e negativa, a operação e continuidade das atividades das Subsidiárias ou da Companhia. A rescisão de qualquer Contrato de Concessão, assim como uma alteração de um Contrato de Concessão que tome a concessão significativamente mais onerosa para a respectiva Subsidiária será considerada um Efeito Adverso Relevante.[207]

Sendo a não ocorrência de Efeito Material Adverso no prazo estipulado para o fechamento ali considerada genericamente como uma condição, a materialização da MAC autorizaria o desfazimento do negócio.

As inclusões, portanto, podem servir tanto para efetivar uma nova redistribuição do risco relacionado à ocorrência de circunstâncias supervenientes, como para explicitar hipóteses que objetivamente constituirão um Efeito Material Adverso.

2.2 Mudança adversa relevante no contrato de compra e venda de participação societária

Como etapa prévia à problematização de sua aplicação e qualificação no regime jurídico pátrio, nas seções seguintes investiga-se as múltiplas facetas da Mudança Adversa Relevante no programa contratual. Como aponta Yamaji, as Cláusulas MAC são comumente identificadas como elementos qualificadores de outras disposições contratuais como declarações e garantias, condições ou hipóteses de extinção do vínculo contratual.[208] É por meio dessa articulação que a Cláusula MAC produz a sua eficácia socialmente típica.

[207] Contrato de Compra e Venda de Ações firmado entre Abengoa Concessões Brasil Holdings S.A, e de outro lado, Transmissora Aliança de Energia Elétrica S.A. e, na qualidade de interveniente anuente, União de Transmissoras de Energia Elétrica S.A. – UNISA, firmado em 16 de março de 2012.

[208] YAMAJI, Crisleine Barboza. **As previsões contratuais da superveniência de circunstâncias: uma construção teórica à luza das cláusulas de MAC**. Op. cit., p. 87.

2.2.1 A mudança adversa relevante como declaração e garantia autônoma

A Mudança Adversa Relevante, e, mais especificamente, a sua ausência, pode compor parte do pacote de declarações e garantias oferecido no âmbito do contrato de compra e venda de participação societária. Essa referência pode se dar de ao menos duas formas distintas. Na primeira delas, a MAC é utilizada para qualificar obrigações ou declarações prestadas por uma das partes. Esta hipótese será desenvolvida na seção 2.2.2. Diversamente, a Cláusula MAC pode compor declaração e garantia em relação à condução dos negócios da companhia alvo. A MAC qualifica o conjunto de informações financeiras utilizadas de base para a determinação do preço da transação, a fim de assegurar a sua correção e atualidade. Sua inclusão pode implicar a geração de mais ou menos valor a depender dos termos comerciais pactuados entre as partes.[209]

Antes de avançar, cabe colocar a ressalva de que o objeto da dissertação não contempla a apresentação de um panorama completo do instituto das declarações e garantias aplicado ao Direito brasileiro. O que se apresenta nos parágrafos subsequentes são considerações desenvolvidas a fim de viabilizar a compreensão da Cláusula MAC e sua aplicação no ordenamento pátrio. Não há, portanto, uma intenção de se contemplar aqui um estudo detalhado da construção das *represenations and warranties* (ou apenas declarações e garantias ou, ainda, R&W).

[209] Utilizando como base informações fornecidas por seguradoras que oferecem o produto de seguro de declarações e garantias para operações de F&A, por meio dos quais as partes transferem à seguradora os riscos de potenciais pagamentos de indenizações derivados de violações a declarações e garantias, foi realizado estudo empírico voltado a investigar de que modo tais cláusulas são utilizadas para fins de alocação de riscos e para precificação da participação societária. Os autores identificaram que em 18,6% das operações avaliadas, foi identificado algum tipo de demanda envolvendo uma violação de R&W, ainda que haja um diferimento temporal relevante entre a data de assinatura do negócio e a formalização do pleito. As principais violações de R&W dizem respeito a erros nas informações financeiras, temas envolvendo contratos relevantes, questões fiscais e cumprimento de obrigações regulatórias. Os autores igualmente identificam que essas cláusulas são verificadas nas mais diferentes indústrias e tradições jurídicas. TOV, Omri; RYANS, James; DAVIDOFF SOLOMON, Steven. **Representations and Warranties Insurance in Mergers and Acquisitions**. 10 fev. 2020. Disponível em: https://ssrn.com/abstract=3361184. Acesso em: 24 abr. 2022.

As declarações e garantias, assim como a própria Cláusula MAC, têm origem no *common law*. Sua construção foi orientada pela conjunção dos regimes da *misrepresentation* ou *warranty* em situações originalmente não alcançadas por tais regimes.[210]

Declarações e garantias acabam sendo tratadas de forma conjunta.[211] Por outro lado, no *common law*, um e outro termo comportam regimes jurídicos tradicionalmente distintos.

Enquanto as chamadas *representations* contemplam um conjunto de afirmações que têm como referência o momento presente ou passado, as *warranties* dizem respeito a fatos futuros, podendo ser descritas, de outra forma, como "promessas contratuais para o futuro de que tais declarações são verdadeiras".[212] Como esclarecem Pargendler e Gouvêa "inexiste declaração quanto a fatos futuros, embora a inveracidade de declarações sobre fatos passados ou contemporâneos possa causar danos futuros a terceiros que nelas confiaram".[213]-[214]

Nesse sentido, as *representations* seriam entendidas como afirmações sobre os predicados fáticos de uma coisa. As declarações em tese não implicariam a assunção da obrigação de cumprir prestação, seja ela de qualquer natureza.[215]

[210] GREZZANA, Giacomo Luiz Maria Oliveira. **A cláusula de declarações e garantias em alienação de participação societária**, Op. cit., p. 52.

[211] GREZZANA, Giacomo Luiz Maria Oliveira. **A cláusula de declarações e garantias em alienação de participação societária**, Op. cit., p. 52.

[212] GREZZANA, Giacomo Luiz Maria Oliveira. **A cláusula de declarações e garantias em alienação de participação societária**, Op. cit., p. 52. Mesma distinção é desenvolvida por PARGENDLER, Mariana; GOUVÊA, Carlos Portugal. **As diferenças entre declarações e garantias e os efeitos do conhecimento**. In: CASTRO, Rodrigo Rocha Monteiro; AZEVEDO, Luís Andrade; HENRIQUES, Marcus de Freitas (Coords.). Direito societário, mercado de capitais, arbitragem e outros temas: homenagem a Nelson Eizirik, V. III, São Paulo: Quartier Latin, 2020.

[213] PARGENDLER, Mariana; GOUVÊA, Carlos Portugal. **As diferenças entre declarações e garantias e os efeitos do conhecimento**. Op. cit., p. 153.

[214] Mesma distinção pode ser identificada em TINA, Andrea. **Acquisizione di Participazioni Societarie**. Milano: Giuffrè, 2007, p. 329.

[215] MARTINS-COSTA, Judith. **Contrato de Compra e Venda de Ações.** Declarações e Garantias. Responsabilidade por Fato de Terceiro. Inadimplemento, Pretensão, Exigibilidade, Obrigação. Práticas do Setor e Usos do Tráfego Jurídico. Parecer. In: MONTEIRO DE CASTRO, Rodrigo Rocha *et al* (Coord.). **Direito Societário, Mercado de Capitais, Arbitragem e Outros Temas***:* Homenagem a Nelson Eizirik. Vol. III. São Paulo: Quartier Latin, 2020, p. 75.

Por tal razão, não gerariam verdadeiras obrigações de natureza contratual. A violação das declarações ou sua imprecisão na correta asserção de uma situação fática dariam ensejo à aplicação do regime de responsabilidade extracontratual apenas se uma parte tivesse de fato confiado na declaração falsa para consumar o negócio.[216] Tal violação teria como consequência seja o reconhecimento do direito ao desfazimento contratual ou do direito ao recebimento de indenização.

Já as *warranties* (garantias) de fato eram entendidas como verdadeiras promessas contratuais, conferindo, portanto, a possibilidade de tutela com base no regime autônomo determinado contratualmente.[217] Representam, assim, um instrumento de distribuição de riscos.[218] Essa distinção justificou a conjunção das *representations* às *warranties.*[219] Ou seja, ao atrelar-se as *warranties* às declarações prestadas contratualmente, o regime extracontratual da responsabilidade decorrente dos casos de prestação de declaração falsa é suplementado pela tutela contratual.[220]

A razão pela qual a prática no mercado de F&A trata as *representations* e *warranties* como um único elemento é que usualmente reconhece-se a elas a mesma consequência jurídica. O descumprimento da obrigação de as declarações prestadas serem corretas e precisas na data em que prestadas, ou em outro momento que seja especificado no contrato, enseja um dever de indenizar ou, até mesmo, a resolução do contrato.

Pelas linhas antecedentes, logo se verifica que a inclusão das R&W na forma como costumeiramente reconhecidas no modelo do *share purchase agreement* decorreu de uma particularidade do próprio sistema jurídico norte-americano e encontrou uma resposta que também já lhe era própria.

[216] GREZZANA, Giacomo Luiz Maria Oliveira. **A cláusula de declarações e garantias em alienação de participação societária**, Op. cit., p. 52.
[217] GREZZANA, Giacomo Luiz Maria Oliveira. **A cláusula de declarações e garantias em alienação de participação societária**, Op. cit., p. 54.
[218] TINA, Andrea. **Acquisizione di Participazioni Societarie**. Op. cit., p. 329.
[219] GREZZANA, Giacomo Luiz Maria Oliveira. **A cláusula de declarações e garantias em alienação de participação societária**, Op. cit., p. 54.
[220] GREZZANA, Giacomo Luiz Maria Oliveira. **A cláusula de declarações e garantias em alienação de participação societária**, Op. cit., p. 54.

Nos sistemas de origem continental, de outro lado, "a ausência de 'garantias' não implica uma ausência de tutela jurídica".[221] Enquanto no *common law* o estágio pré-contratual é regido pelo princípio do *caveat emptor*, no Direito continental a incidência da boa-fé implica a existência de regime informacional, refletido em institutos como o dolo por omissão, o erro cognoscível e a responsabilidade pré-contratual. Nesse caso, é legítimo supor que a disseminação das declarações e garantias nos contratos de compra e venda de participação societária decorre de uma insatisfação das soluções que de outra forma conduziriam à resolução ou ao ajuste de preço.[222]

De forma didática, Grezzana conclui pela existência de ao menos quatro funções e naturezas jurídicas das cláusulas de declarações e garantias no Direito brasileiro.[223]

A primeira delas consiste na função assecuratória, por meio da qual a cláusula de declarações e garantia cria uma obrigação de garantia em favor daquele que dela se beneficia, tipicamente associada a um dever de indenização em caso de violação. Nos contratos envolvendo a compra e venda de participação societária, parcela relevante do instrumento contratual se dedica a afirmações atribuíveis ao vendedor em relação às características do ativo consideradas no próprio exercício de precificação. Ao estabelecer uma obrigação de garantia, as partes pactuam e delimitam uma alocação de riscos. Assim, o risco que originalmente recairia sobre uma das partes passa a ser transferido para o garantidor, independentemente da efetiva materialização ou não da hipótese coberta pela garantia. Embora não importe na eliminação da possibilidade de materialização do risco, a sua existência resulta na transferência dos efeitos econômicos de sua verificação, por meio do reconhecimento de pretensão indenizatória.[224]

Além da função assecuratória, Grezzana conclui que as declarações e garantias também podem incorporar função conformativa. Nesta roupagem,

[221] PIRES, Catarina Monteiro. **Aquisição de Empresas e de Participações Acionistas: Problemas e Litígios.** Op. cit., p. 66.

[222] PIRES, Catarina Monteiro. **Aquisição de Empresas e de Participações Acionistas: Problemas e Litígios.** Op. cit., p. 64.

[223] GREZZANA, Giacomo Luiz Maria Oliveira. **A cláusula de declarações e garantias em alienação de participação societária**, Op. cit., p. 174.

[224] GREZZANA, Giacomo Luiz Maria Oliveira. **A cláusula de declarações e garantias em alienação de participação societária**, Op. cit., p. 174.

as declarações e garantias qualificam o negócio jurídico a ser efetivado por meio da compra e venda, na forma de um conjunto afirmativo e descritivo das condições e especificações das ações ou quotas, ou da própria atividade empresária representada por elas. Como consequência, a parte vendedora não apenas tem a obrigação de entregar o objeto, mas também deve fazer com que esse seja dotado de qualidades e especificações previamente estabelecidas, consideradas na determinação do valor expresso sob um preço. Isso significa, de outra forma, que a não verificação de tais conformidades implicaria inadimplemento contratual ou até mesmo poderia levar à resolução por frustração do fim contratual. Segundo o autor, tal hipótese de inadimplemento ocorreria independentemente da existência de culpa e decorreria do acordo de vontades voltada ao resultado garantido.[225] Na tentativa de qualificar, talvez o autor tenha identificado distinções onde essas não necessariamente existem. A chamada função conformativa já seria capturada pela função assecuratória. A distinção apenas seria relevante na ausência de garantias atreladas ao conjunto de afirmações envolvendo o bem sendo alienado.

Acresce-se, ainda, a possibilidade de as declarações e garantias exercerem função informativa, associada a um regime de responsabilidade pré-contratual, orientado pela formação das premissas determinantes do negócio em referência.[226]

O conjunto de declarações e garantias previsto contratualmente espelha em grande medida os resultados de processo de auditoria antecedente à formação do vínculo contratual. Dessa forma, pontua Grezzana que as cláusulas de declarações e garantias permitem "auxiliar o intérprete na identificação da informação errônea repassada na fase pré-contratual por aquele que presta as declarações e garantias".[227]

De fato, na preparação e revisão das declarações e garantias durante a negociação do contrato de compra e venda de participação societária, a parte compradora tem a capacidade de fazer com que a vendedora revele, de forma

225 MONTEIRO, António Pinto. **Cláusula Penal e Indemnização**. Coimbra: Almedina, 1999, p. 267-268.

226 GREZZANA, Giacomo Luiz Maria Oliveira. **A cláusula de declarações e garantias em alienação de participação societária**, Op. cit., p. 174.

227 GREZZANA, Giacomo Luiz Maria Oliveira. **A cláusula de declarações e garantias em alienação de participação societária**, Op. cit., p. 174.

organizada, informações que a primeira julgue relevante.[228] Aí residiria o fundamento do reconhecimento da função informativa e até mesmo probatória das declarações e garantias como decorrência da própria cláusula geral da boa-fé. Eventual descumprimento de tal dever passaria a suscitar a aplicação concorrente seja do regime autônomo das declarações e garantias construído contratualmente, do qual decorreria um dever de indenizar, ou do próprio regime geral de responsabilidade pré-contratual, exceto em caso de prevalência expressa de um ou outro regime.

No primeiro caso, a partir do conjunto de informações prestadas e documentadas na forma de declarações, corroborar-se-ia a presença dos requisitos para anulação do negócio jurídico pela existência do erro, notadamente substancialidade, cognoscibilidade e escusabilidade.[229] A substancialidade encontra seu suporte nas hipóteses indicadas no artigo 139 do Código Civil. Já os requisitos da cognoscibilidade e da escusabilidade derivariam da interpretação do próprio artigo 138, quando se menciona a possibilidade de o erro "ser percebido por pessoa de diligência normal, em face das circunstâncias do negócio". Como explica Benetti, o primeiro emanaria da possibilidade de o erro ser percebido, enquanto o segundo estaria vinculado a uma noção de diligência e adoção das precauções necessárias para se afastar o erro.[230] Existe divergência doutrinária em relação à efetiva aplicação de tais requisitos, mas que não convém aqui aprofundar.[231] Diante da anulação por erro, caberia o disposto no artigo 182 do Código Civil, pelo qual a consequência jurídica aplicável seria a restituição ao estado anterior, ou, diante de sua impossibilidade, indenização por perdas e danos.

No caso do dolo, verifica-se verdadeira intenção de enganar. Mais especificamente, tratando-se dos casos envolvendo omissão dolosa, fica-se diante de "violação intencional do dever de informar diante da ignorância da contraparte sobre fato ou qualidade que ensejará a declaração baseada em representação

[228] FREUND, James C. **Anatomy of a merger**. New York: Law Journal Press, 1975, p. 153

[229] BENETTI, Giovana. **Dolo no Direito Civil**: uma análise da omissão de informações. São Paulo: Quartier Latin, 2019, p. 59.

[230] BENETTI, Giovana. **Dolo no Direito Civil**: uma análise da omissão de informações. São Paulo: Quartier Latin, 2019, p. 59.

[231] BENETTI, Giovana. **Dolo no Direito Civil**: uma análise da omissão de informações. São Paulo: Quartier Latin, 2019, p. 59.

errônea da realidade".[232] O equívoco está relacionado a artifícios, mentiras, informações inexatas ou omissões, embora o resultado prático seja a declaração da vontade viciada, que teria seu conteúdo modificado pelo conhecimento de uma determinada situação.[233] O dolo, portanto, envolve a prática de conduta ilícita, e, sendo a causa de negócio jurídico, esse passa a ser anulável (artigo 145 do Código Civil).[234] Essa construção traduz particularidade dos sistemas jurídicos continentais. É por isso que a não realização de auditoria jurídica previamente à formalização de operação de compra e venda de participação societária não deve ser interpretada como uma renúncia à tutela legal, ainda que esse ainda seja um tema objeto de divergências doutrinárias.[235]

Ainda segundo Grezzana, no exercício da função informativa e probatória, as declarações e garantias auxiliam na caracterização do quadro fático para subsunção do fato à regra (reconhecimento do dolo ou erro), especialmente quando a função de garantia não é explorada no instrumento contratual.[236]

A conclusão pela concorrência da aplicação do regime autônomo das declarações e garantias com o regime geral da responsabilidade pré-contratual na ausência de disposição expressa deve ser vista com cuidado. Se, como mencionado anteriormente, a opção pela inclusão das R&W decorre não apenas de processo de exportação de modelos contratuais, mas também da insatisfação com relação à tutela derivada de normas gerais a operações econômicas complexas como a compra e venda de participação societária, quiçá, o regime geral deveria apenas ser aplicado em caráter meramente suplementar, em respeito à vontade das partes. Sob sua forma socialmente típica, a conclusão deveria ser oposta. Ou seja, a aplicação do regime geral deveria se dar por expressa indicação das partes, ainda mais em negócios empresariais.

232 BENETTI, Giovana. **Dolo no Direito Civil**: uma análise da omissão de informações. São Paulo: Quartier Latin, 2019, p. 63.

233 BENETTI, Giovana. **Dolo no Direito Civil**: uma análise da omissão de informações. São Paulo: Quartier Latin, 2019, p. 63.

234 BENETTI, Giovana. **Dolo no Direito Civil**: uma análise da omissão de informações. São Paulo: Quartier Latin, 2019, p. 63.

235 BUSCHINELLI, Gabriel Saad Kik. **Compra e venda de participações societárias de controle.** Op. cit., p. 289-290.

236 GREZZANA, Giacomo Luiz Maria Oliveira. **A cláusula de declarações e garantias em alienação de participação societária**, Op. cit., p. 174.

Concorda-se, dessa forma, com as ponderações de Santos e Lopes. As cláusulas de declarações e garantias incorporam a *definição autônoma* do dever de informar, efetivada por meio do exercício da autonomia privada. Como tal, estabelecem as consequências de sua violação.[237] Diante da incerteza que cerca a construção da extensão do dever de informar aplicada aos contratos de compra e venda de participação societária, a explicitação desse conteúdo por meio das declarações e garantias, no ambiente pátrio, confere maior certeza e previsibilidade às partes contratantes.[238] A qualificação da situação da companhia alvo e de seus negócios pode ser elevada à própria determinação da prestação a ser realizada pela parte vendedora.[239] Assim, um descumprimento de tais premissas pode suscitar a aplicação de um dever de indenizar por inadimplemento contratual, ainda que desprovido de qualquer tipo de culpa por parte do alienante, a depender do arranjo de riscos acordado entre as partes.[240]

Quando tal inadimplemento se verifica após a realização do *closing* da operação, o reconhecimento da total inutilidade da prestação já realizada e consequente resolução do contrato com retorno ao *status quo ante* é extremamente inconveniente. Após a aquisição do negócio, a adquirente passa a ter acesso a um conjunto de informações estratégicas.[241] É possível que o

237 SANTOS, Deborah Pereira Pinto dos; LOPES, Marília. **Notas sobre a Responsabilidade Contratual do Alienante pela Violação das Cláusulas de Declarações e Garantias nos Contratos de Alienação de Participação Societária Representativa de Controle**. Revista Brasileira de Direito Civil, Belo Horizonte, v. 24, n. 1, abr. / jun. 2020, p. 247.

238 SANTOS, Deborah Pereira Pinto dos; LOPES, Marília. **Notas sobre a Responsabilidade Contratual do Alienante pela Violação das Cláusulas de Declarações e Garantias nos Contratos de Alienação de Participação Societária Representativa de Controle**. Op. cit., p. 247.

239 SANTOS, Deborah Pereira Pinto dos; LOPES, Marília. **Notas sobre a Responsabilidade Contratual do Alienante pela Violação das Cláusulas de Declarações e Garantias nos Contratos de Alienação de Participação Societária Representativa de Controle**. Op. cit., p. 248.

240 SANTOS, Deborah Pereira Pinto dos; LOPES, Marília. **Notas sobre a Responsabilidade Contratual do Alienante pela Violação das Cláusulas de Declarações e Garantias nos Contratos de Alienação de Participação Societária Representativa de Controle**. Op. cit., p. 248.

241 SANTOS, Deborah Pereira Pinto dos; LOPES, Marília. **Notas sobre a Responsabilidade Contratual do Alienante pela Violação das Cláusulas de Declarações e Garantias**

retorno à situação fática anterior à conclusão do negócio sequer seja possível.[242] Com base nessas premissas, os contratos de compra e venda de participação societária usualmente limitam os remédios disponíveis em caso de descumprimento de declarações e garantias. Nesse sentido, representada enquanto uma obrigação de garantia, a indenização passa a ser a única solução admitida, dentro dos limites e observados os procedimentos previstos no contrato. Implicam, portanto, verdadeiras limitações de responsabilidade civil, que, com poucas exceções, são válidas à luz do Direito brasileiro, notadamente no âmbito empresarial.[243]

A ausência de Efeito Material Adverso pode compor o rol de declarações e garantias apresentado pelo vendedor em benefício do comprador, atrelada a afirmações sobre a condução dos negócios da sociedade alvo no curso ordinário dos negócios. Na condição de declaração e garantia autônoma, a Cláusula MAC representa uma confirmação da parte vendedora da preservação da própria situação fática da sociedade alvo e de sua condição financeira, justificada pelo distanciamento fático entre o momento da celebração do negócio e pactuação das premissas comerciais e efetiva consumação do fechamento. A Cláusula MAC em tais termos pode ser especialmente relevante se a determinação do preço tiver seguido a lógica comercial de um preço fixo, não sujeito a ajustes ou apenas parcialmente ajustável.

Nesse sentido, o termo definido passa a qualificar as demonstrações financeiras utilizadas como base para a determinação do preço, sendo associado a outras declarações e garantias que igualmente buscam em suas funções assecuratória e informativa caracterizar a integridade das informações contábeis que subsidiaram a precificação do ativo e a ausência de transferências de recursos não autorizadas da sociedade alvo a terceiros ou partes relacionadas

nos Contratos de Alienação de Participação Societária Representativa de Controle. Op. cit., p. 254.

242 SANTOS, Deborah Pereira Pinto dos; LOPES, Marília. **Notas sobre a Responsabilidade Contratual do Alienante pela Violação das Cláusulas de Declarações e Garantias nos Contratos de Alienação de Participação Societária Representativa de Controle.** Op. cit., p. 254.

243 PIRES, Catarina Monteiro. **Aquisição de Empresas e de Participações Acionistas: Problemas e Litígios.** Op. cit., p. 81. No direito brasileiro, vide BANDEIRA, Luiz Octávio Villela de Viana. **As Cláusulas de Não Indenizar no Direito Brasileiro.** São Paulo: Almedina, 2019.

no período interino (*leakage*).[244] Pires denomina essa disposição contratual como "*garantia do balanço*".[245]

Veja-se, por exemplo, um dos instrumentos contratuais publicamente disponíveis em meio eletrônico.[246] O precedente em referência envolve a aquisição de participação societária (incluindo ações ordinárias e preferenciais) representativa de 96,5% do capital social de uma sociedade anônima de capital aberto. O preço base indicado no contrato foi calculado com referência às demonstrações financeiras de setembro de 2017, que, conforme se depreende dali, foram devidamente revisadas por auditor independente e elaboradas de acordo com os princípios e normas contábeis então em vigor.[247] A celebração do contrato de compra e venda de ações ocorreu meses após a data base das demonstrações financeiras, em 26 de abril de 2018. Conforme se depreende a partir de notícias veiculadas na mídia, a conclusão do negócio com a efetiva transferência das ações e pagamento do preço ocorreu apenas em 4 de junho de 2018, após o decurso de um período relativamente curto em relação à data de assinatura do contrato.

O preço de compra acordado entre as partes levou em conta o valor da empresa (*entreprise value*), deduzido do endividamento líquido da sociedade e

[244] DE NOVA, Giorgio. **Il Sale and Purchase Agreement: un contratto commentato.** Op. cit., p. 145.

[245] PIRES, Catarina Monteiro. **Aquisição de Empresas e de Participações Acionistas: Problemas e Litígios.** Op. cit., p. 66-73.

[246] Contrato de Compra e Venda de Ações celebrado em 26 de abril de 2018 por e entre Itaúsa – Investimentos Itaú S.A, na qualidade de vendedora, Kilimanjaro Brasil Partners I B – Fund de Investimento em Participações Multiestratégia Investimento no Exterior, na qualidade de compradora e, ainda, na qualidade de parte interveniente, Elekeiroz S.A.

[247] Segue, para fins de referência, a cláusula que trata da determinação do preço de compra: "2.1.2. Preço de Compra. O preço de compra das Ações será de R$ 28.946.123,84 (vinte e oito milhões, novecentos e quarenta e seis mil, cento e vinte e três reais e oitenta e quatro centavos) (equivalente a R$ 160.000.000,00 (cento e sessenta milhões de reais), que é o valor de empresa (*enterprise value*) atribuído à Sociedade, menos R$ 130.000.000,00 (cento e trinta milhões de reais), que é o Endividamento Líquido Base, multiplicado pelo percentual de participação societária detida pela Vendedora na Sociedade na Data de Fechamento), equivalente a R$ 0,95283 (zero vírgula nove cinco dois oito três centavos) por Ação, valor este a ser corrigido monetariamente pela Taxa SELIC a partir da data do presente instrumento até a Data de Fechamento ("Preço de Compra Base"), que estará sujeito ao mecanismo de ajuste previsto no Capítulo 5, à eventual apuração de Superveniências Ativas e será acrescido do Earn-Out definido no Capítulo 6 ("Preço de Compra Final")."

multiplicado pelo percentual de participação societária efetivamente detido pela vendedora. As partes previram, ainda, que tal valor representaria o preço base pelas ações, que seria então corrigido monetariamente a partir da data de assinatura do contrato, ajustado pela variação no endividamento líquido verificado entre setembro de 2017 e a data de fechamento da transação e, por fim, acrescido pelo valor correspondente a eventuais superveniências ativas materializadas. O contrato prevê, ademais, a exigibilidade de valores adicionais, a título de preço contingente, vinculada à materialização de certos requisitos ali especificados.

Sob a ótica das declarações e garantias prestadas pelo vendedor com relação à companhia, verifica-se ao menos duas afirmações essenciais que buscam tutelar os interesses do comprador.

A primeira delas representa um conjunto de declarações envolvendo a integridade e completude das informações e registros financeiros da sociedade.[248] Evidente que se as demonstrações financeiras foram elaboradas com data base anterior até mesmo à data de assinatura do contrato, tal declaração

[248] "8.1.12 Demonstrações Financeiras. As demonstrações financeiras da Sociedade relativas ao exercício social encerrado em 31.12.2016 e as Demonstrações Financeiras de Setembro de 2017 conforme previsto no **Anexo 8.1.12,** são (i) verdadeiras, completas e corretas em todos os seus aspectos materiais, (ii) foram preparadas de acordo com os livros de contas e outros registros financeiros da Sociedade (exceto como indicado nas respectivas notas explicativas), podendo ser reconciliadas, (iii) apresentam fielmente, em todos os aspectos materiais, a situação financeira, os ativos, as Exigibilidades e os resultados operacionais e fluxo de caixa da Sociedade e das Subsidiárias nas respectivas datas ou pelos períodos abrangidos, e (iv) foram elaboradas de acordo com a Lei Aplicável e o GAAP Brasileiro aplicados de forma consistente com as práticas anteriores da Sociedade. Ressalvadas as especificações contidas nas Demonstrações Financeiras de Setembro de 2017, (i) a Sociedade não possui nenhuma dívida, obrigação ou responsabilidade vencida, (ii) não há quaisquer valores depositados pela Sociedade a título de depósitos judiciais ou administrativos, (iii) os livros e registros da Sociedade são verdadeiros, corretos e completos em todos os seus aspectos materiais e foram preparados de acordo com a Lei Aplicável, e se encontram devidamente escriturados e / completos, sendo mantidos de acordo com a boa prática comercial e refletem todas as operações envolvendo os negócios e atividades da Sociedade, e (vi) todas as exigências, formalidades e prazos exigidos ou impostos por qualquer Lei Aplicável, referentes à convocação, instalação e realização, deliberação e aprovação, atas, publicação e registro (inclusive, quando aplicável, o registro junto às respectivas juntas comerciais estaduais) das atas de assembleia geral, atas de reuniões do conselho de administração e da diretoria, demonstrações financeiras e outros atos societários aplicáveis da Sociedade foram, em todos os seus aspectos relevantes, devidamente observados e cumpridos."

é estanque. Portanto, ainda que entre a data de assinatura e de fechamento da transação ocorresse a materialização de um evento subsequente adverso com consequências potencialmente significativas, tal fato não tornaria a declaração incorreta ou imprecisa.

É interessante pontuar que esse tipo de afirmação se distancia de outras garantias contratualmente previstas. Nesse sentido, "a 'garantia do balanço' por si só não garante um certo estado ou qualidades do objeto".[249] O que a afirmação indicada faz é, na realidade, resguardar a parte compradora de que a representação da sociedade alvo nos controles contábeis é consistente com as normas aplicáveis, já que essas informações foram consideradas como base na determinação do preço que seria pago pela participação societária. Trata-se de uma "garantia de conformidade normativa".[250]

Em adição à confirmação da integridade das informações financeiras da companhia, o vendedor ainda declara ao comprador que, desde a data de referência das demonstrações financeiras — ou seja, neste caso, setembro de 2017 —, não teria ocorrido qualquer alteração adversa relevante nos negócios da companhia, elencando ainda outros tipos de práticas que poderiam implicar a perda de valor da sociedade, conforme transcrito abaixo:

> 8.1.6. *Ausência de Efeito Adverso Relevante, Condução dos Negócios.* Desde a Data Base não foi verificado qualquer Efeito Adverso Relevante. Exceto pelo disposto no Anexo 8.1.6, desde Data Base até a presente data, (a) os negócios da Sociedade vêm sendo conduzidos regularmente, no seu curso normal e ordinário, e em conformidade com seus documentos organizacionais, em atendimento às Leis Aplicáveis; (b) não ocorreu qualquer alteração nos ativos, responsabilidades, negócios, resultados operacionais ou situação financeira, jurídica, econômica ou comercial da Sociedade, exceto aquelas decorrentes do curso normal dos negócios; (c) nenhum dos seguintes atos foi praticado: (1) contratação ou assunção de qualquer passivo ou obrigação, de qualquer natureza, inclusive por meio de celebração de qualquer acordo ou

[249] PIRES, Catarina Monteiro. **Aquisição de Empresas e de Participações Acionistas: Problemas e Litígios.** Op. cit., p. 74.

[250] PIRES, Catarina Monteiro. **Aquisição de Empresas e de Participações Acionistas: Problemas e Litígios.** Op. cit., p. 76.

contrato, salvo aqueles decorrentes do curso normal dos negócios; (2) pagamento de qualquer passivo ou obrigação que não os passivos e obrigações que se tornaram devidos e exigíveis no curso normal dos negócios, de acordo com seus respectivos termos e condições; (3) declaração, distribuição ou pagamento de dividendo, juros sobre capital próprio ou outra forma de distribuição ou pagamento para qualquer de seus acionistas; (4) cancelamento ou renúncia a quaisquer créditos ou direitos, salvo aqueles decorrentes do curso normal dos negócios; (5) venda, transferência, promessa de venda ou de transferência de quaisquer dos ativos da Sociedade, exceto no curso normal dos negócios; (6) nenhum dos ativos relevantes utilizados pela Sociedade em suas atividades foi destruído ou substancialmente danificado; (7) exceto em decorrência de obrigação legal ou contida em acordos coletivos ou no curso normal dos negócios, aumento ou promessa de aumento do nível de remuneração ou dos benefícios, relativos a salário ou não, atribuídos a quaisquer membros da administração, gerente ou empregado da Sociedade em relação ao nível vigente na Data Base; (8) qualquer operação com Partes Relacionadas da Vendedora, incluindo celebração de qualquer contrato com Parte Relacionada, exceto aquelas no curso normal dos negócios; (9) qualquer alteração em qualquer prática ou método contábil, exceto por aquelas requeridas pela Lei Aplicável; (10) realização de qualquer despesa ou o desenvolvimento de novos projetos, exceto aquelas decorrentes do curso normal dos negócios; (11) realização de investimentos em CAPEX, exceto daqueles previstos no CAPEX orçado para o período em questão; (12) contratação, na qualidade de credora ou devedora, de empréstimo, financiamento ou endividamento de qualquer natureza, exceto aquelas decorrentes do curso normal dos negócios; (13) aquisição ou alienação de, ou investimento em, qualquer participação societária em quaisquer Pessoas jurídicas ou entidades não personificadas, incluindo, sem limitação, companhias de qualquer tipo, de fato ou de direito, consórcio, parceria societária, associação, *joint venture* e fundos de investimento, de qualquer valor; (14) outorga de qualquer tipo de garantia, real ou fidejussória, seja para obrigações próprias ou de Terceiros, exceto conforme previsto neste Contrato ou em seus Anexos; (15) antecipação

> de contas a receber e/ou prorrogação de contas a pagar, em montantes não consistentes com as práticas passadas; (16) alteração, modificação, renovação ou rescisão de quaisquer contratos, acordos, garantias ou compromissos, pré-contrato, memorando de entendimentos e/ou carta de intenções, celebrados até esta data, sejam eles escritos ou verbais, que causem Evento Adverso Relevante para a Sociedade; (17) emissão de qualquer valor mobiliário, título ou participação ou aprovação de qualquer aumento do capital social ou redução do capital social da Sociedade; (18) cancelamento, acordo, quitação ou perdão de qualquer processo judicial e/ou arbitral da Sociedade ou renúncia a qualquer direito da Sociedade, ou instituição, liquidação ou concordância com a liquidação de qualquer ação ou processo arbitral perante qualquer terceiro ou Autoridade Governamental fora do curso normal dos negócios; e/ou (19) alterações no estatuto social da Sociedade.[251]

Por meio da disposição acima, ao incluir um anexo contendo a lista de eventuais transações efetivadas desde a data base de referência para determinação de preço (setembro de 2017) que poderiam se enquadrar nas restrições listadas exaustivamente no contrato, o comprador exige a formalização de compartilhamento de informações previamente à assinatura do contrato. Aqui, portanto, se busca proteger o comprador de divergências entre as informações financeiras utilizadas de base para a precificação e a efetiva realidade da sociedade alvo.[252]

Nota-se, ademais, que, no precedente em referência, a declaração contempla o período existente entre a "data base" e a "presente data", ou seja, a data de assinatura do contrato. Como tal, seu objetivo parece ser mitigar riscos de alterações supervenientes entre a data base utilizada como referência para fixação do preço base acordado e o momento da assinatura do contrato.

[251] Contrato de Compra e Venda de Ações celebrado em 26 de abril de 2018 por e entre Itaúsa – Investimentos Itaú S.A, na qualidade de vendedora, Kilimanjaro Brasil Partners I B – Fund de Investimento em Participações Multiestratégia Investimento no Exterior, na qualidade de compradora e, ainda, na qualidade de parte interveniente, Elekeiroz S.A. Disponível em: https://sistemas.cvm.gov.br/dados/LaudEditOpa/RJ-2018-04437/20180807_Contrato_de_Compra_e_Venda_de_A%C3%A7%C3%B5es.pdf. Acesso em: 20 jan. 2021.

[252] PIRES, Catarina Monteiro. **Aquisição de Empresas e de Participações Acionistas: Problemas e Litígios.** Op. cit., p. 76.

Isso porque, ainda que a parte vendedora preste a mesma declaração no momento do fechamento, por se referir a data específica, tal disposição não contempla a potencial alteração de riscos que possa ter ocorrido durante o período interino.

No modelo de referência, esse segundo nível de proteção se extrai a partir da combinação de outras disposições, como as próprias condições ao fechamento (que incluem a não ocorrência de uma MAC), como também das obrigações aplicáveis a partir da data de assinatura do contrato, que significativamente restringem a condução dos negócios da companhia durante o período interino, buscando, assim, preservar o valor da atividade, em linha com as premissas consideradas pela parte compradora.

2.2.2 A mudança adversa relevante enquanto elemento qualificador de declarações e garantias

Além de comporem de forma autônoma uma expressão fática da situação da sociedade alvo, a ausência de Efeito Adverso Relevante também pode atuar como elemento qualificador de tantas outras declarações e garantias prestadas pelo vendedor. Nesse sentido, ainda retornando ao precedente de referência deste capítulo, em declaração envolvendo um conjunto de afirmações de natureza imobiliária, afirmou o vendedor que:

> [...] nenhum dos Imóveis Próprios viola qualquer direito de propriedade, direito de uso, direito de registro, utilidade pública, servidão ou qualquer Lei Aplicável a zoneamento, bairro, construção ou uso de terreno, exceto se a violação não cause um Efeito Adverso Relevante. [...] Todas as benfeitorias e áreas construídas nos Imóveis Próprios foram devidamente autorizadas pela Autoridade Governamental competente e estão em conformidade com as regras e legislação de construção, [...] exceto se a violação não cause um Efeito Adverso Relevante.[253]

[253] Contrato de Compra e Venda de Ações celebrado em 26 de abril de 2018 por e entre Itaúsa – Investimentos Itaú S.A, na qualidade de vendedora, Kilimanjaro Brasil Partners I B – Fundo de Investimento em Participações Multiestratégia Investimento no Exterior, na qualidade de compradora e, ainda, na qualidade de parte interveniente, Elekeiroz S.A.

Em um rol de 34 declarações, essa foi a única cláusula que qualificou a declaração sendo prestada a um Efeito Adverso Relevante. Assumindo a posição de um intérprete que não participou das negociações de tal instrumento, as hipóteses para tal fato são múltiplas. Provavelmente, a inclusão da mudança adversa relevante enquanto elemento qualificador parece ter derivado de uma solicitação da parte vendedora no curso das negociações contratuais. Afinal, sendo a companhia alvo do negócio uma indústria química, com diferentes plantas industriais e um histórico de 120 anos de existência,[254] a sociedade deve ocupar ou ser detentora de direitos de propriedade sobre múltiplos imóveis. Em alguns casos, as matrículas podem conter irregularidades que, ainda assim, no entendimento da vendedora, potencialmente investigadas e avaliadas pela compradora durante os procedimentos de auditoria, não estariam comprometendo a continuidade das operações da sociedade. Desse modo, a preparação de um anexo de ressalvas à declaração pode ter sido considerada demasiadamente trabalhosa ou apenas inconveniente pela vendedora, diante da possibilidade de ela própria ter dificuldade de declarar e, principalmente, garantir a plena regularidade de cada um dos imóveis detidos ou ocupados pela sociedade. A hipótese menos interessante para a qualificação da declaração pelo Efeito Adverso Relevante é a de um equívoco na revisão do contrato após idas e vindas típicas de processos de negociação e longas horas de trabalho.

Partindo do exemplo acima, conclui-se que, quando a MAC é utilizada como elemento qualificador, ela não necessariamente implica um mecanismo de repartição de riscos relacionados à ocorrência de circunstâncias supervenientes. Com sua referência reconhece-se, em verdade, algum nível de flexibilização na precisão das declarações e garantias prestadas pela vendedora ou à atuação da vendedora na condução dos negócios na companhia. Embora sejam admitidas eventuais variações no retrato fático, o Efeito Adverso Relevante representa então um limite ao que se consideraria ordinário e razoável na condução da atividade empresária, enquanto elemento fluído e em constante atividade. Pequenas variações e oscilações de tempos em tempos seriam, portanto, esperadas, e então não necessariamente impactariam as premissas comerciais e financeiras pactuadas. Na medida, contudo, em que

[254] Informações públicas obtidas por meio do sítio eletrônico da sociedade. Disponível em: https://www.elekeiroz.com.br/a-elekeiroz/institucional/. Acesso em 1 de maio de 2022.

tais alterações no cenário fático impõem o reconhecimento da verificação de um Efeito Material Adverso, reconhece-se a necessidade de as partes voltarem à mesa de negociações ou apenas colocarem fim na relação contratual.

Caso a veracidade das declarações e garantias seja enunciada como uma *condição precedente*, eventual não conformidade identificada pela parte compradora poderia ensejar a denúncia cheia do contrato, nesse caso pelo reconhecimento de hipótese de inadimplemento contratual absoluto, tornando a realização da prestação pelo devedor sem qualquer valor ao credor.

O tema parece então não merecer maiores considerações. No entanto, inevitável se ponderar: qualquer tipo de não conformidade poderia ensejar o reconhecimento da não verificação de uma condição precedente capaz de justificar o encerramento do vínculo contratual ou deve ser demonstrada a inutilidade do cumprimento da prestação ou de uma alteração substantiva no equilíbrio econômico-financeiro original? A questão se coloca já que a parte compradora poderia se utilizar de sua prerrogativa para se desvincular do negócio quando este não lhe interessar por qualquer razão. Na tentativa de evitar tal desfecho, a parte vendedora devidamente assessorada terá o incentivo de se valer de qualificadores como "materialidade" ou "melhor conhecimento" para mitigar o risco de que alguma inconsistência ou não correção entre as suas diversas afirmações incluídas na cláusula de declarações e garantias enseje o encerramento da vigência do contrato.[255] A utilização da Cláusula MAC enquanto elemento qualificador segue esse propósito.

2.2.3 A mudança adversa relevante como condição

O objetivo da condição sob sua concepção *stricto sensu* é permitir o deslocamento temporal do início da produção dos efeitos do negócio jurídico validamente firmado em virtude de um evento futuro e incerto, sem, contudo, alterar a função do negócio jurídico central.[256]-[257] Uma vez que o evento con-

[255] FREUND, James C. **Anatomy of a merger**. New York: Law Journal Press, 1975, Op. cit., p. 245.

[256] Nos termos do artigo 121 do Código Civil, "*considera-se condição a cláusula que, derivando exclusivamente da vontade das partes, subordina o efeito do negócio jurídico a evento futuro e incerto*".

[257] MARTINS-COSTA, Fernanda Mynarski. **Condição Suspensiva**: Função, Estrutura e Regime Jurídico. São Paulo: Almedina, 2017, p. 34.

dicional ocorra, a prestação se torna exigível e ocorre a produção dos efeitos então condicionados.[258] A condição igualmente permite que haja a cessação dos efeitos de negócio jurídico, diante da verificação do acontecimento futuro ou incerto.[259] A incerteza é, portanto, elemento central do regime da condição. Em síntese, nas palavras de Pontes de Miranda "a condição permite ao figurante querer, sem temer o futuro: por ela, o que não se quereria, sem auxílio de hipótese, pode ser querido".[260] Não se está a tratar do plano de existência do negócio jurídico, mas sim de seu âmbito de eficácia.

As condições precedentes (*conditions precedent*) representam bem um exemplo de cláusula importada dos modelos contratuais de origem anglo-saxônica. Em solo brasileiro, o termo não encontra um regime particular e equivalente.

No contrato de compra e venda de participação societária, sob o nome de "condições precedentes" as partes estabelecem um conjunto de atos e fatos que sujeitam a conclusão do negócio à sua verificação. As afirmações que compõem a cláusula podem ser positivas ou negativas: a obtenção de um consentimento ou a não ocorrência de um Evento Material Adverso.

Mas nem tudo o que pode constar dali de fato se qualifica como uma condição de natureza resolutiva ou suspensiva. Dentro do contrato visto sob a ótica de um sistema autônomo, a compreensão dogmática dos institutos pode parecer irrelevante, na medida em que os conjuntos de hipóteses e consequências são contratualmente determinados. A partir de um olhar detido, verifica-se que dentro da referência a condições precedentes encontram-se desde deveres prévios ao momento da produção da eficácia típica do contrato até condições *stricto sensu*, termo, ônus jurídico ou obrigações.[261] Cabe distinguir a natureza jurídica de cada uma à luz do Direito brasileiro, a fim de se determinar os efeitos decorrentes de sua materialização. Afinal, enquanto da violação de um dever contratual surge a obrigação de indenizar, a não

258 MARTINS-COSTA, Fernanda Mynarski. **Condição Suspensiva**: Função, Estrutura e Regime Jurídico. São Paulo: Almedina, 2017, p. 37.

259 PONTES DE MIRANDA, Francisco Cavalcanti. **Tratado de Direito Privado**: t. 5: parte geral: eficácia jurídica, direitos, pretensões, ações. Atualização Marcos Bernardes de Mello e Marcos Ehrhardt Jr. São Paulo: Revista dos Tribunais, 2013, p. 163.

260 PONTES DE MIRANDA, Francisco Cavalcanti. **Tratado de Direito Privado**: t. 5: parte geral: eficácia jurídica, direitos, pretensões, ações. Op. cit., p. 163.

261 MARTINS-COSTA, Judith. **A boa-fé no direito privado: critérios para a sua aplicação.** Op. cit., p. 432.

materialização de uma verdadeira condição suspensiva impediria a implementação dos efeitos definitivos do contrato. Não se trata de mero formalismo, como destaca Fernanda Martins-Costa.[262]

A condição em sua forma típica deve satisfazer alguns requisitos. São eles: efeito condicionável, voluntariedade, futuridade e incerteza.[263]

Quando se trata do *efeito condicionável*, referência se faz à identificação dos efeitos que ficarão sujeitos ao evento condicional.[264] Ao mencionar expressamente o negócio jurídico, o artigo 122 do Código Civil de plano já afastou aqueles atos em que a manifestação da vontade é inexistente ou irrelevante, seja para a caracterização de seu suporte fático ou para a produção de seus efeitos. Também não seriam passíveis de ficarem sujeitos à condição aqueles negócios jurídicos que não admitem a incerteza.[265]

Sob a perspectiva da *voluntariedade*, a condição deve advir de construção derivada do exercício da autonomia privada, já que de outra forma seria caracterizada como *condicio iuris*.[266] O motivo que, como regra geral, é irrelevante, passa a ser determinante ao ser formulado sob a forma da condição.[267]

Como decorrência da *futuridade*, exige-se que o acontecimento enunciado sob a forma de condição ainda não tenha acontecido.[268] Mesmo que diga respeito a ato já realizado, mas para o qual as partes adquirem conhecimento apenas no futuro, ainda se está no campo da condição.[269]

262 MARTINS-COSTA, Judith. **A boa-fé no direito privado: critérios para a sua aplicação.** Op. cit., p. 432.

263 MARTINS-COSTA, Fernanda Mynarski. **Condição Suspensiva**: Função, Estrutura e Regime Jurídico. São Paulo: Almedina, 2017, p. 44.

264 MARTINS-COSTA, Fernanda Mynarski. **Condição Suspensiva**: Função, Estrutura e Regime Jurídico. São Paulo: Almedina, 2017, p. 45.

265 MARTINS-COSTA, Fernanda Mynarski. **Condição Suspensiva**: Função, Estrutura e Regime Jurídico. São Paulo: Almedina, 2017, p. 46.

266 MARTINS-COSTA, Fernanda Mynarski. **Condição Suspensiva**: Função, Estrutura e Regime Jurídico. São Paulo: Almedina, 2017, p. 47.

267 PONTES DE MIRANDA, Francisco Cavalcanti. **Tratado de Direito Privado**: t. 5: parte geral: eficácia jurídica, direitos, pretensões, ações. Op. cit., p. 163.

268 MARTINS-COSTA, Fernanda Mynarski. **Condição Suspensiva**: Função, Estrutura e Regime Jurídico. São Paulo: Almedina, 2017, p. 53.

269 PONTES DE MIRANDA, Francisco Cavalcanti. **Tratado de Direito Privado**: t. 5: parte geral: eficácia jurídica, direitos, pretensões, ações. Op. cit., p. 171.

Por fim, a *incerteza* está intrinsicamente relacionada à própria função da condição, conforme acima sintetizada. Na ausência de incerteza, pode-se ter obrigação ou contrato sujeito a termo, mas não a condição.

Para a validade da condição, além da satisfação dos requisitos acima mencionados, essas devem ser lícitas, e não serem expressas sob a forma de condições puramente potestativas, conforme se extrai do artigo 122 do Código Civil.[270] As condições puramente potestativas são aquelas que subordinam a eficácia do negócio ao exclusivo arbítrio de uma das partes, enquanto as condições potestativas simples dependem de um ato ou fato, e não apenas da mera vontade.[271]

Sob a perspectiva funcional, esclarece Judith Martins-Costa que a Cláusula MAC não deveria ser confundida como uma condição suspensiva *stricto sensu*, embora assim sugira a redação dos contratos de compra e venda de participação societária.[272] Segundo a autora, é parte da essência da condição suspensiva determinar o diferimento da vinculação típica do contrato.[273] Por outro lado, a Cláusula MAC teria como principal função permitir a desvinculação dos contratantes com a extinção da eficácia contratual em razão de uma situação de deterioração.[274] Diante da ausência de semelhança funcional, a Cláusula MAC mereceria qualificação distinta da condição suspensiva.

A mesma conclusão se aplicaria às condições resolutivas. Isso porque entende Judith Martins-Costa que, com a assinatura do contrato, esse passa apenas a produzir sua vinculação jurídica básica. Por outro lado, fosse condição resolutiva, a própria eficácia da transmissão seria desfeita, e não apenas a sua vinculação jurídica básica.[275]

270 Art. 122. São lícitas, em geral, todas as condições não contrárias à lei, à ordem pública ou aos bons costumes; entre as condições defesas se incluem as que privarem de todo efeito o negócio jurídico, ou o sujeitarem ao puro arbítrio de uma das partes.

271 YAMAJI, Crisleine Barboza. **As previsões contratuais da superveniência de circunstâncias: uma construção teórica à luza das cláusulas de MAC**. Op. cit., p. 142.

272 MARTINS-COSTA, Judith; SILVA, Paula Costa e. **Crise e Perturbações no Cumprimento da Prestação**: estudo de direito comparado luso-brasileiro. Op. cit., p. 134-135.

273 MARTINS-COSTA, Judith; SILVA, Paula Costa e. **Crise e Perturbações no Cumprimento da Prestação**: estudo de direito comparado luso-brasileiro. Op. cit., p. 135.

274 MARTINS-COSTA, Judith; SILVA, Paula Costa e. **Crise e Perturbações no Cumprimento da Prestação**: estudo de direito comparado luso-brasileiro. Op. cit., p. 135.

275 MARTINS-COSTA, Judith; SILVA, Paula Costa e. **Crise e Perturbações no Cumprimento da Prestação**: estudo de direito comparado luso-brasileiro. Op. cit., p. 135.

A discussão adquire contornos mais complexos quando se amplia a concepção do significado de uma condição. Judith Martins-Costa associa a condição à vinculação típica do contrato. A depender de como a condição incide sobre a eficácia típica do negócio, essa é classificada como condição suspensiva ou resolutiva. O autor italiano Petrelli, por outro lado, sugere uma concepção mais ampla do fenômeno condicional a partir da revisitação da doutrina tradicional por força do desenvolvimento da realidade jurídica.[276] O autor identifica, assim, um amplo espaço de operatividade para as condições, sendo impossível então se estabelecer um paradigma único e geral capaz de contemplar as múltiplas expressões do fenômeno condicional.[277] Nessa nobre função, a condição poderia ser elevada ao *status* de um elemento essencial do negócio jurídico. Da mesma forma, a condição poderia ser associada a uma parte específica do regulamento geral.[278]

Doutrinariamente, é meritosa a provocação do reconhecimento da variedade de formas que o fenômeno condicional pode assumir. No entanto, sob a ótica do direito posto, fato é que nem todas se subsomem ao regime condicional típico, ainda construído a partir da voluntariedade, incerteza e futuridade. Isso não implica a ilegalidade de outros mecanismos contratuais voltados à repartição de riscos, mas apenas o reconhecimento de sua possível atipicidade, respeitada a restrição à condição puramente potestativa.

Concorda-se, portanto, com o posicionamento de Judith Martins-Costa.

Em seu enunciado genérico, a cláusula faz referência a um conjunto de possíveis acontecimentos futuros com probabilidade de risco de materialização desconhecida que tenham o condão de gerar impactos negativos na sociedade alvo, não apenas de natureza econômica, mas também, por que não, reputacional. A Cláusula MAC não se determina por sua causa ou pelo Evento Predicativo Subjacente, na terminologia de Miller,[279] mas sim pelas

276 PETRELLI, Gaetano. La condizione: elemento essenziale del Negozio Giuridico: Teoria generale e profili applicativi. Milano:Giuffré Editore, 2000, p. 7.

277 PETRELLI, Gaetano. La condizione: elemento essenziale del Negozio Giuridico: Teoria generale e profili applicativi. Milano:Giuffré Editore, 2000, p. 8.

278 PETRELLI, Gaetano. La condizione: elemento essenziale del Negozio Giuridico: Teoria generale e profili applicativi. Milano:Giuffré Editore, 2000, p. 8.

279 MILLER, Robert. **Pandemic Risk and the Interpretation of Exceptions in MAC Clauses.** Journal of Corporation Law 2021. Disponível em: https://papers.ssrn.com/sol3/papers.cfm?abstract_id=3826378. Acesso em 18 de abril de 2022, p. 108.

suas consequências na empresa alvo e pelo desbalanceamento do equilíbrio contratual. Não é, contudo, qualquer variação no valor da prestação que permite a geração plena dos efeitos da Cláusula MAC, usualmente em favor do comprador. São apenas aquelas não cobertas pelas exceções que seguem após o seu enunciado geral.

A função da Cláusula MAC é tutelar os riscos derivados do período interino, preservando a equação financeira do contrato, e permitir a desvinculação contratual.

Na autonomia do contrato de compra e venda de participação societária esse objetivo se atinge, por exemplo, listando-se a não ocorrência de um Evento Material Adverso como uma das condições para a realização do negócio. Genericamente, a eficácia plena decorrente do contrato de compra e venda de participação societária apenas poderia ocorrer em seus termos originais se houver a preservação das premissas negociais mesmo no término do período interino.

2.2.4 A mudança adversa relevante como dever contratual

Quando refletida como uma declaração e garantia autônoma ou elemento qualificador de outra declaração e garantia, a Mudança Adversa Relevante passa a compor um dever contratual — a preservação da atividade empresária.

Na estrutura da compra e venda de participação societária é usual que as declarações e garantias sejam prestadas não apenas na data de assinatura do contrato, momento em que as condições do negócio são estabilizadas, mas também no fechamento da operação (*bring down condition*).[280]

A prestação das declarações e garantias com referência apenas à data de assinatura do contrato, ainda assim tem as suas funções informativa e assecuratória preservadas. Ou seja, na data da assinatura do contrato as partes entrarão em acordo sobre as especificações e características do negócio transacionado, e serão reveladas as possíveis contingências, a depender, é claro, da extensão do pacote de declarações e garantias acordado. Em caso de posterior

[280] BEVIÁ, Vicente Gimeno. Condición en los Contratos de Compraventa de Empresa. Tesis de Doctorado en Derecho. Dirigida por: Esperanza Gallego Sánchez. Universitat d' Alacant. Junho de 2016, p. 47-48.

verificação de qualquer inconsistência ou omissão, poderá o comprador pleitear indenização nos termos e condições fixados no contrato.

A repetição das declarações e garantias na data do fechamento exerce função adicional, que consiste na própria alocação do risco da materialização de circunstâncias supervenientes que possam impactar as premissas comerciais originalmente fixadas. Caso no período interino ocorra variação relevante nos negócios da companhia que torne as declarações e garantias incorretas ou imprecisas, será configurado descumprimento de obrigação contratual. Sua consequência seria justificar a resolução do contrato por inadimplemento.

A Cláusula MAC pode assim caracterizar um dever contratual na medida em que cria incentivos para que a parte vendedora mantenha a diligência e os investimentos necessários para a preservação da atividade produtiva durante o período interino. Logo, além de alocar o risco relacionado à verificação de alterações supervenientes, a Cláusula MAC pode mitigar o risco de alteração do comportamento da parte vendedora em face da compradora (*moral hazard*).[281]

2.2.5 A mudança adversa relevante como hipótese extintiva

Além das hipóteses acima dispostas, em minuta de contrato de compra e venda de ações sob a forma de unidade produtiva isolada envolvendo, de forma indireta, a alienação de ativos então detidos por companhia do ramo de telecomunicação, identificou-se a referência a ocorrência de efeito adverso relevante como hipótese que ensejaria o término antecipado do contrato por iniciativa da compradora. O precedente ainda contempla referência à ausência de efeito material adverso como condição às obrigações da compradora, além de declaração atestando a inexistência de alterações substanciais, que deveria ser verdadeira tanto na data de assinatura do contrato quanto no momento do fechamento da operação.[282]

281 GILSON, Ronald; SCHWARTZ, Alan. **Understandings MACs: Moral Hazard in Acquisitions.** Center for Law and Economic Studies. Working Paper n. 245. Fevereiro, 2004.

282 Minuta de Contrato de Compra e Venda de Ações sob Unidade Produtiva Isolada e Outras Avenças, em que figuram como vendedores Oi Móvel S.A. – Em recuperação judicial e Telemar Norte Leste S.A. – em recuperação judicial, tendo como objeto as ações de emissão da Caliteia RJ Infraestrutura e Redes de Telecomunicações. Op. cit.

Verifica-se, portanto, uma sobreposição de referências em diferentes cláusulas contratuais que, ainda assim, podem conduzir ao mesmo resultado prático: a desvinculação contratual, usualmente, sem o pagamento de contrapartida financeira.

No esforço da qualificação sob a ótica do Direito brasileiro, a Cláusula MAC igualmente poderia compor uma cláusula resolutiva.

A distinção entre as cláusulas resolutivas e as condições resolutivas é relativamente sutil, mas relevante. Nesse sentido, Terra inicialmente explica que a cláusula resolutiva decorre da vontade das partes.[283] A condição resolutiva, ao seu turno, além do exercício privado das partes poderia ter fundamento na própria lei, incorporando, então, uma condição resolutiva tácita.[284] As cláusulas resolutivas em nenhuma hipótese poderiam assumir a forma tácita. Ademais, a condição resolutiva representaria apenas elemento acidental do negócio jurídico, mas que passa a ser elevado à categoria de elemento essencial. A cláusula resolutiva, ao seu turno, conservaria durante toda a vigência do negócio jurídico condição acessória.[285] Por fim, como mencionado, a condição resolutiva está atrelada à verificação de evento futuro ou incerto, e, portanto, completamente exterior ao negócio jurídico. Já a cláusula resolutiva implica uma redistribuição de riscos atrelados ao negócio.[286]

Enquanto hipótese extintiva do vínculo contratual, e independentemente das declarações e garantias, a Cláusula MAC poderia implicar, na terminologia proposta por Pontes de Miranda, resolução convencional em decorrência ou não de inadimplemento[287], com efeitos *ex tunc*, ou denúncia cheia

283 TERRA, Aline de Miranda Valverde. **Cláusula Resolutiva Expressa**, Op. cit., p. 67-69.

284 TERRA, Aline de Miranda Valverde. **Cláusula Resolutiva Expressa**, Op. cit., p. 67-69.

285 TERRA, Aline de Miranda Valverde. **Cláusula Resolutiva Expressa**, Op. cit., p. 67-69.

286 TERRA, Aline de Miranda Valverde. **Cláusula Resolutiva Expressa**, Op. cit., p. 67-69.

287 'Vale aqui repetir as lições de Pontes de Miranda que esclarece que "Há dois conceitos de resolução, um deles é o de resolução lato sensu e abrange a resolução com eficácia *ex tunc* e a resolução com eficácia ex nunc, mais propriamente chamada 'resilição' [...] A resolução e a resilição podem ser em virtude de regra jurídica (ditas resolução legal e resilição legal), ou de negócio jurídico (ditas resolução negocial e resilição negocial). Se não dependem de exercício do direito ou pretensão, operam-se *ipso iure* (=automaticamente); se dependem, dizem-se resolução voluntária e resilição voluntária". PONTES DE MIRANDA, Francisco Cavalcanti. **Tratado de Direito Privado**: t. 28: parte especial: direito das obrigações: negócios jurídicos bilaterais e negócios jurídicos plurilaterais: pressupostos. vícios de direito: vícios

(artigo 473 do Código Civil), com efeitos *ex nunc*.[288] A partir do exercício de direito formativo extintivo, entendido enquanto espécie do gênero dos direitos potestativos,[289] extingue-se unilateralmente a relação obrigacional e fica o credor igualmente liberado do cumprimento de sua prestação.[290]

Em referência à classificação adotada pelo Código Civil, reconhecendo a ausência de sistematicidade na lei e doutrina nacional e estrangeira, Aguiar esclarece que as hipóteses de extinção contratual por causa surgida após a pactuação poderiam ser organizadas da seguinte forma: (a) extinção por vontade de ambas as partes (distrato); (b) extinção pela vontade de apenas uma parte (resilição unilateral, a qual se efetiva na forma de revogação, desistência, denúncia, arrependimento, renúncia ou resgate); (c) extinção como resposta ao inadimplemento; ou (d) extinção como resultado de onerosidade excessiva.[291] Enquanto (a) e (b) possuiriam eficácia *ex nunc*, (c) e (d) produziriam efeitos *ex tunc*. Para fins de clareza, adota-se nesta dissertação a proposta de Aguiar aqui sintetizada.

O fundamento prático da cláusula resolutiva no contrato é permitir que a parte que dela se beneficiar suscite a resolução de pleno direito da relação contratual, independentemente de intervenção judicial, em decorrência do reconhecimento de uma disfunção que torne o contrato incapaz de atingir sua função econômica individual.[292] A resolução, portanto, implica o reconhecimento da ineficácia do contrato em decorrência da verificação de circunstância superveniente.[293] É por essa razão que, em regra, possui eficácia *ex tunc*.

do objeto: evicção: redibição: espécies de negócios jurídicos bilaterais. São Paulo: Revista dos Tribunais, 2012, p. 455.

288 MARTINS COSTA, Fernanda Mynarski. **Execução diferida do contrato em operações de Fusões e Aquisições (F&A) de sociedades anônimas**: análise de aspectos contratuais e societários, Op. cit., p. 140.

289 PONTES DE MIRANDA, Francisco Cavalcanti. **Tratado de Direito Privado**: t. 5: parte geral: eficácia jurídica, direitos, pretensões, ações. Op. cit.

290 AGUIAR JÚNIOR, Ruy Rosado de. **Extinção dos contratos por incumprimento do devedor.** Rio de Janeiro: Aide Editora, 2003, p. 24

291 AGUIAR JÚNIOR, Ruy Rosado de. **Extinção dos contratos.** In: Fundamentos e Princípios dos Contratos Empresariais. Coord: Wanderley Fernandes. 2ª Ed. São Paulo: Saraiva, 2012, p. 479.

292 TERRA, Aline de Miranda Valverde. **Cláusula Resolutiva Expressa**, Op. cit., p. 36-37.

293 TERRA, Aline de Miranda Valverde. **Cláusula Resolutiva Expressa**, Op. cit., p. 38.

Sobre a qualificação da Cláusula MAC enquanto hipótese de resilição (sob a forma de denúncia) ou resolução, cumpre algumas investigações adicionais.

A denúncia, de modo geral, é um negócio jurídico e, portanto, distingue-se de mero ato de disposição unilateral, como o seria, por exemplo, a renúncia.[294] A denúncia cheia é usualmente aplicável a relações de natureza duradoura, sendo cabível diante da materialização de circunstância nova.[295]

Judith Martins-Costa sustenta que, embora a denúncia seja usualmente aplicável aos contratos de natureza duradoura, não sendo esse o caso dos contratos de compra e venda de participação societária com conclusão diferida, o instituto poderia bem representar o que se denomina como o *right to walk away*.[296] Ainda que como regra produza efeitos *ex nunc*, poderiam as partes, na visão da autora, pactuar de outra forma.[297] Como regra, por não envolver inadimplemento, não demandaria a aplicação de penalidade à parte que se desvincula do contrato. Contudo, poderiam as partes estabelecer indenização pelo interesse negativo.[298]

Por força do *caput* do artigo 473, a resilição sob quaisquer de suas formas requer a notificação da contraparte por se tratar de declaração receptícia de vontade.[299]

Ainda que se reconheça a Cláusula MAC na denúncia cheia, adota-se aqui entendimento pela inaplicabilidade do parágrafo único do artigo 473 aos contratos de compra e venda de participação societária. Referido dispositivo previu o cabimento de tutela específica, ao invés de conferir a tutela indenizatória àquele que incorreu em perdas pelo término antecipado do contrato.

294 PONTES DE MIRANDA, Francisco Cavalcanti. **Tratado de Direito Privado**: t. 25: parte especial: Direito das Obrigações: extinção das obrigações. Atualização Nelson Nery Jr. e Rosa Maria de Andrade Nery. São Paulo: Revista dos Tribunais, 2012, p. 391.

295 PONTES DE MIRANDA, Francisco Cavalcanti. **Tratado de Direito Privado**: t. 25: parte especial: Direito das Obrigações: extinção das obrigações. Op. cit., p. 385.

296 MARTINS-COSTA, Judith; SILVA, Paula Costa e. **Crise e Perturbações no Cumprimento da Prestação**: estudo de direito comparado luso-brasileiro. Op. cit., p. 138.

297 MARTINS-COSTA, Judith; SILVA, Paula Costa e. **Crise e Perturbações no Cumprimento da Prestação**: estudo de direito comparado luso-brasileiro. Op. cit., p. 138.

298 MARTINS-COSTA, Judith; SILVA, Paula Costa e. **Crise e Perturbações no Cumprimento da Prestação**: estudo de direito comparado luso-brasileiro. Op. cit., p. 139.

299 AGUIAR JÚNIOR, Ruy Rosado de. **Extinção dos contratos.** In: Fundamentos e Princípios dos Contratos Empresariais. Coord: Wanderley Fernandes. 2ª Ed. São Paulo: Saraiva, 2012, p. 498.

Embora o rompimento do contrato de compra e venda de participação societária implique somas relevantes relacionadas ao custo de oportunidade e despesas potencialmente relevantes no processo de auditoria, verificada a Cláusula MAC a manutenção do contrato em suas condições originais se torna inconveniente. A manutenção do vínculo contratual apenas aprofundaria as perdas incorridas pelas partes.

Deve-se afastar a qualificação da Cláusula MAC como uma via para o exercício de direito de arrependimento. Assim como a denúncia, o arrependimento é uma forma de resilição unilateral.[300] Pode ser sintetizado como uma maneira pela qual uma parte retira o seu consentimento, extinguindo, assim, a relação contratual.[301]

Figura similar ao arrependimento é a revogação, que implica a "*retirada de voz por parte do autor do negócio jurídico*", com efeitos retroativos desde o momento do nascimento do negócio jurídico.[302] Embora mais usual nas relações unilaterais, também é aplicável às relações bilaterais, a exemplo do mandato oneroso.[303] Diferentemente do mandato, se aplica aos casos permitidos em lei.[304] Opera no nível da existência e não da eficácia.[305] Ainda assim, pode ter eficácia *ex nunc* ou *ex tunc*.[306]

Ocorre que a Cláusula MAC não impacta na própria declaração de vontade que, até a sua aplicação, se presume válida. Ao dizer respeito a consequências atreladas à verificação de efeitos supervenientes e, portanto, posteriores à

300 AGUIAR JÚNIOR, Ruy Rosado de. **Extinção dos contratos por incumprimento do devedor.** Op. cit., p. 295.

301 AGUIAR JÚNIOR, Ruy Rosado de. **Extinção dos contratos.** In: Fundamentos e Princípios dos Contratos Empresariais. Coord: Wanderley Fernandes. 2ª Ed. São Paulo: Saraiva, 2012, p. 492.

302 AGUIAR JÚNIOR, Ruy Rosado de. **Extinção dos contratos por incumprimento do devedor.** Op. cit., p. 264.Vide também p. 447

303 MARTINS-COSTA, Judith; SILVA, Paula Costa e. **Crise e Perturbações no Cumprimento da Prestação**: estudo de direito comparado luso-brasileiro. Op. cit., p. 137.

304 AGUIAR JÚNIOR, Ruy Rosado de. **Extinção dos contratos por incumprimento do devedor.** Op. cit., p. 264.

305 MARTINS-COSTA, Judith; SILVA, Paula Costa e. **Crise e Perturbações no Cumprimento da Prestação**: estudo de direito comparado luso-brasileiro. Op. cit., p. 137.

306 PONTES DE MIRANDA, Francisco Cavalcanti. **Tratado de Direito Privado**: t. 28: parte especial: direito das obrigações: negócios jurídicos bilaterais e negócios jurídicos plurilaterais: pressupostos. vícios de direito: vícios do objeto: evicção: redibição: espécies de negócios jurídicos bilaterais. Op. cit., p. 448.

manifestação da vontade, sua aplicação se dá no plano da eficácia do negócio jurídico.

Diante de sua amplitude, a Cláusula MAC acaba por ser determinada pelos seus efeitos, rompendo a noção tradicional de construção contratual que especifica a hipótese e sua consequência. Nela o suporte fático pode variar desde que as consequências sejam caracterizáveis como os tais "eventos materiais adversos" na companhia alvo, por exemplo. Como tal, a sua aplicação pode estar atrelada a eventos externos ou, a depender das exclusões incorporadas ao dispositivo, consequências relacionadas à própria celebração do contrato, cujos efeitos seriam suportados, ausente disposição contratual, pela parte compradora, até por uma aplicação residual do artigo 492 do Código Civil.

2.3 Efeitos decorrentes da verificação de mudança adversa relevante na compra e venda de participação societária

A partir da descrição das diferentes funções exercidas pela Cláusula MAC em âmbito contratual, esta seção se dedica a explorar de que forma as diferentes funções se articulam dentro do programa contratual autônomo. Sob as diferentes disposições e referências ao longo do contrato, importa compreender, funcionalmente, os efeitos decorrentes da materialização de circunstância superveniente caracterizável como efeito material adverso, na condição de fato jurídico.

Destacam-se ao menos duas principais funções atreladas à Cláusula MAC, quais sejam, um efeito liberatório extintivo do vínculo contratual, sem a aplicação de penalidades contratuais ou, alternativamente e a depender da forma pela qual enunciada no contrato, o reconhecimento de pretensão de natureza indenizatória pela desvinculação do contrato sem a realização de seu fim contratual.

Ocorrendo a materialização do Efeito Material Adverso no período interino, na pendência da verificação de outras condições ou cumprimento de deveres contratuais, eventual desvalorização do ativo ainda não representará um dano efetivo ao comprador. Contudo, o Efeito Material Adverso implicará um desbalanceamento do equilíbrio econômico-financeiro do contrato em decorrência da materialização de risco não alocado à parte compradora.

Não há que se falar, contudo, em uma hipótese de indenização, até porque o regime autônomo das declarações e garantias sob a ótica reparatória produz efeitos após a conclusão da operação. Cumpre pontuar que o pagamento de indenização poderia ser medida insuficiente para efetivamente compensar a parte compradora nos casos cobertos pela Cláusula MAC, ainda mais se suas consequências se estenderem temporalmente.

Não tendo sido o preço pago ainda, caso o adquirente tenha optado por permanecer na relação contratual, poder-se-ia questionar se este poderia deduzir do valor a ser pago a título de preço eventuais perdas indenizáveis. Uma tal construção poderia utilizar por base o artigo 235 do Código Civil. Esse argumento, contudo, pode ser combatido sob pelo menos dois argumentos principais.

O artigo 235 encontra-se no capítulo dedicado às obrigações de dar coisa certa. Embora a solução até pareça funcionalmente semelhante ao regime das declarações e garantias aplicável após o fechamento, juridicamente, no contexto da compra e venda de participação societária, o termo "coisa", a que se refere o artigo 235, diria respeito exclusivamente à participação societária, e não ao patrimônio societário, qual seja, a organização empresarial.

Ademais, conforme previsto no artigo 369 do Código Civil, a compensação requer a existência de dívidas líquidas e vencidas e coisas fungíveis. Ocorre que, a depender da inconsistência verificada pela parte compradora, o dano efetivamente ainda não se materializou ou sua quantificação ainda é incerta. Nesses casos, a compensação não seria possível. Também essa não poderá ocorrer quando as partes tiverem excluído essa possibilidade ou uma delas a renunciado, tal como disposto no artigo 375 do Código Civil.

A contraposição de interesses e amplitude oferecida pela Cláusula MAC acaba por revelar, na prática, uma de suas potenciais funções — e talvez até uma das mais relevantes —, qual seja, o incentivo para a repactuação de condições comerciais do negócio jurídico após a ocorrência de circunstâncias supervenientes.

Retomando-se o precedente envolvendo Tiffany e LVMH apresentado no início desta dissertação, após trocas de acusações recíprocas, envolvimento de autoridades governamentais francesas e processos judiciais, as partes atingiram uma solução negocial para a controvérsia. Essencialmente, acordou-se pela aplicação de um desconto no preço que seria pago por ação. Foram também realizados ajustes no instrumento contratual, a fim de limitar substancialmente quaisquer outras hipóteses de saída pela parte compradora. Esse caso não foi e não será o único a atingir semelhante desfecho.

Para se ter uma dimensão da materialidade dessa função da Cláusula MAC, com a ressalva de se tratar de estudo empírico realizado no contexto norte-americano, apenas levando em conta companhias abertas e já há alguns anos — o que leva à consideração de tais informações sob a perspectiva ilustrativa —, em uma amostra composta por 755 operações de F&A realizadas entre 1998 e 2005, mais de 99% dos instrumentos contratuais contemplavam a Cláusulas MAC. Esse número por si só já indicaria uma possível preferência pela Cláusula MAC enquanto mecanismo de repartição de riscos em comparação a outras possíveis alternativas, como pagamentos contingentes ou exigência de preço para a desvinculação contratual. Destas operações com Cláusula MAC, em 9% dos casos ocorreu um evento material adverso entre a assinatura e o fechamento da operação.[307] A Cláusula MAC foi a causa subjacente a 2/3 dos casos que não atingiram o fechamento, por terem tido sua eficácia encerrada antecipadamente, e 80% dos casos renegociados, que conseguiram atingir até 15% de redução nos preços originalmente ajustados.[308]

Parece intuitiva a noção de que disposições contratuais mais claras tendem a implicar menores custos em litígios em um momento futuro. Caso, portanto, se esteja diante de uma questão que envolva riscos baixos de litígio no futuro, empregar horas adicionais na redução da incompletude contratual poderá ser qualificado como uma escolha ineficiente, na linguagem adotada pelos teóricos da análise econômica do Direito. Esse fato justificaria, portanto, a adoção de uma disposição contratual ampla e genérica.[309]

Aqui vale referência às produções acadêmicas envolvendo a linha de pesquisa identificada como desenho contratual, que explicitam a maneira pela qual custos derivados de potenciais conflitos futuros podem justificar opções

[307] DENIS, David J.; MACIAS, Antonio J. **Material Adverse Change Clauses and Acquisition Dynamics.** In: The Journal of Financial and Quantitative Analysis, vol. 48, No. 3, 2013. Disponível em: www.jstor.org/stable/43303823. Acesso em 15 de outubro de 2020, p. 821

[308] DENIS, David J.; MACIAS, Antonio J. **Material Adverse Change Clauses and Acquisition Dynamics.** Op. cit., p. 821

[309] CHOI, Albert; TRIANTIS, George. **Strategic Vagueness in Contract Design: The Case of Corporate Acquisitions.** Op. cit., p.848.

incorporadas no processo de elaboração e negociação de contratos.[310] Na construção de tais escolhas, a maior eficiência na alocação dos custos de transação e a redução dos incentivos para a adoção de comportamentos contraditórios constituiriam os objetivos finais.[311] Para tanto, utiliza-se como instrumentos uma combinação de disposições contratuais vagas ou de conteúdo preciso. Por exemplo, uma cláusula mais ampla pode gerar custos de litígio mais elevados. Associando-se tal disposição a direitos extintivos, seria possível incentivar um arranjo mais eficiente de alocação de riscos.[312]

Choi e Triantis vislumbram na Cláusula MAC uma consequência relevante não apenas nos negócios frustrados ou que tenham resultado em litígio, mas também no próprio direcionamento no comportamento das partes na vigência contratual.[313] Essas podem ser complementadas por contrapartidas financeiras exigíveis em caso de desistência imotivada aplicáveis à compradora (*reverse break up fees*).[314] Quando, por exemplo, essas contrapartidas financeiras contemplem valores relevantes, uma parte não mais interessada na conclusão do negócio teria maior inclinação a preferir incorrer em custos na instauração de um litígio para aplicar a Cláusula MAC.[315]

310 BUTRUCE, Vitor. **Princípios do Design Contratual:** Uma nova semântica para as disputas relativas aos contratos empresariais. In: BARBOSA, Henrique; SILVA, Jorge Cesa Ferreira (coord.). A Evolução do Direito Empresarial e Obrigacional: os 18 anos do Código Civil. Obrigações e Contratos. Vol. 2. São Paulo: Quartier Latin, 2021, p. 44.

311 BUTRUCE, Vitor. **Princípios do Design Contratual:** Uma nova semântica para as disputas relativas aos contratos empresariais. Op. cit., p. 46.

312 Como referência, destaca-se: SCOTT, Robert E.; TRIANTIS, George. **Incomplete contracts and the theory of contract design.** Case Western Reserve Law Review, Cleveland, v. 56, n. 1, set./dez. 2005; GOETZ, Charles J.; SCOTT, Robert E. **The Limits of Expanded Choice**: an analysis of the interactions between express and implied contract terms. California Law Review, p. 261-322. mar. 1985. Disponível em: https://scholarship.law.columbia.edu/faculty_scholarship/398. Acesso em: 18 jul. 2022; KRAUS, Jody S; SCOTT, Robert E. **Contract Design and the Structure of Contractual Intent**. New York University Law Review, Vol. 84, p. 1023, 2009. Disponível em: https://ssrn.com/abstract=1402846. Acesso em 1 de maio de 2020.

313 CHOI, Albert; TRIANTIS, George. **Strategic Vagueness in Contract Design: The Case of Corporate Acquisitions**. Op. cit., p. 874-875.

314 MARTINS-COSTA, Fernanda Mynarski. **Execução diferida do contrato em operações de Fusões e Aquisições (F&A) de sociedades anônimas: análise de aspectos contratuais e societários**. Op. cit., p. 132.

315 CHOI, Albert; TRIANTIS, George. **Strategic Vagueness in Contract Design: The Case of Corporate Acquisitions**. Op. cit., p. 874-875.

Sugerem os autores, então, que, diante de uma disposição contratual vaga e imprecisa, os custos derivados de um potencial litígio corroboram, por exemplo, a utilização da Cláusula MAC enquanto (i) instrumento voltado à sinalização de informações privadamente detidas por uma parte e não compartilhadas com a outra, (ii) incentivo à realização de investimentos pela parte vendedora na sociedade alvo durante o período interino, e (iii) forma de sinalizar o valor atribuído à sociedade pela vendedora.[316]

Nesse sentido, é sabido que a linguagem vaga irá dar margem para conflitantes interpretações pelas partes e, assim, aumentar a probabilidade de serem incorridos elevados custos durante eventual litígio envolvendo o significado da Cláusula MAC.[317] A mesma conclusão se aplicaria caso a Cláusula MAC utilizasse um critério objetivo, mas factualmente de difícil verificação.[318] Assume-se em qualquer cenário que, mesmo após um processo litigioso longo e imprevisível, é mais provável que uma decisão judicial ou arbitral adequadamente ateste se de fato ocorreu ou não uma MAC.[319] Isso significaria que a parte vendedora teria mais incentivos para realizar investimentos e sinalizar o valor do ativo sabendo que o contrato será mantido quando a parte compradora apresentar um pleito que, em realidade, deriva de seu desinteresse em manter o negócio.[320] A posição da parte vendedora igualmente pode abrir margem para um processo de renegociação, fazendo com que as partes convirjam a um ponto em comum diante da verificação de circunstâncias extraordinárias.

No que se refere aos custos de litígio, a sua medida pode igualmente ser ajustada contratualmente. Isso porque um custo demasiadamente baixo pode incentivar a apresentação de litígios não fundamentados pelos vendedores buscando a execução específica do contrato e o inverso pode dissuadir a parte

[316] CHOI, Albert; TRIANTIS, George. **Strategic Vagueness in Contract Design: The Case of Corporate Acquisitions**. Op. cit., p.853.

[317] CHOI, Albert; TRIANTIS, George. **Strategic Vagueness in Contract Design: The Case of Corporate Acquisitions**. Op. cit., p. 890.

[318] CHOI, Albert; TRIANTIS, George. **Strategic Vagueness in Contract Design: The Case of Corporate Acquisitions**. Op. cit., p. 891.

[319] CHOI, Albert; TRIANTIS, George. **Strategic Vagueness in Contract Design: The Case of Corporate Acquisitions**. Op. cit., p. 891.

[320] CHOI, Albert; TRIANTIS, George. **Strategic Vagueness in Contract Design: The Case of Corporate Acquisitions**. Op. cit., p. 892.

de pleitear a aplicação dos termos contratuais.[321] Para incentivar os comportamentos considerados desejáveis pelas partes, uma alternativa seriam as *reverse break up fees*, que, assim, incentivariam o recurso ao litígio quando essa medida de fato fosse a mais vantajosa para a defesa do valor do negócio para a parte vendedora e os investimentos por ela realizados.[322]

O uso da análise econômica do Direito merece suas críticas, notadamente quando dela são extraídas funções normativas. Afinal, na construção de políticas públicas, considerações distributivas e de equidade são igualmente relevantes na tomada de decisões. Aplicada, contudo, a um ambiente envolvendo partes devidamente instruídas e sofisticadas, acredita-se que as contribuições advindas de outros campos de conhecimento são válidas para a reflexão de incentivos gerados a partir de cláusulas contratuais. Enquanto agentes limitadamente racionais, mas movidos por interesses econômicos, o valor que a conclusão da transação conferiria, impactos da verificação de circunstância superveniente, custos e chance de êxito diante de possível litígio são variáveis capazes de orientar o comportamento das partes.

As ponderações acima explicam talvez apenas parte do sentido da Cláusula MAC dentro do programa contratual. A elaboração teórica da Cláusula MAC nas linhas acima esbarra em algumas limitações relevantes. Afora o fato de que um bom acordo pode ser melhor que uma decisão favorável muito depois, a consideração dos custos de litígio em face do resultado esperado enfrenta dificuldades adicionais pela pouca previsibilidade do resultado de um litígio em âmbito judicial ou arbitral. Aqui as diferenças entre as realidades concretas de cada país podem ser bastante relevantes.

Ainda que o processo narrado de *path dependence* também possa ter sua contribuição, uma explicação menos atraente para a sobrevivência e disseminação das Cláusulas MAC é que elas, em seus modelos mais tradicionais, adequadamente refletem as particularidades de uma compra e venda de participação societária. É claro que esse fato não obsta a possibilidade de as partes adequarem seus termos para a particularidade do negócio.

321 CHOI, Albert; TRIANTIS, George. **Strategic Vagueness in Contract Design: The Case of Corporate Acquisitions**. Op. cit., p. 921.

322 CHOI, Albert; TRIANTIS, George. **Strategic Vagueness in Contract Design: The Case of Corporate Acquisitions**. Op. cit., p. 921.

PARTE 2
A CLÁUSULA MAC INSERIDA EM UM SISTEMA

3
A CLÁUSULA MAC NO SISTEMA JURÍDICO NORTE-AMERICANO

3.1 Origens da cláusula MAC

Após a apresentação da estrutura da Cláusula MAC e dos principais efeitos decorrentes de sua aplicação no programa contratual, na segunda parte desta dissertação o objeto de pesquisa passa a ser avaliado levando em conta a sua inserção dentro de sistemas jurídicos distintos.

As Cláusulas MAC têm origem no direito anglo-saxão[323] e há referências à sua utilização desde, pelo menos, os anos 1940.[324] Compreender seus contornos e refletir sobre a sua aplicação à compra e venda de participação societária no regime brasileiro requer uma investigação das motivações que conduziram ao seu desenvolvimento. Tanto se falou até este ponto da dissertação sobre a amplitude e dificuldade de aplicação da Cláusula MAC. Mas, afinal, de onde decorre esse embaraço que surge quando a disposição assume o protagonismo em cenários de disputa? As mesmas questões se aplicariam igualmente ao Direito brasileiro, de origem continental?

323 OLIVEIRA E SÁ, Fernando. **Cláusulas Material Adverse Change (MAC) em Contratos de Compra e Venda de Empresas.** In. Direito e Justiça, vol. Especial, 2012, p. 473.

324 SCHWARTZ, Andrew A. **A Standard Clause Analysis of the Frustration Doctrine and the Material Adverse Change Clause.** Op. cit., p. 41.

Para responder a tais questões, optou-se por, neste capítulo 3, debruçar-se em precedentes paradigmáticos julgados pela Corte de Delaware,[325] nos Estados Unidos.[326] Referida jurisdição é conhecida internacionalmente pela sua especialização em matérias empresariais, decorrente do fato de o estado de Delaware oferecer um ambiente mais flexível para a realização de negócios. A Corte de Delaware, portanto, é conhecida por sediar grandes disputas corporativas. Seus precedentes em matérias controversas são amplamente comentados em diversos países.

Sob a perspectiva metodológica, concluiu-se que, antes de se seguir à apresentação de tendências identificadas em julgados envolvendo a Cláusula MAC na Corte de Delaware, imprescindível se compreender as particularidades do sistema jurídico que amparou a origem da Cláusula MAC. As produções acadêmicas e os precedentes judiciais norte-americanos têm servido de referência para o estudo da matéria. O objetivo é identificar o que lhes é próprio da experiência que se exporta em conjunto com a Cláusula MAC enquanto disposição socialmente típica. Com a ausência de litígios de tal natureza em solo brasileiro, ao menos publicamente conhecidos, o que torna a análise dos precedentes estrangeiros ainda mais valiosa é a riqueza dos detalhes na apresentação e contextualização das disputas. O bom jurista, contudo,

[325] Vide por exemplo: NORWITZ, Trevor S. **The MAC is Back: Material Adverse Change Provisions After Akorn**. Op. cit.; WEINSTEIN, Gail et al. Drafting Considerations from the MAC Decision. **Harvard Law School Forum on Corporate Governance,** 18 nov. 2018. Disponível em: https://corpgov.law.harvard.edu/2018/11/18/drafting-considerations-from-the-mac-decision. Acesso em: 12 maio 2022; SOLOMON, Steven Davidoff. In Abbot"s Bid to Halt Purchase of Alere, the MAC Makes a Comeback. Disponível em: https://www.nytimes.com/2016/12/07/business/dealbook/abbott-laboratories-alere-mac-clause.html. Acesso em 12 de maio de 2022.

[326] Historicamente, as Cortes de Chancelaria eram autorizadas a aplicar na resolução de conflitos princípios gerais baseados na equidade, e suas origens remontam à Inglaterra feudal, onde existia a Capela do Rei (King's Chapel). Alguns estados americanos preservaram a distinção entre cortes de equidade (*equity*) e de direito (*law*), embora a segregação não tenha permanecido no contexto das Cortes Federais norte-americanas. Em sua prática atual, a jurisdição da Corte de Chancelaria tem consistido essencialmente em disputas empresariais envolvendo matérias societárias, fundos, *trusts* e outras matérias como a compra e venda de imóveis e questões contratuais de modo geral. QUILLEN, William T; HANRAHAN, Michael. **A Short History of the Court of Chancery.** Disponível em: https://courts.delaware.gov/chancery/history.aspx. Acesso em 19 de maio de 2022.

realiza o *mutatis mutandis* que uma avaliação pautada em Direito Comparado requer.[327]

Scwhartz propõe a reflexão de cláusulas contratuais como soluções alternativas a regimes jurídicos gerais que se aplicariam, não fosse pela manifestação das partes por meio do exercício da liberdade de contratar.[328] De um lado, historicamente, padrões contratuais surgem da necessidade de se adaptar uma solução geral em decorrência das particularidades do negócio jurídico em questão. Como instrumento de interpretação contratual, de modo reverso, igualmente é possível compreender a função de uma cláusula contratual fazendo referência ao regime alternativo correspondente que provocou sua utilização.[329] É assim que o autor conclui que supostas falhas na aplicação da Cláusula MAC pelas cortes norte-americanas (e, mais especificamente, a Corte de Delaware) decorrem, em boa medida, da ausência de sua contraposição ao regime jurídico que, ausente sua previsão, seria extensível.[330] Tal fato tornaria a identificação de um precedente aplicando a Cláusula MAC em todos os seus

327 É válida nesse sentido a citação a comentário de juiz inglês no contexto de disputa envolvendo a aplicação da Cláusula MAC: "Existe uma escassez de posicionamentos ingleses. Por mais que eu tenda a concordar que os casos não são admissíveis na matriz factual, esse é exatamente o tipo de situação em que a revisão de posicionamentos de uma corte estrangeira é necessária. Tais posicionamentos obviamente não irão ser vinculantes ou formalmente persuasivos, mas ignorar as reflexões do fórum de referência para consideração de tais cláusulas, um fórum que é tanto sofisticado quanto pertencente a uma jurisdição de *common law*, seria simplesmente imprudente — assim como não cortês a tal corte. O mesmo se aplica ao conhecimento acadêmico que costuma ser citado na Corte de Delaware" (tradução livre). No original: "*There is a dearth of relevant English authority. While I would agree that the cases are not admissible as factual matrix, this is just the kind of situation where a review of the authorities from a foreign court is called for. Those authorities will obviously not be binding or formally persuasive, but to ignore the thinking of the leading forum for the consideration of these clauses, a forum which is both sophisticated and a common law jurisdiction, would plainly be imprudent – as well as discourteous to that court. The same goes for the academic learning which is often cited in the Delaware Court.*" Travelport Ltd &12 Ors v Wex Inc and Adam Ryhs Olding &112 Ors v Wex Inc [2020] EWHC 2670.

328 SCHWARTZ, Andrew A. **A Standard Clause Analysis of the Frustration Doctrine and the Material Adverse Change Clause.** 57 UCLA Law Review 789, 2010. 1 de set. 2009. Disponível em: https://scholar.law.colorado.edu/articles/451. Acesso em: 26 jan. 2022.

329 SCHWARTZ, Andrew A. **A Standard Clause Analysis of the Frustration Doctrine and the Material Adverse Change Clause.** Op. cit., p. 4.

330 SCHWARTZ, Andrew A. **A Standard Clause Analysis of the Frustration Doctrine and the Material Adverse Change Clause.** Op. cit., p. 43.

efeitos tão rara quanto a passagem do Cometa Halley.[331] No caso da Cláusula MAC, o instituto em questão seria a doutrina da frustração do fim contratual (*frustration of purpose*).[332]

Embora a regra geral dos contratos seja o *pacta sunt servanda*, grande parte dos regimes jurídicos reconhece exceções a tal paradigma.[333] No *common law* não foi diferente. As teorias envolvendo os efeitos de eventos supervenientes nas relações contratuais partiram de princípios gerais do Direito romano, estabeleceram-se nas cortes ingleses, cruzaram o oceano Atlântico, e assim passaram a ser expandidas a uma maior gama de casos.[334] Foram incorporadas, então, em algumas fontes, como o Uniform Commercial Code, Restatement of Contracts (1932) e Restatement (Second) of Contracts (1981).[335]-[336]

As principais doutrinas que permitem o desvinculamento da relação contratual são denominadas de impossibilidade de prestação (*impossibility of performance*), extrema impraticabilidade (*extreme impracticality*) e frustração do fim contratual, sendo todas elas construídas para endereçar situações envolvendo a ocorrência de circunstâncias supervenientes e seus impactos nas relações contratuais.[337]-[338] O desafio em sua aplicação consiste na difícil conciliação da ideia de se viabilizar a desvinculação contratual, com noções como a

[331] SCHWARTZ, Andrew A. **A Standard Clause Analysis of the Frustration Doctrine and the Material Adverse Change Clause.** Op. cit., p. 3.

[332] SCHWARTZ, Andrew A. **A Standard Clause Analysis of the Frustration Doctrine and the Material Adverse Change Clause.** Op. cit., p. 43.

[333] HONDIUS, Ewoud; GRIGOLEIT, Cristoph Hans. (Eds.). **Unexpected Circumstances in European Contract Law.** The Common Core of European Private Law. Cambridge: Cambridge University, 2011, p. 3.

[334] KILEY, Roger. **The Doctrine of "Frustration".** American Bar Association Journal. Dez., 1960, vol. 46, No. 12, p. 1292-1294. Disponível em: https://www.jstor.org/stable/25721374. Acesso em 11 de maio de 2022.

[335] COGO, Rodrigo Barreto. **A Frustração do Fim do Contrato:** O impacto dos fatos supervenientes sobre o programa contratual. Rio de Janeiro: Renovar, 2012, p. 26.

[336] Os chamados *Restatements* consistem em compilados organizados pelo American Law Institute que organizam e sintetizam os principais princípios aplicados a uma determinada área do Direito, extraídos a partir de precedentes e instrumentos normativos, que podem ser utilizados como referências secundárias. LEGAL INFORMATION INSTITUTE. **Restatement of the Law.** Disponível em: https://www.law.cornell.edu/wex/restatement_of_the_law. Acesso em 20 de maio de 2022.

[337] POSNER, Richard A.; ROSENFIELD, Andrew M. **Impossibility and Related Doctrines in Contract Law**: An Economic Analysis. The Journal of Legal Studies 6, no. 1. 1977. Disponível em: http://www.jstor.org/stable/724191. Acesso em 26 de janeiro de 2022, p. 85.

distribuição de riscos, previsibilidade e incentivo aos comportamentos diligentes.[339]

A impossibilidade seria hipótese aplicável exclusivamente às obrigações de dar ou fazer. Nesse caso, a prestação tornar-se-ia fisicamente impossível de ser cumprida.[340] Por essa razão, a parte então obrigada ao cumprimento ficaria liberada, sem que de tal fato se reconhecesse a configuração de um inadimplemento contratual.

A doutrina da frustração do fim contratual permite que, verificados os requisitos aplicáveis, a parte seja liberada de sua prestação diante do fato de essa ter perdido o seu fim, pela ocorrência de um evento superveniente e extraordinário.[341] O cumprimento da prestação seria fisicamente possível, até por normalmente consistir em obrigação de dar quantia certa, mas a finalidade subjacente ao contrato teria sido frustrada.[342] Em breve síntese, a aplicação desta teoria requer a verificação cumulativa de três requisitos, quais sejam, frustração substancial da principal causa do contrato, assunção de que o risco que deu ensejo à frustração não ocorreria e ausência de inadimplemento.[343]

A célebre referência e ilustração da hipótese de frustração do fim contratual consiste no caso *Krell v. Henry*,[344] igualmente reconhecido no Direito norte-americano.

338 Como explica Cogo após ampla pesquisa bibliográfica, pela referência a "*frustration*" muitas vezes pode-se estar a referir gênero dentro do qual podem se enquadrar ampla gama de situações, como impossibilidade superveniente, ilegalidade superveniente de prestação, destruição do objeto, dentre outros. COGO, Rodrigo Barreto. **A Frustração do Fim do Contrato:** O impacto dos fatos supervenientes sobre o programa contratual. Op. cit., p. 11.

339 EISENBERG, Melvin A. **Foundational Principles of Contract Law**. New York: Oxford University Press, 2018, p. 625.

340 EISENBERG, Melvin A. **Foundational Principles of Contract Law**. New York: Oxford University Press, 2018, p. 627.

341 SCHWARTZ, Andrew A. **A Standard Clause Analysis of the Frustration Doctrine and the Material Adverse Change Clause**. Op. cit., p. 17.

342 EISENBERG, Melvin A. **Foundational Principles of Contract Law**. New York: Oxford University Press, 2018, p. 627.

343 Level 4 Yoga, LLC v. CorePower Yoga, LLC, No. CV 2020-0249-JRS, 2022 WL 601862, item 26 (Del. Ch. Mar. 1, 2022), judgment entered, (Del. Ch. 2022).

344 Krell v. Henry. [1903] 2 K.B. 740, [1903] 8 WLUK 20. Disponível em: https://www.trans-lex.org/311100/_/krell-v-henry-%5B1903%5D-2-kb-740/. Acesso em 10 de maio de 2022.

O rei Eduardo VII seria coroado na Abadia de Westminster em 26 de junho de 1902 e haveria um cortejo entre os dias 26 e 27 de junho.[345] A fim de acompanhar os festejos relacionados à coroação, Henry locou um apartamento localizado bem diante de onde o cortejo passaria, apenas pelos dias (e não noites) de 26 e 27 de junho.[346] O contrato não fazia qualquer referência às comemorações relacionadas à coroação, tampouco sobre o propósito subjacente ao negócio jurídico.[347] Ocorre que, pouco antes da coroação, o rei ficou doente e a coroação e suas respectivas comemorações e cortejos foram postergados. Henry deixou de pagar o montante então remanescente pela locação e foi processado por Krell. Considerando que as partes não haviam considerado o cenário em que a coroação simplesmente não ocorreria, o caso acabou sendo julgado favoravelmente a Henry por ter sido essa uma premissa implícita. Colocado de outra forma, Henry não assumiu o risco de a coroação não ocorrer ou de os cortejos adotarem trajeto distinto.

No caso da impraticabilidade (*impracticality*), não se está diante de hipótese de perda do fim contratual, mas de onerosidade ou extrema dificuldade no cumprimento de uma obrigação contratual que ainda seria fisicamente possível, sob uma equação completamente distinta daquela originalmente considerada pela parte obrigada.[348]

A referida categorização, contudo, não é livre de críticas. Com base nos preceitos da análise econômica do Direito, Posner propõe uma releitura das doutrinas que regem os efeitos de circunstâncias supervenientes no Direito Comum. Nas palavras de Posner, sob uma perspectiva pragmática e funcional, em verdade todas elas buscam responder a uma mesma questão, qual seja, que parte deve suportar os riscos derivados de um evento que tenha tornado o cumprimento de uma prestação antieconômico.[349]

Colocadas de lado as críticas enfáticas oferecidas por Posner, para os fins da metodologia sugerida por Schwartz, a compreensão das peculiaridades

[345] EISENBERG, Melvin A. **Foundational Principles of Contract Law**. New York: Oxford University Press, 2018, p. 627.

[346] Krell v. Henry. [1903] 2 K.B. 740, [1903] 8 WLUK 20. Op. cit.

[347] Krell v. Henry. [1903] 2 K.B. 740, [1903] 8 WLUK 20. Op. cit.

[348] POSNER, Richard A.; ROSENFIELD, Andrew M. **Impossibility and Related Doctrines in Contract Law**: An Economic Analysis. Op. cit., p. 86.

[349] POSNER, Richard A.; ROSENFIELD, Andrew M. **Impossibility and Related Doctrines in Contract Law**: An Economic Analysis. Op. cit., p. 88.

de cada uma das teorias importa para a reflexão de modelos e soluções e contratuais.

As cláusulas de força maior, sustenta Schwartz, teriam como regime jurídico correspondente as doutrinas da impossibilidade ou extrema impraticabilidade.[350] Isso significa, na visão do autor, que, ao pactuarem uma cláusula de força maior, as partes convencionam as hipóteses de aplicação e efeitos alternativos decorrentes da verificação de seu suporte fático, as quais não necessariamente coincidem com os requisitos da impossibilidade física ou impraticabilidade extrema.[351]

Já no caso da frustração do fim contratual, não haveria na doutrina uma reflexão sobre potenciais cláusulas com sobreposição ao seu campo fático.[352] E, no que tange à sua aplicação, conclui o autor pela ausência de um número relevante de precedentes reconhecendo seu cabimento. Esse fato demonstraria a resistência e extrema seletividade com que as Cortes aplicariam a doutrina enquanto uma forma de excepcionalização do princípio geral do *pacta sunt servanda*.[353] E assim deveria ser para se evitar que qualquer parte que se arrependesse da celebração do contrato buscasse um remédio para sua desvinculação sem o reconhecimento do dever de indenizar pelo descumprimento contratual. É por tal razão que a configuração da frustração do fim contratual dependeria da verificação cumulativa de ao menos quatro requisitos. Seriam eles a (1) frustração total ou parcial do (2) principal fim que motivou a celebração do contrato pela verificação de (3) um evento extraordinário e (4) exógeno.[354]

Diante da extrema dificuldade prática de se cumprir os critérios acima mencionados, e, ao mesmo tempo, da necessidade de se formalizar uma alocação contratual relacionada à verificação de circunstâncias supervenientes

350 SCHWARTZ, Andrew A. **A Standard Clause Analysis of the Frustration Doctrine and the Material Adverse Change Clause.** Op. cit., p. 3.

351 SCHWARTZ, Andrew A. **A Standard Clause Analysis of the Frustration Doctrine and the Material Adverse Change Clause.** Op. cit., p. 8.

352 SCHWARTZ, Andrew A. **A Standard Clause Analysis of the Frustration Doctrine and the Material Adverse Change Clause.** Op. cit., p. 15.

353 SCHWARTZ, Andrew A. **A Standard Clause Analysis of the Frustration Doctrine and the Material Adverse Change Clause.** Op. cit., p. 17.

354 SCHWARTZ, Andrew A. **A Standard Clause Analysis of the Frustration Doctrine and the Material Adverse Change Clause.** Op. cit., p. 18.

é que, por exemplo, nos contratos de F&A, justificou-se a criação de uma disposição contratual como a Cláusula MAC.[355] Seu efeito concreto seria então não necessariamente o reconhecimento de possibilidade do desfazimento do vínculo contratual, mas aquele pretendido pelas partes.[356]

A Cláusula MAC, assim, seria um claro exemplo de um modelo contratual surgido a partir da prática comercial para endereçar situações que, se não fossem de outra forma disciplinadas pelas partes, ficariam sujeitas à aplicação da doutrina da frustração do fim contratual. Mas, curiosamente, mesmo envolvendo, em tese, requisitos menos restritivos que os da doutrina da frustração do fim contratual, até pouco tempo não havia sequer um caso em que se reconheceu a sua efetiva verificação.

A hipótese desenvolvida pelo autor vai além, e se desenvolve em uma crítica à interpretação supostamente errática adotada pelas cortes norte-americanas em relação à Cláusula MAC. As razões de decidir teriam ignorado uma evolução de tal disposição a partir da doutrina da frustração do fim contratual.[357]

Enxerga-se na proposição de Schwartz uma construção racional e intuitiva. Ocorre que, a partir do desenvolvimento de uma disposição contratual, essa passa a adquirir conteúdo próprio por meio de sua reiterada aplicação e desenvolvimento. Em algum momento talvez seja legítimo supor que a cláusula estivesse historicamente vinculada a um instituto já consolidado, mas essa correlação pode paulatinamente se afastar a partir da prática comercial. O ponto de encontro poderá ser o risco que uma e outra buscaram tutelar. A dificuldade da aplicação da disciplina contratual pode, assim, advir menos da falta de observância de suas origens, e mais da própria complexidade dos fatos e da produção probatória adjacente para se concluir pela verificação ou não de seu suporte fático. É o que se explora a seguir.

[355] SCHWARTZ, Andrew A. **A Standard Clause Analysis of the Frustration Doctrine and the Material Adverse Change Clause.** Op. cit., p. 43.
[356] SCHWARTZ, Andrew A. **A Standard Clause Analysis of the Frustration Doctrine and the Material Adverse Change Clause.** Op. cit., p. 43.
[357] SCHWARTZ, Andrew A. **A Standard Clause Analysis of the Frustration Doctrine and the Material Adverse Change Clause.** Op. cit., p. 43.

3.2 Aplicação da cláusula MAC pela Corte de Delaware

Nas publicações que de tempos em tempos despontam sobre a Cláusula MAC destacam-se referências a julgados da Corte de Delaware. Em tal jurisdição foram explorados de forma profunda as particularidades da Cláusula MAC, aplicadas a contratos de alta complexidade, entre partes sofisticadas e, não raro, envolvendo companhias abertas. Dois deles são referidos como os principais precedentes envolvendo a matéria. Serão eles referidos nesta dissertação como o Caso IBP e o Caso Akorn. Passa-se mais rapidamente pelos demais precedentes indicados, para reforçar construções jurisprudenciais paulatinamente desenvolvidas e reproduzidas.[358]

Um dos principais precedentes envolvendo a aplicação da Cláusula MAC foi apreciado pela Corte de Delaware em 2001, doravante referido como o Caso IBP.[359] O Caso IBP é reconhecido por ter firmado as bases para a interpretação da Cláusula MAC pela Corte de Delaware.

No que se refere aos fatos, Tyson (compradora) e IBP, Inc. (vendedora) haviam celebrado um contrato envolvendo a negociação da integralidade das ações de IBP, Inc. (*merger*). Por meio da operação, a Tyson buscava consolidar sua posição no mercado de carnes. Meses após a assinatura do contrato, mas ainda durante o período interino, em um movimento que a Corte define como uma forma de *"arrependimento do comprador"*, a Tyson apresentou medida judicial pleiteando a resolução do contrato, com respaldo em suposta fraude e existência de declarações e garantias que posteriormente teriam se revelado falsas.[360]

358 A fim de mapear os julgados da Corte de Delaware que trataram da aplicação da Cláusula MAC, realizou-se pesquisa na data base do WestLaw, utilizando-se termos como "*material adverse change*" e "*material adverse effect*" e o filtro temporal iniciando-se a partir do Caso IBP, que vinha sendo reconhecido como paradigmático. Com base nesta pesquisa, foram identificados onze casos envolvendo negócios tendo como objeto a participação societária.

359 In re IBP, Inc. Shareholders Litig., 789 A.2d 14, 68 (Del. Ch. June 15, 2001) as corrected (Del. Ch. June 18, 2001)

360 Nesse sentido, ao descrever os fatos o juiz (*Vice Chancellor*) Strine destaca: "Mas a mais importante razão que levou a Tyson a diminuir o ritmo do processo de Incorporação foi diferente: ela estava tendo um arrependimento de comprador. A Tyson desejava que tivesse pago menos especialmente em decorrência do seu resultado comprometido de 2001 e os resultados decepcionantes da IBP em 2001". No original: *"But the most important reason that Tyson slowed down the Merger process was different: it was having buyer's regret. Tyson wished it had*

Mais especificamente, a Tyson alegou que a sua contraparte teria ocultado informações relevantes para a avaliação do negócio. Seriam elas a existência de violações às normas contábeis e resultados declinantes de uma de suas subsidiárias. Em resposta, a IBP sustentou a ilegalidade do pleito apresentado por Tyson, contrapondo, por exemplo, que a compradora teria conhecimento de sua situação financeira, bem como das inconsistências contábeis em processo de retificação, pleiteando, assim, a determinação, pela Corte, da execução específica das obrigações previstas contratualmente.

Um dos principais pontos controversos na disputa dizia respeito à ocorrência ou não de um Evento Material Adverso que pudesse justificar a decisão da Tyson de não concluir a transação.

O contrato firmado contemplava uma declaração, por meio da qual a IBP afirmava inexistirem contingências relevantes que não teriam sido reveladas nas demonstrações financeiras da companhia, exceto por aquelas já indicadas nos anexos ao contrato ou que não pudessem representar uma Mudança Adversa Relevante.[361] Nesse caso, portanto, a Cláusula MAC havia sido

paid less especially in view of its own compromised 2001 performance and IBP's slow 2001 results". In re IBP, Inc. S'holders Litig., 789 A.2d 14, 22 (Del. Ch. 2001).

361 Para referência, a seguir a transcrição da disposição contratual em referência contida no próprio julgado: "Seção 5.11. Ausência de Contingências Materiais Não Reveladas. Exceto conforme previsto no Anexo 5.11, no 10-K da Companhia ou nos 10-Qs da Companhia, não existem quaisquer contingências da Companhia ou de quaisquer de suas Subsidiárias de qualquer natureza, acumuladas, contingentes, absolutas, determinadas, determináveis ou de qualquer outra forma, e não há qualquer condição existente, situação ou conjunto de circunstâncias que poderiam razoavelmente resultar em uma tal contingência, que não: (a) contingências reveladas ou previstas nas Demonstrações Financeiras, (b) contingências incorridas no curso ordinário dos negócios, consistentemente com práticas passadas desde a Data das Demonstrações Financeiras ou de outra forma especificamente contempladas neste Contrato; (c) contingências sob este contrato; (d) outras contingências que individualmente ou em conjunto não impliquem e não seja razoavelmente esperado que impliquem individualmente ou em conjunto um Efeito Material Adverso" (tradução livre). No original: "*Section 5.11. No Undisclosed Material Liabilities. Except as set forth in Schedule 5.11 the Company 10-K or the Company 10-Qs, there are no liabilities of the Company of any Subsidiary of any kind whatsoever, whether accrued, contingent, absolute, determined, determinable or otherwise, and there is no existing condition, situation or set of circumstances which could reasonably be expected to result in such a liability, other than: (a) liabilities disclosed or provided for in the Balance Sheet; (b) liabilities incurred in the ordinary course of business consistent with past practice since the Balance Sheet Date or as otherwise specifically contemplated by this Agreement; (c) liabilities under this agreement; (d) other liabilities which individually or in the aggregate do not and could not reasonably be expected to have a Material Adverse Effect.*"

redigida na forma de uma declaração autônoma, confirmando que as demonstrações financeiras utilizadas de base para a determinação do preço não teriam sofrido variações substanciais entre a sua data de referência e o fechamento.[362]

Em face dos argumentos apresentados pela compradora, a Corte destacou, de início, a característica das leis de Nova York e de Delaware de conferirem bastante relevância à manifestação objetiva das partes na redação do contrato. Apenas em caso de verificação de erro ou dúvida sobre a melhor interpretação de uma disposição seriam consideradas circunstâncias externas por meio de produção probatória.

Ao se debruçar sobre os fatos detalhadamente narrados na opinião, a Corte avalia se a ocorrência de um suposto Evento Material Relevante teria sido invocada de forma *post hoc*. Afinal, a parte compradora sequer teria levado em conta os fatos que então sustentava como capazes de configurar um Evento Material Adverso no momento da celebração do contrato. Tudo isso atrelado ao fato de, na visão da Corte, não ser possível configurar como um Evento Material Adverso uma queda apenas temporária nos resultados financeiros da companhia.

Colocada essa breve síntese, interessante, inicialmente, destacar a clara dificuldade apontada pelo julgador para a aplicação da Cláusula MAC, embora sua redação fosse, em verdade, relativamente simples (mas com conteúdo inevitavelmente indeterminado).[363] Chama atenção, nesse ponto, que, como

362 "Sob o contrato, um efeito material adverso (ou 'MAE') é definido como 'qualquer evento, ocorrência ou desenvolvimento de um estado de circunstâncias ou fatos que tenha tido ou razoavelmente possa ser esperado que tenha um Efeito Material Adverso'... 'na condição (financeira ou outra), negócios, ativos, responsabilidades ou resultados das operações da [IBP] e [suas] Subsidiárias consideradas como um todo' ..." (tradução livre). No original: "*Under the contract, a material adverse effect (or 'MAE') is defined as 'any event, occurrence or development of a state of circumstances or facts which has had or reasonably could be expected to have a Material Adverse Effect' ... 'on the condition (financial or otherwise), business, assets, liabilities or results of operations of [IBP] and [its] Subsidiaries taken as whole' ....*"

363 É o que se extrai do seguinte trecho: "A avaliação do argumento de um Efeito Material Adverso da Tyson requer que a corte se engaje em um exercício que é bastante impreciso. A simplicidade das palavras no § 5.10 é falaciosa porque a aplicação de tais palavras é definitivamente complexa. Em sua redação, o § 5.10 é uma cláusula ampla que coloca a IBP em risco por uma variedade de fatores incontroláveis que podem afetar materialmente seus negócios como um todo ou resultados operacionais em conjunto." (tradução livre). No original: "*The resolution of Tyson's Material Adverse Effect argument requires the court to engage in an exercise that is quite imprecise. The simplicity of § 5.10's words is deceptive because the application of those words*

redigida, a cláusula acabava por atribuir à parte vendedora boa parte dos riscos de sua operação no período interino, sem contemplar inúmeras exclusões ou qualificações à definição de Efeito Material Adverso. As exclusões, como já apresentado na seção 2.1.2, implicariam uma redistribuição do risco de potenciais intercorrências à compradora. Sobre esse tema, justamente pelo efeito a elas atrelado, a Corte conclui que quaisquer exceções deveriam ser explícitas. Contudo, na interpretação integrativa da Cláusula MAC, deveriam ser levadas em conta as exceções previstas no contrato e em seus anexos que já eram de conhecimento da parte compradora. Afinal, esse era o nível de informação que se presumia que a compradora conhecia no momento da assinatura do contrato. O compartilhamento de informações por meio dos anexos complementares às declarações e garantias, portanto, acabou por resultar em uma distribuição do risco relacionado a tais eventos à compradora. Essa conclusão firmada no Caso IBP, inclusive, é apontada por alguns como a razão que justificou a crescente extensão das Cláusulas MAC. Em decorrência do entendimento ali firmado, passou-se a explicitar as hipóteses em que o risco da materialização de circunstâncias supervenientes penderia em direção à própria compradora, sem prejuízo de se estabelecerem novas exceções para efeitos decorrentes de ações consentidas ou que afetassem a empresa alvo de forma desproporcional.

Embora a distribuição de riscos intentada pelas partes tenha parecido cristalina na combinação de datas de referência e exclusões, a sua aplicação é que pareceu carregar maior complexidade. Aqui, o conhecimento jurídico em seu sentido estrito pareceu oferecer poucas ferramentas com a multiplicidade das potenciais interpretações das informações financeiras apresentadas. Essas consistiam em séries históricas com diferentes variáveis e períodos de comparação, tendo como referência os resultados das operações da IBP, Inc. ao longo dos anos.

Assim, concluiu o julgador pela inevitabilidade da interpretação da linguagem contratual no contexto maior em que as partes haviam transacionado.

É nesse contexto que surge entendimento bastante propagado em outros precedentes e explicitado em produções acadêmicas. Na visão do julgador,

is dauntingly complex. On its face, § 5.10 is a capacious clause that puts IBP at risk for a variety of uncontrollable factors that might materially affect its overall business or results of operation as a whole."

um prejuízo temporário ou de curto prazo constituiria razão insuficiente para justificar que um comprador que visse na transação a conclusão de um negócio estratégico de longo prazo buscasse romper a transação, com fundamento na ocorrência de uma Mudança Adversa Relevante.[364]-[365] Em outras palavras, na visão do julgador, a companhia tinha por característica ser consistentemente lucrativa, embora de forma errática e sujeita a ciclos (tendo como base o lucro líquido e EBIT).

Amparado por aspectos fáticos, o julgador não deixa de comentar que sua conclusão não foi formada com o nível de confiança que gostaria. É curioso ainda o reconhecimento pelo julgador de que admitir ou não a aplicação da Cláusula MAC é uma questão com implicações normativas, sendo essa perspectiva importante para se cotejar na importação da disposição contratual, que se explora adiante.[366]

364 Nesse sentido, pondera o juiz Stiner: "Como resultado, mesmo quando uma condição de Efeito Material Adverso é amplamente redigida como aquela no Contrato de Incorporação, tal disposição é mais bem lida como uma proteção resguardando o adquirente contra a ocorrência de fatos desconhecidos que substancialmente coloquem em risco todo o potencial de receitas da empresa alvo de uma forma temporalmente significativa" (tradução livre). No original: *"As a result, even where a Material Adverse Effect condition is as broadly written as the one in the Merger Agreement, that provision is best read as a backstop protecting the acquiror from the occurrence of unknown events that substantially threaten the overall earnings potential of the target in a durationally-significant manner"*. In re IBP, Inc. S'holders Litig., 789 A.2d 14, 68 (Del. Ch. 2001)

365 Segue o excerto a que se faz referência: "Para um especulador de curto prazo, o fracasso de uma companhia em atingir os resultados projetados por analistas para um trimestre poderia ser bastante material. Tal fracasso é menos importante para um adquirente que busque a compra da companhia como parte de uma estratégia de longo-prazo. Para tal adquirente, a coisa mais importante é se a companhia sofreu um Efeito Material Adverso em seus negócios ou resultados de operações que é prejudicial à sua capacidade de gerar receitas por um período comercialmente razoável, que alguém poderia pensar seria mensurado em anos, e não meses" (tradução livre). No original: *"To a short-term speculator, the failure of a company to meet analysts' projected earnings for a quarter could be highly material. Such a failure is less important to an acquiror who seeks to purchase the company as part of a longterm strategy. To such an acquiror, the important thing is whether the company has suffered a Material Adverse Effect in its business or results of operations that is consequential to the company's earnings power over a commercially reasonable period, which one would think would be measured in years rather than months"*. In re IBP, Inc. S'holders Litig., 789 A.2d 14, 68 (Del. Ch. 2001)

366 Na linguagem original adotada no julgado: "Em grande medida, a avaliação dos argumentos das partes implica em uma difícil questão de política pública. Em qual direção o ônus neste tipo de incerteza recai: no comprador ou no vendedor?" (tradução livre). Nas palavras originais: *"In large measure, the resolution of the parties' arguments turns on a difficult policy*

Com considerações de natureza pragmática, o julgador conclui residir com o comprador o ônus de demonstrar a aplicabilidade da Cláusula MAC. Para tanto, deveria ser comprovada a ocorrência de circunstância superveniente e não conhecida, que substancialmente pudesse comprometer as perspectivas de retornos financeiros da companhia alvo por um período significativo. Essa construção orientou julgados subsequentes.

Após a emissão da opinião pela Corte, as partes firmaram um acordo, em que a Tyson concordou em seguir adiante com a transação, enquanto a IBP renunciou ao direito de pleitear qualquer indenização. Em setembro do mesmo ano, as partes finalmente consumaram a operação.

Outro precedente de destaque sobre o tema da Cláusula MAC na jurisprudência da Corte de Delaware envolveu uma operação de fusão entre Holly e Frontier, que passará a ser referido como o Caso Frontier.[367] Em decorrência da operação de *merger*, os acionistas da Holly passariam a ser acionistas da Frontier. Neste caso, a Cláusula MAC se aplicava às duas partes envolvidas na demanda. Em operações societárias como fusões ou incorporações, é especialmente justificável que a Cláusula MAC seja bilateral, já que o pagamento acordado pode envolver o recebimento de ações da entidade remanescente, sendo a valoração de ambas as entidades fundamental para se determinar a relação de troca.

Sob a perspectiva fática, os advogados da Holly identificaram a possiblidade de ser proposta ação coletiva buscando a reparação de danos pela liberação de substâncias cancerígenas em processos de extração e processamento de petróleo por uma entidade que era subsidiária da Frontier. Por efeito da preocupação esboçada pela Holly, a Frontier afirmou que os fatos que subsidiariam a potencial ação coletiva seriam frágeis e que, de qualquer modo, haveria uma segregação societária entre a subsidiária e a Frontier, limitando assim a potencial exposição dessa última. A Holly, então, renegociou os termos do contrato, reforçando suas proteções ao considerar o potencial litígio. Isso se refletiu em pequenos ajustes na Cláusula MAC.[368] Para referência, uma das

question. In what direction does the burden of this sort of uncertainty fall: on an acquiror or on the seller?". In re IBP, Inc. S'holders Litig., 789 A.2d 14, 68 (Del. Ch. 2001)

367 Frontier Oil v. Holly Corp- No. Civ.A. 20502, 2005 WL 1039027 (Del. Ch. Apr. 29, 2005).

368 Como parte do ajuste à Cláusula MAC, foi excluída qualificação de material e incluiu-se o trecho indicado em itálico: "Efeito Material Adverso" em relação à Holly ou Frontier

hipóteses que poderia levar à resolução do contrato seria se as declarações e garantias se tornassem incorretas, incluindo por força da ameaça de um litígio que pudesse ou razoavelmente se esperasse que tivesse um Efeito Material Adverso.[369] Mesmo na presença de riscos colocados pelo litígio iminente, a Holly optou por dar seguimento ao negócio.

significa um efeito material adverso em relação (A) aos negócios, ativos e responsabilidades (considerados conjuntamente), *resultados de operações*, condição material (*financeira ou de outra natureza*) *ou prospectos* de uma parte e suas Subsidiárias em um base consolidada". (tradução livre). No original: "*Material Adverse Effect*" with respect to Holly or Frontier shall mean a material adverse effect with respect to (A) the business, assets and liabilities (taken together), *results of operations,* material condition (*financial or otherwise*) *or prospects* of a party and its Subsidiaries on a consolidated basis ..."

369 A seguir segue a transcrição da definição do termo Mudança Adversa Relevante, conforme reproduzida na decisão: "(d) Mudança Adversa Relevante" em relação à Holly ou Frontier siginifca um efeito material adverso em relação (A) aos negócios, ativos ou responsabilidades (considerados conjuntamente), resultados de operações, condição (financeira ou de outra natureza), prospectos de uma parte e suas Subsidiárias em uma base consolidada ou (B) a habilidade da parte de consumar as transações contempladas por este Contrato ou cumprir as condições para o fechamento previstas no Artigo 6, exceto na medida (no caso da Cláusula (A) ou (B) acima) que tal efeito adverso resulta de (i) condições gerais econômicas, regulatórias ou políticas ou alterações nos Estados Unidos ou outros países em que a parte opera, (ii) flutuações ou condições no mercado financeiro ou de capitais; (iii) mudanças em, ou eventos ou condições que afetem, a indústria de refino de petróleo em geral, (iv) o anúncio ou a pendência da Operação ou cumprimento com os termos e condições da Seção 5.1; ou (v) ações coletivas de acionistas ou outros litígios derivados de descumprimento de deveres fiduciários relacionados a este Contrato; "Efeito Material Adverso da Holly" e "Efeito Material Adverso de Frontier" significa um Efeito Material Adverso em relação à Holly e Frontier, respectivamente". (tradução livre). No original: *(d) "**Material Adverse Effect**" with respect to Holly or Frontier shall mean a **material adverse effect** with respect to (A) the business, assets and liabilities (taken together), results of operations, condition (financial or otherwise) or prospects of a party and its Subsidiaries on a consolidated basis or (B) the ability of the party to consummate the transactions contemplated by this Agreement or fulfill the conditions to closing set forth in Article 6, except to the extent (in the case of either clause (A) or clause (B) above) that such adverse effect results from (i) general economic, regulatory or political conditions or changes therein in the United States or the other countries in which such party operates; (ii) financial or securities market fluctuations or conditions; (iii) changes in, or events or conditions affecting, the petroleum refining industry generally; (iv) the announcement or pendency of the Mergers or compliance with the terms and conditions of Section 5.1 hereof; or (v) stockholder class action or other litigation arising from allegations of a breach of fiduciary duty relating to this Agreement." "**Holly Material Adverse Effect**" and "**Frontier Material Adverse Effect**" mean a Material Adverse Effect with respect to Holly and Frontier, respectively."* A Frontier havia prestado a seguinte declaração e garantia à Holly: "Seção 4.8. LITÍGIOS E CONTINGÊNCIAS. Exceto se previsto no Anexo 4.8 da Carta de Compartilhamento de Informações, não existem qualquer ações, processos ou procedimentos em andamento contra a Frontier ou quaisquer de suas

Durante o período interino, dois desdobramentos relevantes ocorreram. O primeiro foi a identificação de que a Frontier havia outorgado uma garantia corporativa à detentora da planta de extração e refino, o que colocaria em risco a manutenção da tese da impossibilidade de atingimento da personalidade jurídica da Frontier. Ademais, por conta da subavaliação dos ativos da Holly, verificou-se que o negócio firmado, em suas bases e premissas originais, seria extremamente favorável à Frontier.

Subsidiárias ou, no conhecimento da Frontier, iminentes contra Frontier ou quaisquer de suas Subsidiárias, de direito ou de equidade, perante ou por qualquer comissão, corte, conselho, administração, agência instrumental federal, estadual ou estrangeira, que não aquelas que não teriam ou razoavelmente seja esperado que tenham, individualmente ou em conjunto, um Efeito Material Adverso Frontier. Não existem julgamentos, ordens, decisões liminares, laudos ou determinações existentes contra Frontier ou quaisquer de suas Subsidiárias, que não aquelas que não têm, individualmente ou em conjunto, um Efeito Material Adverso da Frontier. Não existem obrigações ou contingências, de qualquer natureza ou pendentes, absolutas ou contingentes ou de outra forma, da Frontier ou quaisquer de suas Subsidiárias, que não aquelas contingências e obrigações (a) que foram reveladas nos Relatórios Frontier, (b) que tenham sido incorridas no curso ordinário dos negócios desde 31 de dezembro de 2002, (c) relacionadas a despesas associadas com transações contempladas por este Contrato ou (d) que não tem ou razoavelmente possam ter, individualmente ou em conjunto, um Efeito Material Adverso Frontier" e "Seção 4.9. Ausência de Certas Alterações. Desde 31 de dezembro de 2002, a Frontier tem conduzido seus negócios apenas no curso ordinário e usual e durante tal período não houve qualquer (i) evento, condição, ação ou ocorrência que tenha tido ou possa razoavelmente ser esperado que tenha, individualmente ou em conjunto, um Efeito Material Adverso de Frontier." (tradução livre). No original: "*Section 4.8 LITIGATION AND LIABILITIES. Except as set forth on Schedule 4.8 of the Frontier Disclosure Letter, there are no actions, suits or proceedings pending against Frontier or any of its Subsidiaries or, to Frontier's knowledge, threatened against Frontier or any of its Subsidiaries, at law or in equity, or before or by any federal, state or foreign commission, court, board, bureau, agency or instrumentality, other than those that would not haveor reasonably be expected to have, individually or in the aggregate, a Frontier Material Adverse Effect. There are no outstanding judgments, decrees, injunctions, awards or orders against Frontier or any of its Subsidiaries, other than those that would not have, individually or in the aggregate, a Frontier Material Adverse Effect. There are no obligations or liabilities of any nature, whether accrued, absolute, contingent or otherwise, of Frontier or any of its Subsidiaries, other than those liabilities and obligations (a) that are disclosed in the Frontier Reports, (b) that have been incurred in the ordinary course of business since December 31, 2002, (c) related to expenses associated with the transactions contemplated by this Agreement or (d) that would not have or reasonably be expected to have, individually or in the aggregate, a Frontier Material Adverse Effect*" e "*Section 4.9 ABSENCE OF CERTAIN CHANGES. Since December 31, 2002, Frontier has conducted its business only in the ordinary and usual course of business and during such period there has not been any (i) event, condition, action or occurrence that has had or would reasonably be expected to have, individually or in the aggregate, a Frontier* ***Material Adverse Effect****; ...*".

Após diversas interações entre as partes, a Holly enviou notificação à Frontier, afirmando que os desdobramentos da possível ação coletiva configurariam um Efeito Adverso Relevante e dando conhecimento de sua opção pela resolução unilateral do contrato. O tema acabou sendo levado ao conhecimento da Corte de Delaware.

Ao apreciar a ocorrência de Mudança Adversa Relevante ou não, novamente se verifica a dificuldade de aplicação da cláusula, que, como bem define o julgador, se revela imprecisa, mas, ao mesmo tempo, adaptável. A Corte então ponderou os potenciais custos envolvidos na defesa de um litígio de tal natureza, e os comparou ao valor da Frontier, tendo concluído pela possibilidade desta de absorvê-los. Mais que isso, Holly não teria satisfeito o seu ônus de prova, não ficando, portanto, caracterizada a ocorrência da Mudança Adversa Relevante.

Embora tenha aplicado os parâmetros determinados em IBP, a particularidade do caso se verifica na necessidade de avaliação da ocorrência da Mudança Adversa Relevante sob uma perspectiva futura, marcada pela incerteza em relação ao prognóstico de perda de um processo judicial sequer iniciado formalmente. Tal fato decorre, em certa medida, pela própria Cláusula MAC, conforme ajustada, uma vez que a Cláusula MAC passou a contemplar uma perspectiva futura.

Mesmo nesse caso, a Corte não foi mais deferente. Pelo contrário. sustentou que a Holly, na qualidade de parte buscando o não cumprimento de suas obrigações contratuais, não se desincumbiu de seu ônus de demonstrar que o potencial de litígio poderia razoavelmente levar à ocorrência de um Evento Material Adverso. Isso mesmo tendo reconhecido expressamente que a ação coletiva considerada poderia envolver custos de defesa substanciais e potencialmente uma condenação ao pagamento de perdas e danos envolvendo altas cifras. Na visão da Corte, contudo, faltou à Holly se debruçar sobre os pleitos dos potenciais autores da demanda e demonstrar a sua probabilidade, o que, aí sim, poderia levar ao reconhecimento de um Evento Material Adverso. Tal conclusão foi extraída a partir de uma avaliação quantitativa e qualitativa da Cláusula MAC, que, na visão do julgador, exigia a consideração dos custos que o potencial litígio envolveria e as suas consequências na condução dos seus negócios, a partir de uma perspectiva de curto prazo.

Após o Caso Frontier, nova decisão relevante foi expedida no contexto da crise financeira internacional ocorrida entre os anos de 2007-2008, o que torna sua análise especialmente interessante (Caso Hexion).[370] As Cláusulas MAC são fenômenos de estação, assumindo os holofotes principalmente a cada grande crise econômica.

O Caso Hexion envolvia a aquisição de uma empresa do ramo químico por outra. O contrato subjacente havia sido formalizado em julho de 2007, meses antes do estouro da crise financeira mundial. No precedente em referência, parte relevante dos recursos financeiros necessários para a consumação da operação seriam financiados. A compradora, assim, apresentou carta compromisso de instituição financeira. Na carta havia ressalva de que a efetiva formalização do financiamento dependeria da apresentação de opinião confirmando a solvência da entidade adquirida.

Havia um interesse comercial relevante na formalização do negócio de modo expedito, o que levou a compradora e seu controlador a aceitarem que, mesmo diante da não disponibilidade de crédito para a formalização da aquisição no momento do fechamento da operação, a compradora não teria o direito contratualmente reconhecido de optar apenas pela resolução do contrato. Em tal circunstância, portanto, se não fosse confirmada a obtenção do financiamento, a compradora teria que arcar com uma multa contratual no valor de USD 325 milhões. Caso, contudo, o não prosseguimento da operação se desse por outro fato atribuível à compradora (que não o insucesso do financiamento), essa ficaria sujeita ao pagamento de indenização, sem qualquer limitação de valor contratualmente fixada.

Após a celebração do contrato, verificado um resultado financeiro muito aquém das estimativas iniciais, e em um contexto já abalado pela crise financeira, a compradora, de forma independente, e sem qualquer interação com a vendedora, contratou a emissão de opinião que acabou por confirmar que, usando-se como base diferentes cenários, concluía-se pela insolvência da sociedade que seria adquirida. Alegou, ademais, que as perdas financeiras sofridas pela vendedora configurariam a ocorrência de um Efeito Material Adverso.[371]

[370] Hexion SPEC. Chemicals v. Huntstman Corp. (Del.Ch., 965 A.2d 715 (2008)

[371] Segue a transcrição da definição de Mudança Adversa Relevante no contrato subjacente à disputa: "qualquer ocorrência, condição, alteração, evento ou efeito que seja materialmente adverso à condição financeira, aos negócios ou resultados das operações da Companhia e suas Subsidiárias, consideradas em conjunto; ressalvado, contudo, que, em qualquer evento,

O contrato analisado continha disposição que condicionava o fechamento da operação à ausência de qualquer Efeito Material Adverso após a sua assinatura. Diferentemente da cláusula de redação simples indicada no Caso IBP, o instrumento contratual previa exceções que realocavam à compradora riscos relacionados a mudanças nas condições econômicas e financeiras. A vendedora permanecia com o risco, contudo, de a sociedade alvo ter sido impactada desproporcionalmente por força de tais alterações, em comparação com outras entidades da indústria química.

A controvérsia foi submetida à Corte de Delaware.

Na interpretação da Cláusula MAC, a Corte se convence pela necessidade de se verificar, inicialmente, se as perdas sofridas pela compradora poderiam ser caracterizadas como um efeito material adverso e, em seguida, avaliar a situação da companhia em comparação a outras entidades do setor em que aquela atuava.

nenhuma das seguintes hipóteses será considerado um Efeito Material Adverso da Companhia: (A) qualquer ocorrência, condição, mudança, evento ou efeito resultando ou relacionado a alterações em condições econômicas e financeiras gerais, exceto no caso, e apenas na medida, que tal ocorrência, condição, mudança, evento ou efeito tenha tido um efeito desproporcional na Companhia e suas Subsidiárias, consideradas em conjunto, em comparação com outras Pessoas engajadas na indústria química; (B) qualquer ocorrência, condição, mudança, evento ou efeito que afete a indústria química em geral (incluindo alterações nos preços de commodities, preços de mercado em geral e alterações regulatórias afetando a indústria química em geral) exceto no caso, e apenas na medida, que tal ocorrência, condição, mudança, evento ou efeito tenha tido um efeito desproporcional na Companhia e suas Subsidiárias, consideradas em conjunto, em comparações com outras Pessoas engajadas na indústria química ..." (tradução livre). No original: "*any occurrence, condition, change, event or effect that is materially adverse to the financial condition, business, or results of operations of the Company and its Subsidiaries, taken as a whole; provided, however, that in no event shall any of the following constitute a Company Material Adverse Effect: (A) any occurrence, condition, change, event or effect resulting from or relating to changes in general economic or financial market conditions, except in the event, and only to the extent, that such occurrence, condition, change, event or effect has had a disproportionate effect on the Company and its Subsidiaries, taken as a whole, as compared to other Persons engaged in the chemical industry; (B) any occurrence, condition, change, event or effect that affects the chemical industry generally (including changes in commodity prices, general market prices and regulatory changes affecting the chemical industry generally) except in the event, and only to the extent, that such occurrence, condition, change, event or effect has had a disproportionate effect on the Company and its Subsidiaries, taken as a whole, as compared to other Persons engaged in the chemical industry . . . .*" Hexion SPEC. Chemicals v. Huntstman Corp. (Del.Ch., 965 A.2d 715 (2008)

O julgador esclarece que a ordem na verificação de cada um dos fatores deve ser observada. Ou seja, não bastaria que fosse demonstrado que o desempenho da companhia alvo em um período especificado teria sido inferior àquele das demais entidades do setor. Seria primeiro preciso demonstrar a verificação da ocorrência da Mudança Adversa Relevante para apenas então avançar para a verificação da aplicabilidade de exclusões e inclusões. É com base nesse racional que a Corte inicialmente entende pela não verificação de uma Mudança Adversa Relevante sobre a companhia alvo. Aprofundando um conceito já desenvolvido em IBP, a Corte conclui que, exceto se de outra forma for depreendido do contrato, na aferição da aplicação da Cláusula MAC deve-se partir da premissa de que a aquisição se insere no contexto do desenvolvimento de uma estratégia de longo prazo.[372] Logo, uma queda brusca nos resultados não implica automaticamente o reconhecimento de uma Mudança Adversa Relevante.

Ao ressaltar a multiplicidade de formas que a Cláusula MAC pode assumir, o julgador destaca que, diferentemente de quando essa assume a forma de uma declaração e garantia autônoma, enquanto condição algo parece fora de lugar. Isso porque a condição é evento futuro e de ocorrência incerta, mas de objetiva verificação. Não seria, portanto, o caso da Cláusula MAC. Essa discussão foi relevante na distribuição do ônus probatório. Afinal, é muito mais complexo demonstrar que algo não ocorreu. A Corte concluiu que, quando não evidente com quem reside o ônus probatório, deve-se alocá-lo àquele que busca se desvencilhar do vínculo contratual.

Logo o julgador se depara com o questionamento sobre o método aplicável para se aferir se os resultados financeiros da companhia e a frustração das projeções financeiras durante o período interino seriam suficientes para justificar a aplicação da Cláusula MAC. Mais especificamente, questiona-se

[372] Para referência, segue excerto da análise desenvolvida pelo Juiz Lamb: "Isso, é claro, não é dizer que evidência de um declínio significativo nas receitas da companhia alvo durante o período após a assinatura, mas antes do fechamento é irrelevante. De outra forma, isso significa que para tal declínio constituir uma mudança adversa relevantes, o declínio de receitas deve ser esperado que persista significativamente no futuro" (tradução livre). No original: "*This, of course, is not to say that evidence of a significant decline in earnings by the target corporation during the period after signing but prior to the time appointed for closing is irrelevant. Rather, it means that for such a decline to constitute a material adverse effect, poor earnings results must be expected to persist significantly into the future.*" Hexion SPEC. Chemicals v. Huntstman Corp. (Del.Ch., 965 A.2d 715 (2008).

a metodologia que melhor serviria a tal propósito, qual seja, o EBITDA ou ganhos por ação. Neste caso, optou-se pelo EBITDA por, em tese, representar a melhor medida dos resultados operacionais do negócio, e por ter sido utilizado como referência em diversos momentos nas negociações. Sobre esse ponto, pela leitura das cláusulas contratuais não se verifica em nenhum momento a alocação do risco de projeções financeiras frustradas à vendedora. Sendo a compradora parte qualificada e assistida por especialistas, fosse essa uma premissa do negócio, tal elemento poderia ter sido contratualizado sob diversas formas, incluindo sob a estrutura de um *earn out*. Havendo dúvida sobre a interpretação de cláusulas contratuais, segundo o julgador, deve-se buscar uma leitura conciliatória que não ignore ou desqualifique qualquer uma de suas disposições.

Conforme se depreende dos precedentes anteriormente sintetizados, a Corte de Delaware se mantinha firme refutando a tese da ocorrência de Eventos Materiais Adversos, até a ocorrência do caso *Akorn, Inc. v. Fresenius Kabi AG* (Caso Akorn), que passou a ser amplamente citado como uma possível mudança de paradigma na aplicação das Cláusulas MAC.[373] Isso porque pela primeira vez, reconheceu-se a possibilidade de o comprador se desvincular da obrigação de concluir a operação com fundamento na Cláusula MAC.

No caso em comento, Fresenius Kabi AG se obrigou a adquirir a Akorn, Inc., nos termos de um contrato firmado em 24 de abril de 2017. Como usual, a conclusão da transação estava condicionada à ocorrência de determinadas condições, como, por exemplo, a veracidade das declarações e garantias prestadas por Akorn tanto na data de assinatura do contrato de aquisição como na data de seu fechamento, exceto por alterações que não pudessem razoavelmente levar à verificação de um Efeito Material Adverso. Caso tal condição não pudesse ser cumprida até a data estabelecida contratualmente, Fresenius teria o direito de requerer a resolução do contrato. Da mesma forma, o contrato condicionava o fechamento da operação à ausência de Efeitos Materiais Relevantes.

Muito mais sofisticada do que a definição contida nos casos anteriormente apresentados, a definição de Mudança Adversa Relevante contida nesse instrumento contratual é marcada por múltiplas exclusões, além da previsão

373 See Akorn, Inc. v. Fresenius Kabi AG, C.A. No. 2018-0300-JTL, mem. op. (Oct. 1, 2018).

de sua concretização se verificada desproporcionalidade em relação a outras entidades do mesmo setor.[374] Como redigida, a cláusula aloca à parte

[374] Segue a transcrição da definição de Mudança Adversa Relevante aplicável ao caso: "'Efeito Material Adverso' significa qualquer efeito, mudança, evento ou ocorrência que, individualmente ou em conjunto (i) impediria ou materialmente atrase, interfira com, impeça ou comprometa a consumação da Operação ou o cumprimento pela Companhia com suas obrigações sob este Contrato ou (ii) tenha um efeito material adverso nos negócios, resultados operacionais ou condição financeira da Companhia e suas Subsidiárias, consideradas em conjunto; ressalvado, contudo, que nenhuma das hipóteses a seguir, e nenhum efeito, mudança, evento ou ocorrência decorrente de ou resultante do que segue deverá constituir ou ser levado em conta na determinação se um Efeito Material Adverso ocorreu, está ocorrendo ou razoavelmente seja esperado que ocorra: qualquer efeito, mudança, evento ou ocorrência (A) genericamente afetando (1) a indústria em que a Companhia e suas Subsidiárias operem ou (2) a economia, o mercado de crédito, financeiro ou de capitais, nos Estados Unidos ou em qualquer outro lugar no mundo, incluindo alterações nas taxas de juros ou câmbio, política monetária ou inflação ou (B) na medida em que derive de, resulte de, ou seja atribuível a (1) mudanças ou propostas de mudanças na Lei ou no GAAP ou em parâmetros contábeis, ou quaisquer mudanças ou propostas de mudanças nas condições gerais legais, regulatórias, políticas ou socioeconômicas, (2) a negociação, celebração, anúncio ou cumprimento deste Contrato ou a consumação da Operação (que não para o fim de quaisquer declarações e garantias contidas nas Seções 3.03(c) e 3.04), incluindo o seu impacto nas relações, contratuais ou de outra natureza, com consumidores, fornecedores, distribuidores, parceiros, empregados ou reguladores, ou qualquer litígio derivado de alegações de quebra de deveres fiduciários ou violação de Lei resultante deste Contrato ou a Operação, (3) atos de guerra (declarados ou não), atividade militar, sabotagem, desobediência civil, ou terrorismo, ou qualquer escalada ou piora de quaisquer de tais atos de guerra (declarados ou não), atividade militar, sabotagem, desobediência civil ou terrorismo, (4) pandemias, terremotos, enchentes, furacões, tornados ou outros desastres naturais ou eventos de natureza climática, eventos de força maior ou outros eventos comparáveis, (5) qualquer ação tomada pela Companhia ou suas Subsidiárias que seja considerada necessária por esse Contrato ou por solicitação expressa da [Fresenius Kabi's], (6) qualquer alteração ou possível alteração nas avaliações de crédito da Companhia, (7) qualquer declínio no preço de mercado, mudança no volume de negociações, das ações da Companhia ou (8) o fracasso no cumprimento de quaisquer projeções internas ou públicas, previsões, indicações, estimativas, marcos, orçamentos ou predições financeiras internas ou publicadas ou predições operacionais de receitas, recebimentos, fluxo financeiro ou posição de caixa (sendo certo que as exceções nas Cláusulas (6), (7) e (8) não deverão impedir ou de outra forma afetar a determinação da causa subjacente de quaisquer de tais mudanças, declínio ou fracasso ali referido (que não esteja de outra forma recaindo dentre das exceções previstas na cláusula (A) e (B) (1) a (8)) seja um Efeito Material Adverso); observado, ainda, contudo, que qualquer efeito, mudança, evento ou ocorrência referido na cláusula (A) ou cláusulas (B) (3) ou (4) poderão ser considerados na avaliação se houve ou é razoavelmente esperado que haja um Efeito Material Adverso na medida em que tal efeito, mudança, evento ou

ocorrência tenha um efeito desproporcional adverso [sic] na Companhia e suas Subsidiárias, consideradas em conjunto, em comparação a outros participantes da indústria em que a Companhia e suas Subsidiárias operem (hipótese em que o impacto desproporcional incremental poderá ser levado em consideração na determinação se houve ou razoavelmente seja esperado que haja um Efeito Material Adverso) (tradução livre). No original: "*'Material Adverse Effect' means any effect, change, event or occurrence that, individually or in the aggregate (i) would prevent or materially delay, interfere with, impair or hinder the consummation of the [Merger] or the compliance by the Company with its obligations under this Agreement or (ii) has a material adverse effect on the business, results of operations or financial condition of the Company and its Subsidiaries, taken as a whole; provided, however, that none of the following, and no effect, change, event or occurrence arising out of, or resulting from, the following, shall constitute or be taken into account in determining whether a Material Adverse Effect has occurred, is continuing or would reasonably be expected to occur: any effect, change, event or occurrence (A) generally affecting (1) the industry in which the Company and its Subsidiaries operate or (2) the economy, credit or financial or capital markets, in the United States or elsewhere in the world, including changes in interest or exchange rates, monetary policy or inflation, or (B) to the extent arising out of, resulting from or attributable to (1) changes or prospective changes in Law or in GAAP or in accounting standards, or any changes or prospective changes in the interpretation or enforcement of any of the foregoing, or any changes or prospective changes in general legal, regulatory, political or social conditions, (2) the negotiation, execution, announcement or performance of this Agreement or the consummation of the [Merger] (other than for purposes of any representation or warranty contained in Sections 3.03(c) and 3.04), including the impact thereof on relationships, contractual or otherwise, with customers, suppliers, distributors, partners, employees or regulators, or any litigation arising from allegations of breach of fiduciary duty or violation of Law relating to this Agreement or the [Merger], (3) acts of war (whether or not declared), military activity, sabotage, civil disobedience or terrorism, or any escalation or worsening of any such acts of war (whether or not declared), military activity, sabotage, civil disobedience or terrorism, (4) pandemics, earthquakes, floods, hurricanes, tornados or other natural disasters, weather-related events, force majeure events or other comparable events, (5) any action taken by the Company or its Subsidiaries that is required by this Agreement or at [Fresenius Kabi's] written request, (6) any change or prospective change in the Company's credit ratings, (7) any decline in the market price, or change in trading volume, of the shares of the Company or (8) any failure to meet any internal or public projections, forecasts, guidance, estimates, milestones, budgets or internal or published financial or operating predictions of revenue, earnings, cash flow or cash position (it being understood that the exceptions in clauses (6), (7) and (8) shall not prevent or otherwise affect a determination that the underlying cause of any such change, decline or failure referred to therein (if not otherwise falling within any of the exceptions provided by clause (A) and clauses (B)(1) through (8) hereof) is a Material Adverse Effect); provided further, however, that any effect, change, event or occurrence referred to in clause (A) or clauses (B)(3) or (4) may be taken into account in determining whether there has been, or would reasonably be expected to be, a Material Adverse Effect to the extent such effect, change, event or occurrence has a disproportionate adverse affect [sic] on the Company and its Subsidiaries, taken as a whole, as compared to other participants in the industry in which the Company and its Subsidiaries operate (in which case the incremental disproportionate impact or impacts may be taken into account in determining whether there has been, or would reasonably be expected to be, a Material Adverse Effect).*" Akorn, Inc. v. Fresenius Kabi AG, C.A. No. 2018-0300-JTL, mem. op. (Oct. 1, 2018).

compradora boa parte dos riscos de intercorrências, o que torna curioso o fato de ter sido esta redação que tenha ensejado o reconhecimento da verificação da efetiva ocorrência da Mudança Adversa Relevante. À Akorn foram alocados os riscos derivados da própria condução dos negócios.[375]

Aplicando os entendimentos construídos nos Casos IBP e Hexion, a primeira questão enfrentada pelo julgador foi avaliar se as consequências identificadas e seus efeitos sobre Akorn seriam suficientes para justificar o reconhecimento de uma Mudança Adversa Relevante.

Recuperando precedentes anteriores e diferentes produções acadêmicas, aponta-se a variedade de entendimentos sobre o parâmetro quantitativo necessário para se aplicar a Cláusula MAC. Com base no conjunto probatório apresentado, convenceu-se pela necessidade de reconhecimento de um Evento Adverso Relevante, diante da materialidade da deterioração da situação financeira de Akorn e do fato de suas causas subjacentes terem efeitos prolongados no tempo, satisfazendo, portanto, o critério originalmente enunciado no Caso IBP. As razões da derrocada de Akorn seriam atribuíveis à sua própria estratégia empresarial. Ainda que se considerasse fatores de mercado, seus efeitos teriam sido desproporcionalmente mais significativos em Akorn em comparação a seus competidores. Ademais, os fatores que conduziram ao reconhecimento da Mudança Adversa Relevante seriam decorrentes de circunstâncias supervenientes que não eram conhecidas por quaisquer das partes.

Para desenvolver suas conclusões, o julgador se baseou na comparação dos resultados trimestrais do EBITDA da companhia que se seguiram após a assinatura do contrato, identificando, assim, uma mudança substancial nos indicadores em comparação com os resultados históricos da Akorn.[376]

[375] Segundo o julgador: "Consistentemente com prática usual na indústria de M&A, a linguagem da definição de Mudança Adversa Relevante do Contrato de Incorporação geralmente aloca o risco de práticas endógenas, eventos específicos do negócio para a Akorn e riscos exógenos e sistêmicos para a Fresenius" (tradução livre). No original: "*Consistent with standard practice in the M&A industry, the plain language of the Merger Agreement's definition of a Material Adverse Effect generally allocates the risk of endogenous, business-specific events to Akorn and exogenous, systematic risks to Fresenius*". Akorn, Inc. v. Fresenius Kabi AG, C.A. No. 2018-0300-JTL, mem. op. (Oct. 1, 2018).

[376] "Imediatamente após a assinatura do Contrato de Incorporação, o desempenho de Akorn caiu de um precipício" (tradução livre). No original: "*immediately after the signing of the Merger Agreement, Akorn's performance dropped off a cliff.*"

Mais que isso, essa tendência se manteve no ano subsequente à assinatura, e não havia qualquer indicação de que houvesse uma reversão no quadro.

No Caso Akorn, o julgador fez expressa distinção entre os parâmetros necessários para a aplicação da Cláusula MAC e aqueles que suportam o reconhecimento da doutrina da frustração do fim contratual mencionada acima. Na interpretação da Cláusula MAC não seria exigível a demonstração da ausência de utilidade da transação à parte compradora, por exemplo, tendo em conta os possíveis ganhos de sinergia operacional. O foco de análise da Cláusula MAC seria a própria situação da companhia alvo, embora pudessem as partes pactuar de outra forma se assim o quisessem.

Não bastasse o acima exposto, concluiu-se, ademais, que as falhas e fraudes identificadas no sistema de controle de Akorn eram suficientes para justificar o reconhecimento de que as declarações e garantias então prestadas por Akorn em relação ao cumprimento de normas na condução de seus negócios não eram verdadeiras e, mais que isso, as divergências igualmente constituíam um Efeito Material Adverso.

A decisão do Caso Akorn reforçou o entendimento da necessidade de um conjunto fático robusto para satisfazer os elevados e qualificados parâmetros para justificar a não conclusão de um negócio nos termos originalmente estabelecidos. As centenas de páginas contemplando o desenvolvimento de conceitos já construídos em precedentes como o Caso IBP e o Caso Hexion ainda acabaram por explicitar algumas conclusões que poderiam servir de base para precedentes futuros, notadamente no que se refere aos critérios quantitativos e qualitativos necessários para a aplicação da Cláusula MAC.[377]

Compondo o conjunto de disputas envolvendo as consequências da pandemia sobre operações de F&A, vale ainda a referência a um precedente que bem ilustra o entendimento da Corte de Delaware sobre a distribuição do ônus da prova em disputas envolvendo a aplicação da Cláusula MAC (Caso KCake).[378]

Apenas para fins de contextualização, Snow Phipps Group, LLC (Snow Phipps) adquiriu em 2017 a companhia DecoPac Holdings, Inc. (DecoPac), especializada no desenvolvimento de tecnologias para a fabricação de bolos

[377] NORWITZ, Trevor S. **The MAC is Back: Material Adverse Change Provisions After Akorn**. Op. cit., p. 5.

[378] Snow Phipps Grp., LLC v. Kcake Acquisition, Inc., No. CV 2020-0282-KSJM, 2021 WL 1714202, at *29 (Del. Ch. Apr. 30, 2021)

comemorativos tendo como público-alvo supermercados. Pouco antes da explosão da pandemia, em 6 de março de 2020, a Kohlberg & Company, LLC (Kohlberg), por meio de entidade constituída especificamente para completar a aquisição, e Snow Phipps celebraram acordo voltado à venda da DecoPac. A partir da instauração de medidas de controle para a pandemia, incluindo a restrição à circulação de pessoas, a companhia alvo sofreu um rápido declínio nas suas vendas. Assumindo que tal declínio não seria revertido no curto prazo, a compradora começou a avaliar possíveis caminhos para se desvincular do negócio.

Em 8 de abril de 2020, a compradora comunicou à vendedora que não iria mais concluir a operação. Sua decisão estava respaldada na não disponibilidade de crédito e por entender que as consequências da pandemia implicavam desvio relevante em relação às declarações e garantias originalmente prestadas, suficiente para configurar uma Mudança Adversa Relevante.

No Caso KCake, a Corte não reconheceu a ocorrência da Mudança Adversa Relevante. A conclusão foi que a queda das receitas teria sido um fenômeno temporário e insignificante, que, de fato, logo se restabeleceu até pouco tempo antes da decisão da compradora de pleitear a resolução do contrato.

Da leitura da opinião fica claro que, partindo da compradora a iniciativa da resolução contratual, cabe a ela inicialmente demonstrar que a pandemia resultou ou razoavelmente poderia resultar em um efeito material adverso sobre a companhia alvo. Se o ônus probatório tivesse sido satisfeito, então a vendedora deveria sustentar que o referido evento material adverso se enquadrava em uma das exceções previstas na própria definição de Mudança Adversa Relevante contemplada no contrato. Se assim demonstrado, novamente restaria à compradora comprovar a desproporcionalidade do evento subjacente sobre a companhia alvo em relação a outras empresas do mesmo setor. Trata-se, portanto, de um processo de distribuição do ônus da prova composto por três fases,[379] seguindo a estrutura da Cláusula MAC conforme adotada no caso em exame, e consistente com a prática de mercado: regra-exceção-exceção.

[379] Vide nesse sentido excerto do julgado: "Esse esquema contratual complicado demanda uma avaliação tripartite da alocação do ônus probatório. Kohlberg assumiu o inicial, pesado ônus de demonstrar que um evento ocorreu que teve ou razoavelmente era esperado que tivesse um efeito material adverso na DecoPac. Se Kohlberg satisfez esse ônus, então os Requerentes suportam o ônus de demonstrar que o evento relevante caiu em uma das exceções

A partir da descrição de alguns dos principais casos submetidos à Corte de Delaware, verifica-se que, mesmo com o Caso Akorn, a aplicação e o reconhecimento de uma Mudança Adversa Relevante mantiveram-se excepcionais. A seguir, sintetiza-se os principais problemas de interpretação identificados a na Cláusula MAC, por meio da análise dos precedentes da Corte de Delaware.

3.3 Problemas na interpretação da cláusula MAC

A análise dos julgados confirma que a aplicação da Cláusula MAC está intrinsecamente vinculada à consideração dos fatos que revestiram a operação econômica. A dificuldade reside no processamento da informação e extração de conclusões para se distinguir em quais situações, de fato, a parte que assim deseja poderia se desvincular da relação contratual.

Ao longo dos precedentes analisados pela Corte de Delaware foram desenvolvidos alguns postulados sobre os requisitos mínimos que devem as partes considerar no exercício do convencimento, residindo com a parte que pleiteia a resolução contratual o ônus probatório de evidenciar, antes de tudo, que determinada circunstância gerou um efeito material adverso, conforme constante do enunciado geral que usualmente introduz a Cláusula MAC.

Os precedentes de Delaware são, assim, valiosos por representar instâncias em que a corte foi demandada a determinar a legitimidade da resolução

já que esse derivou de ou era 'relacionado a' quaisquer 'alterações em Leis, regras, regulações, ordens, políticas ou diretivas obrigatórias expedidas por quaisquer Entidades Governamentais, após essa data'. Se os Requerentes demonstraram que o evento caiu dentro da exceção, então Kohlberg assumiu o ônus de demonstrar que a exclusão à exceção aplicada porque a alteração afetou DecoPac de modo desproporcional em relação a outras entidades comparáveis operando na indústria" (tradução livre). No original: "*This complicated contractual scheme calls for a three-part burden allocation. Kohlberg bore the initial, heavy burden of proving that an event had occurred that had or would reasonably be expected to have a material adverse effect on DecoPac. If Kohlberg met that burden, then Plaintiffs bear the burden of proving that the relevant event fell within the exception because it arose from or was "related to" any "changes in any Laws, rules, regulations, orders, enforcement policies or other binding directives issued by any Governmental Entity, after the date hereof. If Plaintiffs proved that the event fell within the exception, then Kohlberg bore the burden of demonstrating the exclusion to the exception applied because the change affected DecoPac disproportionately relative to other comparable entities operating in the industry.*" Snow Phipps Grp., LLC v. Kcake Acquisition, Inc., No. CV 2020-0282-KSJM, 2021 WL 1714202, at *29 (Del. Ch. Apr. 30, 2021)

contratual por uma das partes, com fundamento na Cláusula MAC. Fica assim evidente que, muito mais do que a questão probatória em si, a maior dificuldade reside em se determinar quais os critérios que, afinal, precisam ser satisfeitos.[380]

Nas disputas submetidas à resolução pela Corte de Delaware, a partir de operações econômicas reais, foi suscitada a aplicação de uma cláusula multifacetada e abstrata. Afinal, a principal dificuldade das Cláusulas MAC é justamente definir os contornos da mudança adversa relevante (em minúscula).[381] As disputas deixam evidente que o cerne da mudança adversa relevante está em conceitos vistos tradicionalmente como externos ao direito e a partir de filtros e conceitos oscilantes. Ocorre que, passando a integrar o processo hermenêutico, esses conceitos passam a ser dotados de juridicidade.

Em um de seus múltiplos artigos dedicados à reflexão da Cláusula MAC, revisitando a jurisprudência então formada nas Cortes de Delaware sobre a interpretação das Cláusulas MAC, Miller corretamente sintetiza alguns dos principais problemas ainda não resolvidos de forma consistente na jurisprudência da Corte especializada. O autor adota tom propositivo ao sugerir diretrizes que compõem o que denomina como "uma nova teoria da Cláusula MAC".[382] Existem ali considerações interessantes que valem ser exploradas. Após a sua apresentação, incluem-se outros pontos que corroboram a dificuldade interpretativa da Cláusula MAC.

Miller, inicialmente, sumariza o que entende como os problemas principais que permeiam as decisões mais recentes da Corte de Delaware, a partir do marco do Caso IBP.[383]

O primeiro deles consiste no que o autor denominou como o Problema da Mensuração do Resultado (*Earnings Measurement Problem*).[384] Em seu enunciado geral, a definição que compõe a Cláusula MAC, menciona a existência de um "evento, ocorrência, fato, condição, mudança, desenvolvimento,

380 YAMAJI, Crisleine Barboza. **As previsões contratuais da superveniência de circunstâncias: uma construção teórica à luza das cláusulas de MAC.** Op. cit., p. 272.

381 OLIVEIRA E SÁ, Fernando. **Cláusulas Material Adverse Change (MAC) em Contratos de Compra e Venda de Empresas.** In. Direito e Justiça, vol. Especial, 2012, p. 444.

382 MILLER, Robert T. **A New Theory of Material Adverse Effects.** Op. cit., p. 7.

383 MILLER, Robert T. **A New Theory of Material Adverse Effects.** Op. cit., p. 7.

384 MILLER, Robert T. **A New Theory of Material Adverse Effects.** Op. cit., p. 14-16.

circunstância ou efeito" que tenha um efeito adverso sobre "o negócio, a situação financeira, as propriedades, os ativos, os passivos ou os resultados operacionais da Sociedade e de suas Subsidiárias".[385] Para se aferir, portanto, um Efeito Material Adverso, deve-se estar diante de algo que tenha um resultado negativo sobre a companhia alvo. O desafio representado pelo Problema da Mensuração do Resultado é determinar como se afere objetivamente o resultado negativo sobre a entidade cuja atividade empresária é objeto de negociação.

O resultado da companhia nos julgados avaliados é aferido com base no EBITDA. A razão subjacente a tal escolha, em regra, não é justificada. Segundo Miller, contudo, essa premissa está metodologicamente equivocada. Ao invés de efetivamente considerar o valor da participação societária para a compradora, a consideração do EBITDA da companhia leva em conta apenas o Valor da Firma. Representa, portanto, a capacidade de geração de caixa do negócio, sem considerar em sua apuração os investimentos financeiros, endividamento e tributos. Ao considerar exclusivamente o EBITDA de uma companhia na apreciação dos efeitos que poderiam justificar a conclusão por uma Mudança Adversa Relevante, a Corte estaria direcionando suas atenções apenas para parte do todo que é considerado por quem avalia a participação societária.[386]

Embora existam diferentes metodologias possíveis para se determinar o valor da participação societária, a mais usual, como já mencionado, é o fluxo de caixa descontado da firma. O EBITDA é parte da metodologia que compõe a determinação do fluxo de caixa descontado de uma entidade, só que além dele deve ser determinada e aplicada uma taxa de desconto, levando-se em conta o custo médio ponderado do capital. Outros ajustes ainda são tipicamente realizados, por exemplo, para se deduzir passivos e contingências. Assim, a desconsideração de outros elementos que afetam a valoração da participação societária consistiria em equívoco que poderia levar a distorções na aferição de uma Mudança Adversa Relevante.[387]

385 Minuta de Contrato de Compra e Venda de Ações sob Unidade Produtiva Isolada e Outras Avenças, em que figuram como vendedores Oi Móvel S.A. – Em recuperação judicial e Telemar Norte Leste S.A. – em recuperação judicial, tendo como objeto as ações de emissão da Caliteia RJ Infraestrutura e Redes de Telecomunicações. Op. cit.

386 MILLER, Robert T. **A New Theory of Material Adverse Effects.** Op. cit., p. 14-16.

387 MILLER, Robert T. **A New Theory of Material Adverse Effects.** Op. cit., p. 14-16.

Considerando que o objetivo principal da Cláusula MAC, nas múltiplas formas que assume, é permitir a desvinculação contratual caso ocorram circunstâncias supervenientes que impactem significativamente o valor atribuído a relação entre prestação e contraprestação, a definição da Mudança Adversa Relevante deve ser capaz de captar e adequadamente refletir esse conceito. A modificação relevante, dessa forma, deve ter correlação com o preço pactuado pelas partes e sua metodologia de determinação. Afinal, o preço reflete após um processo de negociação o valor conferido ao "negócio, a situação financeira, as propriedades, os ativos, os passivos ou os resultados operacionais da Sociedade e de suas Subsidiárias". Portanto, o Problema da Mensuração do Resultado seria endereçado retomando-se a metodologia de precificação do ativo compartilhada pelas partes compradora e vendedora.[388]

A segunda questão problemática identificada por Miller nas ocasiões em que a Corte de Delaware se debruçou sobre a Cláusula MAC consiste na determinação dos períodos que devem ser utilizados como referência para se determinar se o resultado da companhia de fato foi impactado por um Evento Material Adverso. Trata-se, assim, do Problema dos Exercícios Fiscais (*Fiscal Periods Problem*).[389]

As soluções oferecidas pela jurisprudência foram múltiplas, inexistindo qualquer tipo de consistência ou orientação padronizada para tanto. A depender dos períodos de comparação utilizados, pode-se atingir conclusões significativamente díspares. De fato, para se determinar se ocorreu uma mudança, devem ser comparados ao menos dois pontos distintos no tempo. Como se conciliar esse objetivo com a noção de que uma Mudança Adversa Relevante deve ter efeitos dentro de uma perspectiva de longo prazo?

Superada a questão de se estabelecer qual a metodologia para determinação do resultado da companhia e dos períodos que devem ser utilizados como referência para fins da comparação, naturalmente indaga-se qual a diferença mínima absoluta necessária para se concluir com reduzido grau de incerteza se, de fato, ocorreu uma Mudança Adversa Relevante? Aqui se coloca, então, o Problema da Redução Percentual (*Percent Diminution Problem*).[390]

[388] MILLER, Robert T. **A New Theory of Material Adverse Effects.** Op. cit., p. 14-16.

[389] MILLER, Robert T. **A New Theory of Material Adverse Effects.** Op. cit., p. 16-21.

[390] MILLER, Robert T. **A New Theory of Material Adverse Effects.** Op. cit., p. 21-23.

No Caso Akorn, por exemplo, concluiu-se que uma redução de 20% nos resultados da companhia já seria suficiente para um adquirente médio concluir pela ocorrência de uma Mudança Adversa Relevante.

Outras duas problemáticas acabaram sendo exploradas com maior profundidade no Caso Akorn em comparação com precedentes anteriores.

Akorn sustentou, com base em uma afirmação desenvolvida no Caso IBP, que o fato de Fresenius ter conhecimento da existência de irregularidades nos processos de controle de qualidade e interações com a autoridade administrativa no momento da assinatura do contrato seria suficiente para afastar a alegação da ocorrência de Mudança Adversa Relevante durante o período interino. Isso porque a Cláusula MAC apenas seria um instrumento para tutelar riscos relacionados a eventos desconhecidos pelas partes. Esse tema é referido pelo autor como o Problema do Risco Conhecido (*Known Risk Problem*).[391]

Por fim, depara-se com a suposta necessidade de a ocorrência da Mudança Adversa Relevante ser avaliada sob perspectivas qualitativas e quantitativas (Problema Qualitativo e Quantitativo — *Qualitative Quantitative Problem*).[392] O aspecto quantitativo da aferição da Mudança Adversa Relevante é mais evidente e tem exigido maior esforço dos julgadores. Já a referência ao critério qualitativo a partir do Caso Frontier gera incerteza.

Colocados os problemas acima indicados, o autor propõe uma teoria sistematizadora para fins de aplicação da Cláusula MAC que supostamente endereçaria os quesitos identificados. Em verdade, embora de modo pouco explícito, essa teoria já vinha sendo aplicada pela Corte de Delaware. A função dessa teoria seria oferecer um percurso objetivo para a resposta à questão sobre em que circunstâncias uma parte sofisticada, racional e buscando a maximização de seus retornos buscaria fazer uso do recurso oferecido pela Cláusula MAC, e sua contraparte, igualmente guiada pelos mesmo princípios, reconheceria tal direito.[393] A resposta para tal pergunta teria como elemento subjacente o valor atribuído pelas partes à participação societária, usualmente representado a partir da aplicação do método do fluxo de caixa descontado.

391 MILLER, Robert T. **A New Theory of Material Adverse Effects.** Op. cit., p. 23-28.
392 MILLER, Robert T. **A New Theory of Material Adverse Effects.** Op. cit., p. 28-30.
393 MILLER, Robert T. **A New Theory of Material Adverse Effects.** Op. cit., p. 30.

Em face das premissas indicadas, ficaria evidente que, para se aferir a ocorrência da Mudança Adversa Relevante, deve-se considerar dois momentos da operação em referência. São eles a data de assinatura do instrumento vinculante e a data em que a suposta Mudança Adversa Relevante se materializa. Leva-se em conta, em tais datas de referência, o intervalo de valores considerados pelas partes no processo de negociação para se definir o preço de aquisição. Pela apreciação de um intervalo, em contraposição a uma única figura, entende o autor que haveria uma verdadeira simplificação, já que o último caso daria margem a muito mais distorção e discussão entre as partes sobre o exato valor que deveria ser utilizado como referência para as comparações.[394]

Afora o preço explicitado no contrato de aquisição, o intervalo de valores considerados de parte a parte para a operação é informação de natureza sensível, ao revelar potenciais premissas e visões estratégicas. Parece pouco realista o cenário apresentado pelo autor em que cada parte informaria os intervalos de preço considerados no processo de negociação e precificação. Ao compartilhar essa informação, possivelmente se reduziria sensivelmente a chance de as partes atingirem um acordo, já que ambas teriam conhecimento do ganho extraído da celebração de um acordo e, seguindo a premissa do autor de agentes racionais, teriam incentivos perversos de não ser aquela a ter cedido mais.

O próprio autor endereça de certa forma a crítica aqui colocada. Nesse sentido, em nota de rodapé inquire se a metodologia proposta criaria incentivos para as partes deixarem preparadas versões para litígio de seus exercícios de avaliação.[395] Mas entende que esse cenário não seria realista. As partes teriam o mesmo interesse de identificar o real valor do ativo. Ademais, a possibilidade de um litígio envolvendo a Cláusula MAC seria naturalmente baixa, sendo, portanto, improvável que as partes investissem tempo e recursos em avaliações pautadas em cenários remotos.

Discorda-se do ceticismo do autor. O valor do ativo é algo relativo, intrinsecamente relacionado com a visão de cada parte, enquanto o preço é elemento objetivo que resulta do processo negocial. O custo de se ajustar

[394] MILLER, Robert T. **A New Theory of Material Adverse Effects.** Op. cit., p. 30.

[395] MILLER, Robert T. **A New Theory of Material Adverse Effects.** Op. cit., p. 30.

as projeções parece demasiadamente baixo em comparação com possíveis ganhos que poderiam ser extraídos a partir do litígio, uma vez que esse já tenha sido instaurado. Ademais, a Cláusula MAC, ao menos na realidade norte-americana, constitui uma das maiores causas de disputa em negócios de F&A. Assim como ninguém negocia contratos pensando em um cenário de disputa, o mesmo se aplicaria às avaliações e a consideração de um cenário envolvendo disputa em torno da Cláusula MAC. Fora do simulacro da racionalidade perfeita, diversos fatores em princípio impensáveis podem afetar ou distorcer as valorações e tomadas de decisões das partes.

Ainda assim, há que se reconhecer que, sob a perspectiva metodológica, o autor de fato contribui para a reflexão da Cláusula MAC. Retoma-se assim à apresentação da teoria desenvolvida por ele, que é a principal referência em artigos acadêmicos envolvendo a Cláusula MAC.

Tanto para a assinatura do contrato como para a data em que supostamente teria ocorrido a Mudança Adversa Relevante seriam traçados os intervalos de preço possíveis. No momento da pretendida resolução do contrato, dessa forma, seriam atualizadas as premissas consideradas pelas partes. A etapa seguinte seria contrapor os intervalos de preço identificados e então se avaliar a existência ou não da Mudança Adversa Relevante.

Assumindo que o intervalo de preços da assinatura e do momento da resolução do contrato esteja correto, o reconhecimento da Mudança Adversa Relevante apenas ocorreria se o ponto médio do intervalo de preços no cenário de resolução (PMR) fosse inferior ao ponto médio da mediana inferior do intervalo de preços no momento da assinatura (Ponto Máximo MAC). De outra forma quando o PMR está acima do Ponto Máximo de MAC, não se estaria diante de uma Mudança Adversa Relevante. Quando há coincidência entre o Ponto Máximo MAC e o PMR, não seria ainda possível se concluir pela ocorrência de uma Mudança Adversa Relevante.

Para melhor visualização, seguem abaixo ilustrações desenvolvidas a partir da teoria de Miller:

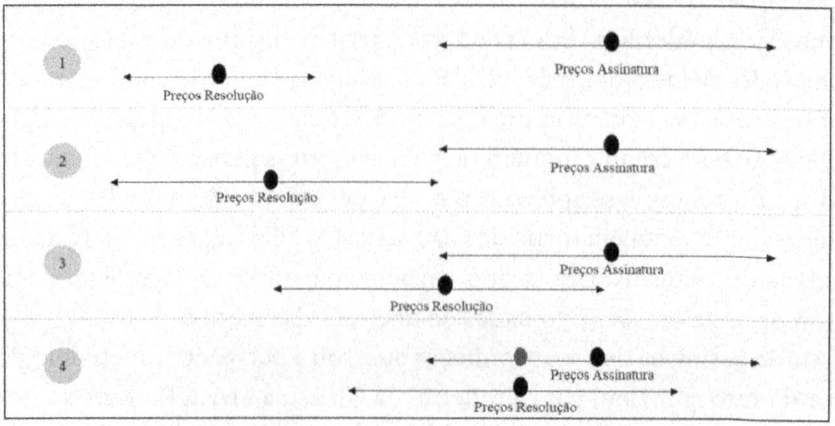

Figura 1 – Representação gráfica: Nova Teoria de Miller[396]

Nos casos 1 a 3 acima, teria ocorrido uma MAC. Na situação 4, o PMR coincide exatamente com o Ponto Máximo MAC, indicado na representação em vermelho, e, portanto, são seriam satisfeitos os requisitos mínimos para a qualificação da MAC.

Segundo o autor, a proposição acima narrada seria ainda suficiente para a resolução do Problema do Risco Conhecido. Uma parte devidamente diligente já consideraria em sua precificação e no seu intervalo de preços possíveis no momento de assinatura os efeitos decorrentes da materialização do risco e a probabilidade de esse cenário de fato se materializar.

Por fim, despreza o estudioso o Problema Qualitativo-Quantitativo. Afinal, a aplicação da ocorrência da Mudança Adversa Relevante seria um problema essencialmente quantitativo, uma vez que as informações necessárias para sua resolução são extraídas do contrato ou do próprio processo de negociação do contrato de aquisição.

Considerando-se o contrato de aquisição em sua autonomia e abstração, a partir da análise das disputas levadas ao conhecimento da Corte de Delaware, concorda-se com Miller na identificação dos principais problemas interpretativos enfrentados pela Corte, embora se tenha dúvidas sobre a aplicação prática de suas proposições em sua integralidade, conforme acima exposto.

[396] MILLER, Robert T. **A New Theory of Material Adverse Effects.**

Ela se pauta na contraposição dos intervalos de preço aplicáveis na data de assinatura do contrato e na data da suposta ocorrência da Mudança Adversa Relevante, e aí se encontra sua principal fragilidade para aplicação. Em defesa do autor, os casos por ele considerados e submetidos à Corte de Delaware envolvem companhias abertas, em que o grau de assimetria informacional entre as partes acaba sendo mitigado pelos deveres de divulgação de informações incidentes sobre tais companhias. No contexto brasileiro, embora não existam dados concretos, pelas próprias características do processo de desenvolvimento econômico e do mercado de capitais no país, uma parcela relevante das operações de F&A tem como partes companhias fechadas. O enfoque na compreensão do valor do ativo sob sua perspectiva de geração de caixa, contudo, pode ser o caminho para grande parte dos casos. Embora em Akorn tenha se concluído que uma redução de 20% no valor do ativo seja suficiente para a caracterização da MAC, esse percentual pode ser distinto a depender da área de atuação da sociedade alvo.

A noção da determinação de um intervalo de valores para determinação de preço não é algo ignorado pelo Direito brasileiro. Veja-se, nesse sentido, que no caso de ofertas públicas de ações, o Anexo C da Resolução CVM n. 85, de 31 de março de 2022, prevê que o laudo de avaliação da companhia que subsidia a oferta deve refletir a opinião do avaliador quanto ao valor ou intervalo de valor razoável para o objeto na data de sua elaboração. Na determinação do valor econômico da companhia avaliada, a norma indica como metodologias possíveis o fluxo de caixa descontado, múltiplos de mercado ou múltiplos de transação comparáveis.

No contexto de uma disputa envolvendo companhias fechadas, o próprio contrato poderia prever procedimentos para a determinação do valor das ações sendo adquiridas, como, analogamente, já é usual, por exemplo, para fins de determinação de parcelas de preço contingentes. Além da metodologia, as partes poderiam especificar de antemão mecanismos para a escolha da entidade avaliadora. Caso contrário, esse tema certamente seria objeto de discussão em sede arbitral ou judicial. O tema, de todo modo, não é simples. Muitas vezes comprador e vendedor têm visões distintas sobre projeções futuras, taxa de desconto e outras premissas empregadas no cálculo do valor da empresa pelo critério do fluxo de caixa descontado.

Os julgados de Delaware envolvendo disputas instauradas no contexto pandêmico acabaram por explicitar outro ponto relevante de consideração que se conecta com a interpretação das Cláusulas MAC e que até então vinha sendo pouco abordado pela literatura dedicada ao estudo de contratos de F&A. Trata-se da integração da Cláusula MAC com outras obrigações aplicáveis no período que antecede o fechamento da transação, notadamente aquelas que prescrevem a necessidade de manutenção da condução da atividade empresária da empresa em seu curso ordinário, até aqui mencionadas apenas superficialmente (referida doravante como Cláusula de Condução dos Negócios).

Tais obrigações de fazer e não fazer são fundamentadas na garantia do alinhamento de interesses. De um lado, funcionam como instrumentos de distribuição de riscos e, sob outra perspectiva, criam incentivos para que a entidade vendedora continue a realizar os investimentos necessários para a manutenção da atividade empresária e não adote comportamentos oportunistas que poderiam resultar na desvalorização do ativo, como a contratação de dívidas, não renovação de licenças, realização de distribuição de dividendos ou pagamento de bônus fora do curso normal ou práticas pretéritas, entre outras atividades.[397]

Diante da rigorosa aplicação da Cláusula MAC, as Cláusulas de Condução dos Negócios, não raro poucas vezes negociadas, acabam por justificar a denúncia do contrato pela parte compradora.[398] Ofuscada pelas emoções despertadas pela Cláusula MAC, sua introdução igualmente decorre do diferimento temporal entre a data de assinatura do contrato e a conclusão da operação.[399] Assim como a Cláusula MAC, o fundamento prático para a resolução unilateral seria a ocorrência de circunstâncias com o condão de modificar a equação econômico-financeira originalmente pactuada.[400]

A Cláusula de Condução dos Negócios costuma ser estruturada em ao menos duas partes principais. A primeira delas consistiria em um enunciado

397 MARTINS-COSTA, Fernanda Mynarski. **Execução diferida do contrato em operações de Fusões e Aquisições (F&A) de sociedades anônimas: análise de aspectos contratuais e societários**. Op. cit., p. 54.

398 FREUND, James C. **Anatomy of a merger**. Op. cit., p. 292.

399 FREUND, James C. **Anatomy of a merger**. Op. cit., p. 285.

400 FREUND, James C. **Anatomy of a merger**. Op. cit., p. 286.

geral de que a partir da data de assinatura do contrato até a consumação da operação a vendedora assumiria a obrigação de conduzir os negócios da companhia em seu curso ordinário. É tal obrigação seguida da listagem de uma série de atos que a companhia se compromete a fazer ou não fazer, devendo qualquer desvio ficar condicionado à obtenção de consentimento prévio da parte compradora. O cumprimento de seus termos, portanto, pressupõe o exercício do direito de voto na sociedade alvo, seja em sede de Assembleia Geral e de Conselho de Administração[401]-[402].

Ilustrativamente, segue abaixo exemplo da cláusula ora em discussão:

> 5.6. Condução dos Negócios Antes do Fechamento. Durante o período compreendido entre a presente data e a Data de Fechamento (o "Período Interino"), cada Vendedor se compromete, individualmente, a exercer seus respectivos direitos de voto em todas e quaisquer assembleias gerais de acionistas da Companhia e a instruir os seus respectivos indicados para o conselho de administração da Companhia a exercer os seus respectivos direitos de voto em todas em quaisquer reuniões do conselho de administração da Companhia, a fim de fazer com que a Companhia conduza os seus negócios e os negócios das Subsidiárias no seu curso normal, de forma consistente com as práticas operacionais passadas, inclusive com relação à criação e assunção de Passivos e Ônus, princípios ou práticas contáveis ou de crédito, política de remuneração e demissão, e políticas e práticas operacionais. Com relação ao acima exposto, cada Vendedor, salvo se a aprovação

[401] MARTINS-COSTA, Fernanda Mynarski. **Execução diferida do contrato em operações de Fusões e Aquisições (F&A) de sociedades anônimas: análise de aspectos contratuais e societários**. Op. cit., p. 152.

[402] Contrato de Compra e Venda de Ações celebrado por e entre, de um lado, como vendedores, Fundo de Investimento em Participações Latin America, Fundo de Investimento em Participações Brasil Equity II, Investidores Institucionais II – Fundo de Investimento em Participações, Boreal Fundo de Investimento em Participações, Fundo de Investimento em Participações GGPar, Fundo de investimento em Participações Volluto, Fundo de Investimento em Participações C.A., Boreal Ações III Fundo de Investimento em Ações, Banco Espírito Santo S.A. e Espírito Santo Capital – Sociedade de Risco, S.A., e de outro lado, como compradora, PGI Polímeros do Brasil S.A., como garantidora, Polymer Group, Inc., e como parte interveniente anuente, Companhia Providência Indústria e Comércio, firmado em 27 de janeiro de 2014.

> prévia por escrito da Compradora for obtida, deverá se abster e deverá exercer os seus direitos de voto e fazer com que os seus respectivos indicados ao conselho de administração da companhia exerçam os seus direitos de voto, a fim de fazer com que a Companhia e as Subsidiárias se abstenham de praticar quaisquer das seguintes ações extraordinárias, sujeito á Cláusula 5.6.1 abaixo: (a) aprovação de qualquer incorporação, incorporação de ações, cisão, joint venture, aumento de capital, redução de capital ou qualquer outra forma de reestruturação societária ou aquisição de outra sociedade, em cada caso, envolvendo a Companhia e/ou as Subsidiárias; [...] (p) qualquer promessa ou compromisso de prática de quaisquer dos atos supra mencionados.
> 5.6.1. Ações Permitidas. Não obstante qualquer disposição contrária neste Contrato, as Partes reconhecem e concordam que nada contido no presente Contrato operará de forma a impedir que a Companhia e/ou as Subsidiárias tome(m) qualquer medida: (a) que seja necessária para cumprir ou aumentar a conformidade com a Lei aplicável, incluindo, para ausência de dúvidas, a declaração ou o pagamento de dividendos obrigatórios de acordo com a Lei das Sociedades por Ações, (b) contemplada ou exigida de acordo com um contrato, compromisso ou acordo vinculante existente na presente data; (c) contemplada ou exigida de acordo com o presente Contrato; ou (d) com o consentimento por escrito da Compradora.

A enumeração dos atos cuja prática é vedada pode ser bastante longa, como indicado no exemplo reproduzido acima. Entre as restrições incluem-se desde a vedação a alterações estatutárias, realização de reestruturações societárias, constituição de ônus sobre as ações até alienação de ativos fora do curso normal dos negócios ou pagamento de qualquer financiamento ou dívida antes de seu vencimento, novamente, fora do curso normal dos negócios.

A dúvida que surge e que se torna especialmente relevante em um cenário de crise é prover de conteúdo o tão repetido termo "*curso ordinário dos negócios*".

Na cláusula reproduzida acima, há uma indicação nesse sentido. Consta esclarecimento de que o curso normal envolve, por exemplo, a condução dos negócios de forma consistente com o passado. Mas tal definição é insuficiente. Afinal, o que significa a condução *ordinária* dos negócios em tempos *extraordinários*, diante de uma conjuntura completamente atípica ou uma vez que desponte uma situação de crise na companhia alvo? Repetir práticas passadas nesse contexto pode ser uma decisão completamente equivocada, já que medidas urgentes podem ser necessárias para contrabalançar as consequências nos negócios decorrentes de tais circunstâncias supervenientes. Por outro lado, a Cláusula citada não veda a adoção de medidas extraordinárias caso essas sejam decorrentes de obrigações já contratadas ou sejam previamente consentidas por escrito pela Compradora.

Essa questão já foi enfrentada pela Corte de Delaware, representando, contudo, um tema pouco recorrente nas disputas empresariais submetidas à referida jurisdição.[403] Vale a referência, assim, ao que se denominará como Caso Cooper.[404]

Em breve síntese, uma companhia componente de um grupo indiano fabricante de pneus havia se obrigado a adquirir uma companhia americana. Após o anúncio da celebração do negócio no mercado, surgiram diversos obstáculos à consumação da operação. Um acionista minoritário de uma afiliada da vendedora localizada na China, que inclusive era uma das principais razões para a realização da operação pela vendedora, utilizou sua influência sobre os trabalhadores e o sindicato para impedir o funcionamento da planta e não fornecer as informações financeiras da Companhia. A vendedora também começou a enfrentar resistência de sindicatos nos próprios Estados Unidos. Um dos pontos enfrentados pelo juiz Glasscock foi se a vendedora teria infringido a cláusula de manter a condução dos negócios, inclusive de sua subsidiária chinesa no curso ordinário dos negócios.[405] A conclusão do

[403] SUBRAMANIAN, Guhan; PETRUCCI, Caley. **Deals in the Time of Pandemic**. Columbia Law Review, Vol. 121, No. 5, Julho de 2021. Disponível em: https://columbialawreview.org/wp-content/uploads/2021/06/Subramanian-Petrucci-Deals_In_The_Time_Of_Pandemic.pdf. Acesso em 28 de maio de 2022.

[404] Cooper Tire & Rubber Co. v. Apollo (Mauritius) Holdings Pvt. Ltd., No. CIV.A. 8980-VCG, 2014 WL 5654305 (Del. Ch. Oct. 31, 2014).

[405] "De acordo com a Cláusula 5.1(a) do Contrato, Cooper deve satisfazer duas obrigações separadas. Primeiro, Cooper 'deve e deve causar suas Subsidiárias a conduzir seus negócios no curso ordinário dos negócios, consistentemente com práticas passadas e em cumprimento em todos os aspectos materiais com todas as Leis aplicáveis materiais.' Em segundo lugar, Cooper: deve, e deve levar suas Subsidiárias a, usar seus esforços comercialmente razoáveis para manter intacta sua organização de negócios existente, manter disponíveis os serviços de seus conselheiros, diretores e empregados e manter relações existentes e boa vontade

julgador foi positiva, não apenas por a subsidiária ter bloqueado o acesso às instalações e informações financeiras por influência de um acionista minoritário, mas também pela própria vendedora ter instruído a sua subsidiária a romper o suprimento de matérias-primas por fornecedores, com efeitos práticos de paralisar completamente as atividades na planta, como uma estratégia de negociação agressiva com seu acionista. Ainda que a posição adotada pela vendedora tenha sido até que razoável para lidar com um acionista que buscava ilegitimamente obter vantagens a partir do uso de sua influência sobre os trabalhadores, objetivamente a sua conduta representou uma violação contratual.

Outro ponto chama atenção em tal julgado. Em uma de suas construções argumentativas, a vendedora alega que as disfunções na operação de sua subsidiária foram decorrentes do próprio anúncio da transação. O contrato em discussão previa uma Cláusula MAC que excetuava de seu âmbito de aplicação as consequências adversas decorrentes da própria celebração do contrato, alocando, portanto, à parte compradora as consequência de tal evento material adverso.[406] Dessa forma, seria ilógica uma interpretação do contrato no

com consumidores, distribuidores, financiadores, parceiros, fornecedores e outros tendo associações de negócios materiais consigo ou suas Subsidiárias" (tradução livre). No original: "*Pursuant to Section 5.1(a) of the Merger Agreement, Cooper must fulfill two separate obligations. First, Cooper 'shall, and shall cause each of its Subsidiaries to, conduct its business in the ordinary course of business consistent with past practice and in compliance in all material respects with all material applicable Laws.' Second, Cooper: shall, and shall cause each of its Subsidiaries to, use its commercially reasonable efforts to preserve intact its present business organization, keep available the services of its directors, officers and employees and maintain existing relations and goodwill with customers, distributors, lenders, partners, suppliers and others having material business associations with it or its Subsidiaries*". Cooper Tire & Rubber Co. v. Apollo (Mauritius) Holdings Pvt. Ltd., No. CIV.A. 8980-VCG, 2014 WL 5654305, at *15 (Del. Ch. Oct. 31, 2014).

406 "'Efeito Material Adverso' significa qualquer fato, circunstância, evento, mudança, efeito ou ocorrência que (i) tenha ou possa razoavelmente ter um efeito material adverso nos negócios, resultados ou operações ou condição financeira da Companhia, suas Subsidiárias e Joint Ventures, consideradas em conjunto, mas não deve inclui fatos, circunstâncias, eventos, mudanças, efeitos ou ocorrências na medida em que atribuível a ... (F) a assinatura e entrega deste Contrato ou o anúncio público ou pendência da Operação ou qualquer outra Transações ou Financiamento, incluindo o impacto nas relações, contratuais ou de outra natureza, da Companhia ou quaisquer de suas Subsidiárias, com empregados, sindicatos, consumidores, fornecedores ou parceiros, e qualquer litígio derivado de alegações de violação de dever fiduciário ou violação de Lei relacionada a esse Contrato ou as transações contempladas por esse Contrato ou cumprimento pela Companhia com os termos deste contrato ...; ou (ii) que razoavelmente possa ser esperado que impeça ou materialmente atrase ou comprometa a

sentido de, de um lado, reconhecer que o mesmo risco teria sido alocado ao comprador e de outro lado as consequências desse risco possibilitarem ao comprador o direito de pleitear a resolução do contrato. O julgador vê mérito no argumento apresentado pelo vendedor, mas pondera que a própria definição de MAC prevista no contrato o torna inconsistente. Isso porque já seriam considerados uma MAC quaisquer fatos ou circunstâncias que pudessem impedir o cumprimento do contrato pela vendedora, justificando, assim, a resolução unilateral do contrato pela compradora.

A interpretação do julgador é correta, ainda que as circunstâncias concretas do caso possam despertar um certo incômodo com o resultado da disputa, pelo fato de o bloqueio no acesso às instalações ser atribuível a uma atuação condenável por parte do acionista minoritário. Por outro lado, o caso deixa clara a necessidade de se distinguir a natureza da relação entre a compradora e vendedora daquela envolvendo a vendedora e seus próprios sócios. Sob a perspectiva do adquirente, a posição adotada pelo acionista minoritário gera bastante preocupação e incerteza em relação à capacidade da subsidiária de, no longo prazo, gerar os resultados considerados como base para a determinação de preço. Se o interesse na consumação da operação, ainda assim, fosse mantido, a compradora poderia apenas ter autorizado a estratégia de reação em relação ao bloqueio da fábrica ou até utilizado a situação e seus direitos contratuais para orientar uma renegociação das premissas comerciais. Nesse caso, a Cláusula MAC e a Cláusula de Condução dos Negócios estariam

habilidade da [Cooper] em cumprir suas obrigações sob esse Contrato ou de consumar as Transações." (tradução livre). No original: "*'Material Adverse Effect' means any fact, circumstance, event, change, effect or occurrence that (i) has had or would reasonably be expected to have a material adverse effect on the business, results of operations or financial condition of the Company, its Subsidiaries and Joint Ventures, taken as a whole, but will not include facts circumstances, events, changes, effects, or occurrences to the extent attributable to ... (F) the execution and delivery of this Agreement or the public announcement or pendency of the Merger or any of the other Transactions or the Financing, including the impact thereof on the relationships, contractual or otherwise, of the Company or any of its Subsidiaries with employees, labor unions, customers, suppliers or partners, and any litigation arising from allegations of any breach of fiduciary duty or violation of Law relating to this Agreement or the transactions contemplated by this Agreement or compliance by the Company with the terms of this Agreement ...; or (ii) that would reasonably be expected to prevent or materially delay or impair the ability of [Cooper] to perform its obligations under this Agreement or to consummate the Transactions.*" Cooper Tire & Rubber Co. v. Apollo (Mauritius) Holdings Pvt. Ltd., No. CIV.A. 8980-VCG, 2014 WL 5654305, at *18 (Del. Ch. Oct. 31, 2014)

novamente compatibilizadas, já que ações consentidas não são capazes de ensejar o reconhecimento de uma MAC. Sob a perspectiva do vendedor que teve a operação frustrada por uma ação ilícita de seu sócio, cabe a busca por indenização pela oportunidade de negócio perdida. Não há que se alocar, assim, à parte compradora um risco para o qual o contrato oferece mitigadores.

Ao comentarem sobre a intersecção entre a Cláusula MAC e a Cláusula de Condução dos Negócios, Subramanian e Petrucci mencionam como relevante o Caso Cooper, e ponderam que nem sempre o extraordinário implica uma violação ao curso ordinário. Seria o caso em que, diante de um incremento relevante na competitividade de um determinado setor, para manter a sua posição uma companhia precise aplicar uma campanha com preços bastante agressivos. Citam assim outro precedente da Corte de Delaware, em que se concluiu que uma tal posição poderia ser justificável se consistente com práticas passadas. Dessa forma, haveria algum grau de flexibilidade ao se avaliar se uma conduta encontra respaldo contratual.[407] Ponderam, ademais, ser temerária a intepretação de que pela Cláusula de Condução dos Negócios seria possível admitir que situações extraordinárias justificassem a adoção de medidas extraordinárias, sem prévio consentimento dos compradores. Na vigência do período interino, especialmente nas situações em que o preço das ações já esteja essencialmente fixado, a parte compradora gere algo que em um futuro próximo deixará de ser seu, e, ausente um regramento contratual, não teria os incentivos necessários para adotar as medidas necessárias para a manutenção de um negócio de cujos rendimentos não irá se apropriar. A exigência de prévio consentimento seria desejável e consistente na medida em que a compradora teria os incentivos para assentir a realização de atos extraordinários se assim necessários.[408] Redações mais benéficas à parte vendedora tendem a incluir proteções de que a parte compradora não irá deixar de prover o consentimento de forma não razoável, ressalva essa que, na visão

[407] SUBRAMANIAN, Guhan; PETRUCCI, Caley. **Deals in the Time of Pandemic**. Columbia Law Review, Vol. 121, No. 5, Julho de 2021. Disponível em: https://columbialawreview.org/wp-content/uploads/2021/06/Subramanian-Petrucci-Deals_In_The_Time_Of_Pandemic.pdf. Acesso em 28 de maio de 2022.

[408] SUBRAMANIAN, Guhan; PETRUCCI, Caley. **Deals in the Time of Pandemic**. Op. cit.

de Freund, qualquer advogado mandatado por parte compradora deveria prontamente recusar.[409]

As considerações acima demonstram que as Cláusulas MAC e sua intersecção com a Cláusula de Condução dos Negócios geram implicações comerciais relevantes que devem ser consideradas no momento da formalização de operações de compra e venda de participação societária. Além disso, partem da premissa de que a Cláusula MAC é bem-sucedida ao construir uma disciplina autônoma para a tutela dos efeitos da materialização de circunstâncias supervenientes sobre o programa contratual. Mas uma tal conclusão depende da ponderação, de um lado, dos âmbitos de coincidência na aplicação da Cláusula MAC com o regime de alterações de circunstâncias aplicado a relações onerosas bilaterais e, de outro lado, da possibilidade de a Cláusula MAC poder prevalecer sobre tais dispositivos com fundamento na autonomia contratual.

409 FREUND, James C. **Anatomy of a merger**. Op. cit., p. 286.

4
A CLÁUSULA MAC NO SISTEMA JURÍDICO BRASILEIRO

4.1 Colocação do problema

No contexto norte-americano, parece até um certo ponto legítima, ou ao menos didática, a hipótese de que a Cláusula MAC adveio de um exercício da autonomia privada para adequar a aplicação da doutrina da *frustration of purpose* no contexto de negócios jurídicos de compra e venda de participação societária.[410]

Com a importação de tal modelo contratual, o exercício do jurista na reflexão sobre seus efeitos no direito pátrio é reverso. Isto é, a Cláusula MAC aparece em meio aos usos e costumes internacionais envolvendo a formalização da compra e venda de participação societária e, apenas no momento de sua efetiva aplicação, interroga-se sobre a produção de seus efeitos e potenciais limites à luz da legislação aplicável. Essa avaliação se apresenta principalmente já em um cenário de disputas e, na ausência de precedentes locais ou orientações doutrinárias mais consolidadas, há incerteza sobre a sua articulação com demais normas e princípios interpretativos derivados do sistema jurídico nacional.

Dada a ampla utilização da Cláusula MAC em operações envolvendo a compra e venda de participação societária, cumpre inquirir, portanto, de que

[410] GILSON, Ronald; SCHWARTZ, Alan. **Understandings MACs: Moral Hazard in Acquisitions.** Op. cit., p. 3.

maneira referida disposição deve ser entendida e interpretada em face do regime geral da alteração das circunstâncias constante do direito brasileiro.

Para fins de esclarecimento da terminologia refletida nesta dissertação, o regime geral da alteração das circunstâncias tem como significado as normas e princípios previstos em determinado ordenamento jurídico — no caso, o brasileiro — para tratar dos efeitos da verificação de circunstâncias supervenientes no curso do cumprimento de prestações contratuais. Dentro do universo do regime geral, conforme justificado mais adiante, optou-se por delimitá-lo ainda mais, de modo a aproximar o seu âmbito de aplicação àquele igualmente capturado pela Cláusula MAC. É assim que inicialmente utiliza-se como base as normas e princípios que tutelam o sinalagma funcional. Por sua vez, no contexto de relações sinalagmáticas, enfoque principal é dado às regras atinentes à impossibilidade superveniente não imputável, bem como à resolução por superveniente onerosidade excessiva, não ignorando-se, ainda assim, outros princípios que igualmente orientam a matéria, como a autonomia privada e a boa-fé objetiva.

Não se ocupa o presente capítulo da avaliação dos pressupostos e efeitos da superveniente identificação de vício genético na fixação das prestações e contraprestações. Essa questão atrai a disciplina de institutos que condicionam a própria existência ou validade do negócio jurídico (erro, dolo, etc.). Também para os fins deste trabalho, não se propõe realizar apresentação detida das diferentes correntes e interpretações conferidas nas mais diversas tradições jurídicas ao problema da potencial verificação de eventos imprevisíveis e relevantes após a fixação do sinalagma contratual, embora se reconheça tratar-se de tema inevitável e comum pelo próprio acaso que caracteriza a vida humana e, por decorrência, suas relações jurídicas. Como tal, existe ampla doutrina e jurisprudência. Esta dissertação contempla, dessa forma, um recorte voltado à busca dos instrumentais necessários para se interpretar e dar eficácia à Cláusula MAC no Direito brasileiro.

A tarefa aqui não é fácil e requer a compreensão dos fundamentos e do próprio processo que orientou a construção das soluções normativas aplicáveis à hipótese de ocorrência de circunstâncias supervenientes no programa contratual, notadamente, como já esclarecido acima, no âmbito de relações sinalagmáticas. Para tal fim, é necessário buscar uma compreensão das normas existentes enquanto composições de um sistema, construído a partir de um processo histórico marcado pela influência de diversas matrizes. Afinal, como bem pontua Pontes de Miranda, "o direito é processo social de adaptação".[411]

Para abordar a questão aqui apresentada, inicialmente propõe-se uma reconstrução do regime geral da alteração das circunstâncias em relações contratuais bilaterais no Direito brasileiro. Como indicado, inevitável se faz recorrer às suas origens e compreender o caminho percorrido pelo legislador pátrio que acabou por refletir-se no Código Civil, em sua versão ora vigente. Após um inicial esforço de contextualização, as seções seguintes debruçam-se mais especificamente sobre os pressupostos e efeitos para o reconhecimento tanto da hipótese de impossibilidade de cumprimento quanto da superveniente onerosidade excessiva. São esses regimes que, em seus exemplos clássicos de manuais, parecem oferecer distinções claras, mas que, na complexidade da vida cotidiana, possuem nuances e contornos míopes.

Com tais premissas, retoma-se o tema da compra e venda de participação societária, notadamente quando envolver operação que se desenvolva no tempo de modo diferido, ficando marcadas pela existência de um período interino entre a fixação do sinalagma genético e o efetivo cumprimento de suas prestações típicas. Ausente regramento contratual disciplinando tal regime especificamente no contexto da compra e venda societária, questiona-se de que forma o regime geral da impossibilidade e superveniente onerosidade excessiva se aplicaria. É a partir de tais balizas que então se avalia a maneira pela qual a autonomia privada modifica e se faz prevalecer sobre o regime geral das alterações de circunstâncias. Por essa razão, é necessário enfrentar a questão da imperatividade (ou não) do regime geral da superveniência no Direito brasileiro para então concluir-se sobre a operatividade das Cláusulas MAC no regime jurídico pátrio.

411 PONTES DE MIRANDA, Francisco Cavalcanti. **Tratado de Direito Privado**: t. 25: parte especial: Direito das Obrigações: extinção das obrigações. Op. cit., p. 293.

4.2 Regime jurídico da alteração das circunstâncias aplicável às relações bilaterais no direito brasileiro

A seguir, então, busca-se a identificação das características essenciais que cercam o regime jurídico da alteração de circunstância no Direito brasileiro, adotando-se o recorte das relações bilaterais.

4.2.1 Influências e contextualização

Na contracorrente da imprevisibilidade do comportamento humano, o contrato, enquanto espécie de negócio jurídico, serve como importante meio de pacificação social e de organização da atividade econômica.[412] Pensando-se no caso do contrato de natureza bilateral, as partes pré-estabelecem comportamentos, vinculados por meio do sinalagma, e assim criam, modificam ou extinguem relações jurídicas obrigacionais.[413]

Não obstante, o imprevisível muitas vezes se impõe gerando efeitos no sinalagma genético ou funcional, podendo atingir a própria relação de reciprocidade envolvendo as prestações, e inclusive a sua utilidade para quem dela se beneficia.[414] A modificação das circunstâncias após a fixação da equação econômico-financeira do contrato e seus potenciais efeitos inevitavelmente despertaram a necessidade de se determinar, em nível normativo, as respostas e possíveis tutelas em caso de conflito envolvendo a execução contratual. Há, portanto, que se "separar o joio do trigo", como bem sintetiza Zanetti a partir de expressão popular, já que nem toda alteração de circunstâncias deveria comprometer a noção da força vinculante do contrato.[415]

A premissa essencial que deve orientar a reflexão é que o ato de contratar está associado ao mandamento de se cumprir o pactuado. Alternativamente, arca-se com as consequências contratuais ou extracontratuais derivadas

[412] ZANETTI, Cristiano de Sousa. **O risco contratual**, in Teresa Ancona Lopez, Patrícia Faga Iglecias Lemos, Otavio Luiz Rodrigues Junior (coords.), Sociedade de risco e direito privado. São Paulo, Atlas, 2013, p. 457.

[413] ZANETTI, Cristiano de Sousa. **O risco contratual**, Op. cit., p. 456.

[414] FRANTZ, Laura Coradini. Excessiva Onerosidade Superveniente: uma análise dos julgados do STJ. In: MARTINS-COSTA, Judith. **Modelos de Direito Privado**. São Paulo: Marcial Pons, 2014. p. 220.

[415] ZANETTI, Cristiano de Sousa. **O risco contratual**, Op. cit., p. 456.

do inadimplemento.[416] Em poucas palavras, *pacta sunt servanda*. Violado esse princípio fundamental das relações contratuais, entendido menos sob o viés ético, mas sim sob a ótica pragmática, coloca-se em risco a própria economia de mercado.[417]

O tema ainda adquire contornos particulares que não podem ser esquecidos tendo-se em conta o recorte nas relações empresariais. Na persecução do lucro, o risco é a um só tempo o principal aliado e inimigo dos empresários, norteando os processos de tomada de decisão inerentes ao desenvolvimento da atividade empresária. A percepção do risco distingue o bom do mau empresário, sendo o primeiro aquele capaz de converter a incerteza em oportunidade de negócio e vantagem econômica.

Contratos de trabalho e relações consumeristas merecem assim tutela própria, em reconhecimento de que as relações econômicas que revestem os respectivos contratos são marcadas por um inerente desequilíbrio entre os polos contraentes. São os contratos empresariais dotados, não raro, de ímpar criatividade, encontrando na autonomia da vontade ambiente fértil para desenvolvimento. Inevitável, assim, o reconhecimento do que Forgioni denominou como "cismas das categorias contratuais".[418]

No fluxo das trocas, a bilateralidade impõe a necessidade de se transformar valor em preço. A relação de equivalência entre prestação e contraprestação não é pressuposta, sendo aproximada a partir da conjunção de critérios objetivos e subjetivos. Afastadas as hipóteses que põem em risco a própria existência e validade do negócio jurídico, a manutenção do sinalagma funcional não deve ser vista enquanto noção estática, tal como uma balança equilibrada de dois pesos, mas como verdadeira forma em movimento orientada pelo comportamento das partes. Verificada, porém, alteração superveniente à fixação da prestação e correspectiva contraprestação, cabe delimitar o que Menezes Cordeiro bem sintetizou como as "fronteiras das flutuações admissíveis".[419]

416 ZANETTI, Cristiano de Sousa. **O risco contratual**, Op. cit., p. 456.

417 FORGIONI, Paula A. **Contratos Empresariais: teoria geral e aplicação**. 2ª. Ed. São Paulo: Editora Revista dos Tribunais, 2016, p. 237.

418 FORGIONI, Paula A. **Contratos Empresariais: teoria geral e aplicação**. 2ª Ed. São Paulo: Editora Revista dos Tribunais, 2016, p. 39.

419 CORDEIRO, Antonio Menezes. **Tratado do Direito Civil Português**. V. 1, t. 1, 2ª ed. Almedina: Coimbra, 2000, p. 619

Ou seja, reconhecer-se até que ponto a modificação das circunstâncias deve ser admitida como fundamento legítimo para se permitir a relativização do pactuado e o reconhecimento do direito à resolução ou modificação — conforme variam as soluções adotadas nos ordenamentos jurídicos. Do contrário "suprimir o risco é bloquear qualquer sociedade aberta, assente, para mais, na iniciativa privada e na livre concorrência".[420] Se não podem as partes contratar a partir da existência do próprio risco ou confiar no cumprimento das prestações e contraprestações, o fundamento essencial das relações comerciais se perde.[421]

Historicamente, tendo-se como referência o Direito europeu continental, verifica-se um movimento pendular que ora oscila rumo à preservação da autonomia privada e da exigibilidade dos contratos como pactuados (*pacta sunt servanda*) em sua concepção mais absoluta, ora abre-se caminho em direção ao reconhecimento da justiça social pautada no equilíbrio contratual, em que as condições e premissas que orientaram a fixação do sinalagma genético devem ser levadas em consideração.[422] Essa noção se aplica igualmente à interpretação dos contratos, em que ordenamentos jurídicos se movem entre a literalidade e maior valoração da vontade das partes.

Havendo alteração no suporte fático e econômico, as próprias prestações precisariam ser corrigidas, como decorrência do reconhecimento da cláusula *rebus sic stantibus*, ainda que de modo implícito.[423] Esse processo caminhou mesmo na inexistência de disposições normativas em nível legislativo, a partir de construções jurisprudenciais igualmente oscilantes, até pela própria dificuldade de se fixar uma regra geral para organizar o desconhecido, com reflexos e particularidades fáticas múltiplas.[424] Poderia ainda ser sintetizado

[420] CORDEIRO, Antonio Menezes. **Tratado do Direito Civil Português.** V. 1, t. 1, 2ª ed. Almedina: Coimbra, 2000, p. 619

[421] COASE, R. H. **The Problem of Social Cost.** The Journal of Law & Economics, vol. 3, [University of Chicago Press, Booth School of Business, University of Chicago, University of Chicago Law School], 1960, p. 1–44.

[422] HONDIUS, Ewoud; GRIGOLEIT, Cristoph Hans. (Eds.). **Unexpected Circumstances in European Contract Law.** The Common Core of European Private Law. Cambridge: Cambridge University, 2011, p. 3.

[423] MARTINS-COSTA, Judith. **Modelos de Direito Privado**. São Paulo: Marcial Pons, 2014. p. 213.

[424] PONTES DE MIRANDA, Francisco Cavalcanti. **Tratado de Direito Privado**: t. 25: parte especial: Direito das Obrigações: extinção das obrigações. Op. cit., p. 293.

como relações de tensão entre "permanência e ruptura, entre estabilidade e mudança, entre segurança (na abstrata imutabilidade das situações constituídas) e inovação para fazer justiça no caso concreto".[425]

Ao se narrar, em linhas gerais, um processo histórico do Direito que já nos romanos se delineava, assume-se um grande risco de ignorar sutilezas e variações. Para os fins do que aqui se pretende, importa a sua breve referência para se destacar a complexidade do fenômeno e seus evidentes impactos sociais, revestindo-se a construção de um regime jurídico que lide com o tema da alteração das circunstâncias de verdadeira decisão de política pública. Em um mundo conectado por teias de relações contratuais, a questão tem o potencial de assumir dimensões sistêmicas, exigindo, portanto, que sua construção seja tecnicamente precisa e sólida, atenta às realidades econômicas dos mais diferentes setores e à própria consistência e previsibilidade da interpretação do Direito posto.

Embora em alguma medida ainda todas elas sejam maculadas pelas formulações desenvolvidas a partir da cláusula *rebus sic stantibus*, como bem sintetiza Judith Martins-Costa, despontam então três principais *famílias de teorias* que buscam oferecer respostas à problemática da alteração superveniente de circunstâncias e seus efeitos sobre o programa contratual.[426]

A primeira delas, de origem francesa, é a teoria da imprevisão. Influenciado pelo espírito liberal, o Código Civil francês de 1804 não positivou a noção de imprevisão, que já vinha sendo recuperada por alguns pós-glosadores a partir da cláusula geral do *rebus sic stantibus* do Direito Comum. Nesse sentido, em sua versão original, o artigo 1.134 equiparava aos efeitos de lei as convenções legalmente firmadas entre as partes.[427] Ao reforçar a proteção à autonomia da vontade, limitava-se os campos para intervenção jurisdicional, preservando-se

425 MARTINS-COSTA, Judith. **Modelos de Direito Privado.** Op. cit., p. 213.

426 MARTINS-COSTA, Judith. **Modelos de Direito Privado.** Op. cit., p. 213.

427 "As convenções legalmente formadas têm força de lei entre as partes. Elas não poderão ser revogadas, exceto por consentimento mútuo ou pelas razões que a lei autorizar. Elas deverão ser firmadas de boa fé". Tradução livre de: "*Les conventions légalement formées tiennent lieu de loi à ceux qui les ont faites. Elles ne peuvent être révoquées que de leur consentement mutuel, ou pour les causes que la loi autorisée. Elles doivent être exécutées de bonne foi.*" Disponível em: https://gallica.bnf.fr/ark:/12148/bpt6k1061517/f278.item. Acesso em 21 de maio de 2022.

a competência legislativa de ditar comportamentos privados.[428] Tal entendimento restou desafiado pelo próprio desenvolvimento social. A ocorrência de circunstâncias extraordinárias com efeitos generalizados passou a justificar a introdução de diversas exceções ao reconhecimento da prevalência absoluta do contrato.

A relativização da força vinculante dos contratos com base na doutrina da imprevisão foi admitida, inicialmente, no contexto de relações regidas pelo Direito Administrativo, sujeitas à jurisdição do Conselho de Estado. O precedente "*Gaz Bordeaux*" é paradigmático. A disputa se inseria em relação decorrente de contrato de concessão envolvendo a prestação de serviços públicos à cidade de Bordeaux. Em decorrência do advento da Primeira Guerra Mundial, o preço do carvão passara a ser significativamente mais caro do que aquele previsto no momento da celebração do contrato de concessão. Reconhecendo, de um lado, a imprevisibilidade dos preços do carvão e, de outro lado, a imperatividade da manutenção da prestação do serviço público, o Conselho de Estado determinou a adequação da equação econômico-financeira do contrato de concessão por meio do pagamento de indenização ao concessionário. Foi reconhecida, portanto, uma exceção ao entendimento geral da força vinculante do contrato e da álea ordinária relacionada à variação nos preços de matérias-primas em contratos de tal natureza.[429]

Em âmbito civil, contudo, a Corte de Cassação ainda resistia à aplicação da teoria da imprevisão. Não obstante, passou-se a identificar um número crescente de casos em que se admitia a revisão do contrato pela materialização de circunstâncias supervenientes.[430]

Ausente regra jurídica de natureza cogente ou dispositiva para tratar de tema inerente à realidade dos fluxos relacionais, a qualquer sistema jurídico verifica-se o risco de se adotar todos os caminhos possíveis para se encontrar regra jurídica que seja capaz de adequadamente oferecer solução aos dilemas

[428] HONDIUS, Ewoud; GRIGOLEIT, Cristoph Hans. (Eds.). **Unexpected Circumstances in European Contract Law.** The Common Core of European Private Law. Cambridge: Cambridge University, 2011, p. 145.

[429] Conseil d'État 59928, lecture du 30 mars 1916. Disponível em: https://www.conseil etat.fr/fr/arianeweb/CE/decision/1916-03-30/59928. Acesso em 12 de março de 2022.

[430] HONDIUS, Ewoud; GRIGOLEIT, Cristoph Hans. (Eds.). **Unexpected Circumstances in European Contract Law.** The Common Core of European Private Law. Cambridge: Cambridge University, 2011, p. 147.

práticos da vida cotidiana.[431] É daí que derivam a incerteza e inconsistência nas soluções a questões de fato comparáveis entre si, mas com resultados múltiplos.

Em um esforço de atualização, em 2016 o Código Civil Francês positivou o regime da imprevisão nos termos do seu artigo 1.195.[432] Mesmo tendo feito referência genérica à hipótese de onerosidade excessiva, reflete solução que consigna um dever de renegociação diante da verificação de circunstâncias imprevisíveis que afetem as prestações originais, e cujos riscos não tenham sido repartidos contratualmente. Há ainda possibilidade de intervenção judicial para determinar a adaptação do contrato ou a sua resolução. A observação necessária aqui é que a solução prevista no artigo 1.195 se limita a circunstâncias supervenientes de natureza imprevisível, deixando de fora de seu âmbito de aplicação aquelas circunstâncias que, embora razoavelmente previsíveis, mas de probabilidade de verificação incerta, possam igualmente afetar o sinalagma.

De origem germânica, é desenvolvida a Teoria da Base do Negócio para orientar a temática da alteração das circunstâncias nas relações contratuais. Como no caso francês, narra Rosler que o legislador de 1896 afastou referência expressa à cláusula geral *rebus sic standibus*, seguindo o espírito liberal e

431 PONTES DE MIRANDA, Francisco Cavalcanti. **Tratado de Direito Privado**: t. 25: parte especial: Direito das Obrigações: extinção das obrigações. Op. cit., p. 330.

432 "Se uma mudança imprevisível de circunstâncias após a celebração do contrato tornar a execução excessivamente onerosa para uma parte que não concordou em assumir o risco, esta pode solicitar a renegociação do contrato à contraparte, devendo continuar a cumprir as suas obrigações durante a renegociação. Em caso de recusa ou insucesso da renegociação, as partes podem acordar pela resolução do contrato, na data e nas condições que determinarem, ou solicitar de comum acordo ao juiz que proceda à sua adaptação. Na falta de acordo em prazo razoável, o juiz pode, a requerimento de uma das partes, rever o contrato ou rescindi-lo, na data e nas condições que fixar." Tradução livre de: « *Si un changement de circonstances imprévisible lors de la conclusion du contrat rend l'exécution excessivement onéreuse pour une partie qui n'avait pas accepté d'en assumer le risque, celle-ci peut demander une renégociation du contrat à son cocontractant. Elle continue à exécuter ses obligations durant la renégociation. En cas de refus ou d'échec de la renégociation, les parties peuvent convenir de la résolution du contrat, à la date et aux conditions qu'elles déterminent, ou demander d'un commun accord au juge de procéder à son adaptation. A défaut d'accord dans un délai raisonnable, le juge peut, à la demande d'une partie, réviser le contrat ou y mettre fin, à la date et aux conditions qu'il fixe* ». Disponível em:https://www.legifrance.gouv.fr/codes/section_lc/LEGITEXT000006070721/LEGISCTA000032009282/#LEGISCTA000032009282. Acesso em 2 de março de 2022.

os ideais positivistas que marcaram o século XIX.[433] Pontes de Miranda bem retrata o processo de construção da Teoria da Base do Negócio.[434]

Diante do cenário de intensa desvalorização cambial e seus impactos nas relações contratuais privadas após o término da Primeira Guerra Mundial, tornou-se necessária a utilização de soluções para endereçar o desbalanceamento do equilíbrio contratual por razões imprevisíveis e extraordinárias.[435] No início do século XX, o autor pontua a existência de supostas tentativas para se resgatar a aplicação da cláusula *rebus sic standibus*.[436]

Em 1850, Windscheid, jurista da escola alemã pandectista, desenvolveu a teoria da pressuposição. Com base em seus termos, poder-se-ia considerar a assunção pelas partes da existência e manutenção de determinada circunstância ainda que não prevista expressamente como condição. A pressuposição corresponderia a condição não desenvolvida, que, ao lado da condição *stricto sensu* e do termo, refletiriam autolimitações dos efeitos negociais.[437] Justamente pela incerteza derivada de uma tal construção, a teoria acabou sendo alvo de críticas.

Oertman, a seu turno, ao construir o conceito de base ou fundamento do negócio, delimitou-a como "a representação mental de um dos figurantes do negócio jurídico no momento da conclusão, conhecida e não repelida pelo outro figurante".[438] Seu fundamento seria extraído a partir do § 242 do BGB.

Mas, ao dar enfoque a elementos subjetivos na construção e determinação do negócio, Oertman enfrentaria críticas análogas àquelas apresentadas à

433 ROSLER, Hannes. **Hardship in German Codified Private Law: In Comparative Perspective to English, French and International Contract Law**. European Review of Private Law (ERPL), Vol. 15, p. 483-513, 2007. Disponível em: https://ssrn.com/abstract=1154004. Acesso em 2 de junho de 2020, p. 487.

434 PONTES DE MIRANDA, Francisco Cavalcanti. **Tratado de Direito Privado**: t. 25: parte especial: Direito das Obrigações: extinção das obrigações. Op. cit., p. 330 e ss.

435 PONTES DE MIRANDA, Francisco Cavalcanti. **Tratado de Direito Privado**: t. 25: parte especial: Direito das Obrigações: extinção das obrigações. Op. cit., p. 330 e ss.

436 PONTES DE MIRANDA, Francisco Cavalcanti. **Tratado de Direito Privado**: t. 25: parte especial: Direito das Obrigações: extinção das obrigações. Op. cit., p. 330 e ss.

437 AZEVEDO, Antonio Junqueira de. **Negócio Jurídico e Declaração Negocial**: noções gerais e formação da declaração negocial. São Paulo: Universidade de São Paulo, 1986, p. 216.

438 Apud PONTES DE MIRANDA, Francisco Cavalcanti. **Tratado de Direito Privado**: t. 25: parte especial: Direito das Obrigações: extinção das obrigações. Op. cit., p. 330 e ss.

Windscheid. A teoria da base objetiva do negócio é, assim, um desenvolvimento do pensamento de Oertman, contando com Karl Larenz como autor de referência.[439] Nesse desdobramento, como o próprio nome sugere, afastam-se os elementos subjetivos na conceituação da base do negócio. Considera-se, portanto, "o conjunto de circunstâncias e o estado geral de coisas cuja existência ou subsistência é objetivamente necessária para que o contrato, segundo o significado das intenções de ambos os contratantes, possa subsistir".[440] Seu fundamento teórico e normativo ainda se extrai, de início, a partir da cláusula geral da boa-fé. A partir daí, passou-se a se cristalizar jurisprudencialmente a teoria da alteração da base do contrato. Essa seria representada como a percepção compartilhada entre as partes no momento da formalização do contrato ou o entendimento de uma das partes conhecido e não objetado pela outra que fundamentou a formação da vontade de contratar. Seria possível justificar a intervenção judicial voltada à adaptação do contrato às novas circunstâncias se estivessem ausentes as circunstâncias fáticas pressupostas no momento da formalização do vínculo contratual de tal forma que, se essas fossem conhecidas em tal momento, a contratação se daria sob outros termos.[441]

Com a alteração ao BGB formalizada em 2002, o § 313 positivou o entendimento já consolidado, permitindo, assim, a intervenção judicial para adequação do contrato em caso de alteração da base negocial em decorrência da regra legal e convencional da distribuição dos riscos do contrato.[442]

[439] LARENZ, Karl. **Base del negocio jurídico y cumplimiento de los contratos**. Santiago: Ediciones Olejnik, 2018, p. 17, 29-30, 195-197.

[440] LARENZ, Karl. **Base del negocio jurídico y cumplimiento de los contratos**. Op. cit., p. 17, 29-30, 196.

[441] Vide também SIRENA, Pietro. **Eccessiva onerosità sopravvenuta e rinegoziazione del contratto**: verso una riforma del codice civile?, in Jus – Rivista di scienze giuridiche, v. 67, n. 1, 2020, p. 205-218.

[442] A seguir segue o dispositivo indicado, conforme traduzido para a língua inglesa, por fonte oficial: "Seção 313. Interferência com a base da transação. (1) Se circunstâncias que formem a base do contrato tenham se alterado significativamente desde a data em que o contrato foi celebrado e se as partes não teriam celebrado o contrato ou o teriam firmado com conteúdo distinto, tivessem elas antevisto a alteração, a adaptação do contrato poderá ser demandada na medida que, considerando todas as circunstâncias do caso específico, em particular, o alocação contratual ou legal dos riscos, uma das partes não possa razoavelmente manter o contato sem alteração. (2) é o equivalente a uma alteração de circunstâncias se as concepções materiais que tenham formado a base do contrato tenham se revelado incorretas. (3) se adaptação do contrato não é possível ou uma parte não possa razoavelmente aceitá-la, a parte afetada poderá

Não sendo possível a sua readequação, poderia a parte prejudicada pleitear a resolução do contrato. Trata-se, no entendimento de Hosler, de norma não dispositiva, mas de natureza subsidiária, inclusive à alocação de riscos contratual.[443]

O regime geral de alteração de circunstâncias no contexto alemão contempla um rol em tese amplo de aplicação que inclui, de modo geral, mudanças verificadas *a posteriori* da formação do vínculo contratual. Diferentemente do modelo francês, não se restringe, assim, a circunstâncias extraordinárias ou imprevisíveis, sendo o critério de aplicação voltado à própria superveniência. Ainda assim, a redação do § 313 do BGB é clara no sentido de assegurar a observância da alocação de riscos querida pelas partes, afastando-a, dessa forma, de um renascimento irrestrito da cláusula geral *rebus sic standibus*. Trata-se de norma de natureza geral e abstrata, mas que, em última análise, se volta à própria interpretação do negócio jurídico e das circunstâncias e condições que cercaram sua formação. Sua aplicação se dá especialmente em caso de lacuna. Equivocam-se aqueles que identificam em tal disposição uma obrigação geral de renegociação diante da mera alteração de circunstâncias.

Por fim, na Itália, com o advento do Código Civil de 1942, consagrou-se a Teoria da Excessiva Onerosidade Superveniente da Prestação, nos termos do artigo 1.467 e seguintes. Essa matéria até então não era tratada no Código

denunciar o contrato. No caso de obrigações continuadas, o direito de resolução tomará o lugar do direito de distratar." (tradução livre). "*Section 313. Interference with the basis of the transaction. (1) If circumstances which became the basis of a contract have significantly changed since the contract was entered into and if the parties would not have entered into the contract or would have entered into it with different contents if they had foreseen this change, adaptation of the contract may be demanded to the extent that, taking account of all the circumstances of the specific case, in particular the contractual or statutory distribution of risk, one of the parties cannot reasonably be expected to uphold the contract without alteration. (2) It is equivalent to a change of circumstances if material conceptions that have become the basis of the contract are found to be incorrect. (3) If adaptation of the contract is not possible or one party cannot reasonably be expected to accept it, the disadvantaged party may revoke the contract. In the case of continuing obligations, the right to terminate takes the place of the right to revoke.*" Disponível em: https://www.gesetze-im-internet.de/englisch_bgb/englisch_bgb.html#p1146. Acesso em 20 de fevereiro de 2022.

443 ROSLER, Hannes. **Hardship in German Codified Private Law: In Comparative Perspective to English, French and International Contract Law**. European Review of Private Law (ERPL), Vol. 15, p. 483-513, 2007. Disponível em: https://ssrn.com/abstract=1154004. Acesso em 2 de junho de 2020, p. 487.

de 1865.[444]-[445] O tema da alteração das circunstâncias, porém, como descreve Marino, já era objeto de extensa produção doutrinária entre os séculos XIX e XX.[446] Apenas em 1940 é que o tema encontrou tratamento similar àquele que viria a receber no Código Civil de 1942, ainda que pontualmente a excessiva onerosidade já tivesse sido mencionada em normas editadas em 1915, no contexto da Primeira Guerra Mundial.[447]

Nos termos do artigo 1.467 do Código Civil de 1942, nos contratos bilaterais de execução continuada ou periódica, ou de execução diferida, se a prestação de uma das partes se tornar excessivamente onerosa pela verificação de um evento extraordinário e imprevisível, a parte que deve tal prestação pode demandar a resolução do contrato. O dispositivo é ainda complementado pela afirmação de que o remédio da resolução não poderá ser demandado se a superveniente onerosidade derivar da própria álea ordinária do contrato.[448]

Mais recentemente, o artigo 1, letra "i" da d.d.l delega n. 1.151, de 2019, em meio a um esforço de atualização e reforma do Código Civil italiano, autoriza a introdução de previsão reconhecendo o direito à renegociação contratual à prestação tornada excessivamente onerosa em decorrência da verificação de

444 MARINO, Francisco Paulo de Cescenzo Marino. **Revisão Contratual: Onerosidade Excessiva e Modificação Contratual Equitativa**. São Paulo: Almedina, 2020, p. 75.

445 ROPPO, Vincenzo. **Il contratto.** 2. ed. Milano: Giuffré Editore, 2011, p. 945.

446 MARINO, Francisco Paulo de Cescenzo Marino. **Revisão Contratual: Onerosidade Excessiva e Modificação Contratual Equitativa**. Op. cit., p. 75-76.

447 MARINO, Francisco Paulo de Cescenzo Marino. **Revisão Contratual: Onerosidade Excessiva e Modificação Contratual Equitativa**. Op. cit., p. 77.

448 "Art. 1.467. Contratos bilaterais. Nos contratos de execução contínua ou periódica ou, até mesmo, de execução diferida, se a prestação de uma das partes se tornar excessivamente onerosa pela ocorrência de acontecimentos extraordinários e imprevisíveis, a parte que deve a prestação poderá requerer a resolução do contrato, com os efeitos estabelecido pelo 'art. 1.458. A resolução não pode ser requerida se o ônus superveniente se enquadrar no âmbito normal do contrato. A parte contra a qual a resolução é demandada poderá evitá-la oferecendo uma modificação equitativa nas condições do contrato" (tradução livre). *"Art. 1.467 Contratto con prestazioni corrispettive. Nei contratti a esecuzione continuata o periodica ovvero a esecuzione differita, se la prestazione di una delle parti è divenuta eccessivamente onerosa per il verificarsi di avvenimenti straordinari e imprevedibili, la parte che deve tale prestazione può domandare la risoluzione del contratto, con gli effetti stabiliti dall'art. 1458. La risoluzione non può essere domandata se la sopravvenuta onerosità rientra nell'alea normale del contratto. La parte contro la quale è domandata la risoluzione può evitarla offrendo di modificare equamente le condizioni del contratto."*

circunstâncias supervenientes.[449] Trata-se, conforme pontua Sirena, de uma proposta coerente com o desenvolvimento do Direito europeu, que busca soluções para a preservação dos contratos após a verificação de alteração de circunstâncias.[450] Menos do que um verdadeiro remédio genérico para a tutela do sinalagma, a proposta visa introduzir um remédio adicional, mas ainda assim sim excepcional.[451] Sua edição em tempos pandêmicos parece revelar o tipo de situação que buscava ser contemplada.

Em solo brasileiro, entre as famílias acima apresentadas, logo fica evidente a inspiração italiana para a redação dos artigos 478 a 480 do Código Civil, que devem ser, ainda assim, mais bem contextualizados.

O Código Civil de 1916 não continha qualquer referência aos atuais artigos 478 e 480 do Código Civil.[452] Já contemplava, no entanto, em seu artigo 1.058, o reconhecimento da possibilidade de exoneração do devedor em caso de não cumprimento de obrigação por força maior ou caso fortuito.[453] Como mais bem explorado adiante, força maior ou caso fortuito podem resultar na

[449] "1. Compete ao Governo adotar, no prazo de um ano a contar da data de entrada em vigor da presente lei, um ou mais decretos legislativos de revisão e integração do código civil, observados os seguintes princípios e critérios orientadores: [...] i) prever o direito das partes dos contratos que se tornaram excessivamente onerosos por causas excepcionais e imprevisíveis de exigirem de boa-fé a sua renegociação ou, na ausência de acordo, de pleitearem em juízo o ajuste das condições contratuais que se restabeleça a proporção entre as prestações originariamente pactuadas entre as partes;" (tradução livre)."*1. Il Governo è delegato ad adottare, entro un anno dalla data di entrata in vigore della presente legge, uno o più decreti legislativi per la revisione e integrazione del codice civile, nel rispetto dei seguenti princìpi e criteri direttivi: [...] i) prevedere il diritto delle parti di contratti divenuti eccessivamente onerosi per cause eccezionali e imprevedibili di pretendere la loro rinegoziazione secondo buona fede o, in caso di mancato accordo, di chiedere in giudizio l'adeguamento delle condizioni contrattuali in modo che sia ripristinata la proporzione tra le prestazioni originariamente convenuta dalle parti;*". Disponível em: https://www.senato.it/japp/bgt/showdoc/18/DDLPRES/0/1106422/index.html?part=ddlpres_ddlpres1-articolato_articolato1. Acesso em: 18 de junho de 2022.

[450] SIRENA, Pietro. **Eccessiva onerosità sopravvenuta e rinegoziazione del contratto**: verso una riforma del codice civile, Op. cit., p. 1.

[451] SIRENA, Pietro. **Eccessiva onerosità sopravvenuta e rinegoziazione del contratto**: verso una riforma del codice civile, Op. cit., p. 14.

[452] ZANETTI, Cristiano de Sousa. **O risco contratual**, Op. cit., p. 456.

[453] Art. 1.058. O devedor não responde pelos prejuízos resultantes de caso fortuito, ou força maior, se expressamente não se houver por eles responsabilizado, exceto nos casos dos art. 955, 956 e 957. Parágrafo único. O caso fortuito, ou de força maior, verifica-se no fato necessário, cujos efeitos não era possível evitar, ou impedir.

impossibilidade de cumprimento não imputável, e representam situações distintas da frustração do fim ou de alteração no próprio sinalagma pela verificação de circunstâncias supervenientes.

Como os acasos da vida se impõem, na construção de regimes independentes de alterações supervenientes e das hipóteses da impossibilidade superveniente independente de culpa, em 1935 houve, possivelmente pela primeira vez, referência à cláusula *rebus sic standibus* em julgado do Supremo Tribunal Federal.[454] Sob a perspectiva dogmática, as construções possuíam fundamentos múltiplos que incluíam, até mesmo, a Teoria da Base do Negócio, já objeto de estudos por doutrinadores brasileiros.[455] Essa tendência apenas foi quebrada com a edição do Código de Defesa do Consumidor (CDC), em 1990.

Isso porque, ao tratar de contratos não paritários, marcados pela hipossuficiência de uma das partes, o artigo 6º, V, do CDC reconheceu como direito básico do consumidor "a modificação das cláusulas contratuais que estabeleçam prestações desproporcionais ou sua revisão em razão de fatos supervenientes que as tornem excessivamente onerosas". Difícil afirmar que o referido dispositivo representou, por exemplo, um reconhecimento da Teoria da Base do Negócio no Direito brasileiro. Afinal, seu âmbito de aplicação e, por consequência, os requisitos para sua configuração são flexíveis, bastando a verificação de circunstância superveniente e onerosidade excessiva. Diante da amplitude do direito revisional ali previsto, Judith Martins-Costa narra o surgimento de diversas decisões judiciais, amparadas nos mais diferentes fundamentos, inclusive em casos envolvendo relações paritárias, sujeitas às regras civis, citando-se, para tal transposição, a teoria do diálogo das fontes.[456]

Além do CDC, a tutela do sinalagma vinha igualmente contemplada em lei específica, qual seja a Lei do Inquilinato,[457] Dessa forma, o artigo 19 prevê a possibilidade de revisão de seu valor após três anos de vigência de contrato

454 MARTINS-COSTA, Judith; SILVA, Paula Costa e. **Crise e Perturbações no Cumprimento da Prestação**: estudo de direito comparado luso-brasileiro. Op. cit., p. 195.

455 MARTINS-COSTA, Judith; SILVA, Paula Costa e. **Crise e Perturbações no Cumprimento da Prestação**: estudo de direito comparado luso-brasileiro. Op. cit., p. 195.

456 MARTINS-COSTA, Judith; SILVA, Paula Costa e. **Crise e Perturbações no Cumprimento da Prestação**: estudo de direito comparado luso-brasileiro. Op. cit., p. 195.

457 Lei n. 8.245, de 18 de outubro de 1991. Segue a transcrição do dispositivo mencionado: "Art. 19. Não havendo acordo, o locador ou locatário, após três anos de vigência do contrato

ou de outro acordo prévio, a fim de ajustá-lo ao preço de mercado. A superveniência, neste caso, se relaciona à própria variação inerente ao funcionamento do mercado, não capturada no valor originalmente fixado. Trata-se de critério objetivo e desvinculado da ocorrência de eventos extraordinários ou imprevisíveis.[458]

No campo dos contratos administrativos, é comum a referência à aplicação da teoria da imprevisão, até pela forte influência francesa na construção do Direito Administrativo brasileiro. A Constituição Federal e legislação específica, notadamente a Lei n. 8.666/1993, como contrapartida pelas cláusulas exorbitantes reconhecidas à Administração Pública, preveem o direito do contratado privado de ter mantidas, ao longo de toda a vigência, as premissas econômico-financeiras que formalizaram o sinalagma genético do contrato. Há que se ponderar, contudo, que as relações envolvendo a Administração Pública e agentes privados são embasadas em princípios e fundamentos próprios, como a supremacia do interesse público sobre o interesse privado.[459] Ainda que no Brasil a matéria administrativa não se submeta à jurisdição especial, a sua lógica particular deve ser levada em consideração na construção do regime geral da alteração das circunstâncias. Isso justificaria, assim, um tratamento particular e com requisitos de aplicação específicos.

No processo que culminou na edição do Código Civil de 2002, houve um esforço de se viabilizar o que se denominou como "convergência de valores individuais e sociais".[460] Embora Miguel Reale, em sua fala em conferência realizada com membros da Comissão Especial constituída para dar parecer ao projeto do atual Código, mencionasse que devesse aplicar-se às hipóteses de excessiva onerosidade o remédio da revisão e adaptação do contrato às novas

ou do acordo anteriormente realizado, poderão pedir revisão judicial do aluguel, a fim de ajustá-lo ao preço de mercado."

458 SCHREIBER, Anderson. **Equilíbrio Contratual e Dever de Renegociar**. São Paulo: Saraiva, 2018, p. 186.

459 Não se ignora a evolução e relativização de tais princípios em tempos mais recentes, bem como a introdução de critérios contundentes.

460 REALE, Miguel. 2ª Reunião: conferência. 5 ago. 1975. In: MENCK, José Theodoro Mascarenhas. **Código Civil no debate parlamentar**: elementos históricos da elaboração da Lei n. 10.406, de 2002: v. 1: audiências públicas e relatórios (1975-1983): t. 1-4. Brasília: Câmara dos Deputados, 2012, p. 66.

circunstâncias,[461] fato é que a redação final do Código Civil acabou refletindo solução mais limitada, de inspiração italiana (na redação original do Código Civil italiano de 1942), conforme se verifica a partir da leitura dos artigos 478 e 479, ao menos no que se refere aos contratos em geral. Tal movimento se deu não obstante o conhecimento pela doutrina nacional de outras correntes dedicadas ao oferecimento de solução para o mesmo dilema, o que reforçaria a hipótese da intencionalidade da limitada abrangência do regime geral de alteração das circunstâncias brasileiro.

Colocando-se lado a lado os artigos 478 a 480 do Código Civil ao artigo 1.467 do Código Civil Italiano, as semelhanças ficam demonstradas:

Código Civil brasileiro	Código Civil italiano
Art. 478. Nos contratos de execução continuada ou diferida, se a prestação de uma das partes se tornar excessivamente onerosa, com extrema vantagem para a outra, em virtude de acontecimentos extraordinários e imprevisíveis, poderá o devedor pedir a resolução do contrato. Os efeitos da sentença que a decretar retroagirão à data da citação.	*Art. 1.467. Nei contratti a esecuzione continuata o periodica, ovvero a esecuzione differita (1), se la prestazione di una delle parti è divenuta eccessivamente onerosa per il verificarsi di avvenimenti straordinari e imprevedibili (2), la parte che deve tale prestazione può domandare (3) la risoluzione del contratto, con gli effetti stabiliti dall'articolo 1458 (4).*
Sem correspondência	*La risoluzione non può essere domandata se la sopravvenuta onerosità rientra nell'alea normale del contratto*
Art. 479. A resolução poderá ser evitada, oferecendo-se o réu a modificar eqüitativamente as condições do contrato	*La parte contro la quale è domandata la risoluzione può evitarla offrendo di modificare equamente le condizioni del contratto*

461 REALE, Miguel. 2ª Reunião: conferência. 5 ago. 1975. In: MENCK, José Theodoro Mascarenhas. **Código Civil no debate parlamentar**: elementos históricos da elaboração da Lei n. 10.406, de 2002: v. 1: audiências públicas e relatórios (1975-1983). Op. cit., p. 66.

Código Civil brasileiro	Código Civil italiano
Art. 480. Se no contrato as obrigações couberem a apenas uma das partes, poderá ela pleitear que a sua prestação seja reduzida, ou alterado o modo de executá-la, a fim de evitar a onerosidade excessiva.	*Art. 1.468 Contratto con obbligazioni di una sola parte. Nell'ipotesi prevista dall'articolo precedente, se si tratta di un contratto nel quale una sola delle parti ha assunto obbligazioni, questa può chiedere una riduzione della sua prestazione ovvero una modificazione nelle modalità di esecuzione, sufficienti per ricondurla ad equità.*[462]

Quadro 1 - Comparação entre Código Civil brasileiro e o Código Civil italiano[463]

Mantendo o enfoque nas relações bilaterais, os requisitos para a possibilidade de resolução por onerosidade excessiva previstos no artigo 478 do Código Civil são exatamente os mesmos que constam ao menos do caput do artigo 1.467 da inspiração italiana. O legislador brasileiro, contudo, acabou omitindo disposição relevante que afasta a possibilidade de aplicação do regime da superveniente onerosidade excessiva quando a onerosidade estiver vinculada à verificação de riscos contemplados dentro da álea ordinária do contrato. Tal exclusão pode ser criticada, já que manteria dentro de seu âmbito de aplicação circunstâncias previsíveis ou ordinárias, mas que pudessem afetar o sinalagma funcional do contrato.[464] Em 2006, porém, o Enunciado n. 366 aprovado na IV Jornada de Direito Civil, realizada pelo Centro de Estudos Judiciários do Conselho da Justiça Federal esclareceu que "o fato extraordinário e imprevisível causador de onerosidade excessiva é aquele que não está

462 "Art. 1.468. Contrato Unilateral. Na hipótese prevista no artigo precedente, caso se trate de um contrato no qual as obrigações caibam a apenas uma das partes, poderá ela pleitear que a sua prestação seja reduzida, ou alterado o modo de executá-la, de modo suficiente para reconduzi-la à equidade" (tradução livre).

463 Elaboração própria.

464 PELA, Juliana Krueger. **Risco e contratos empresariais:** a aplicação da resolução por onerosidade excessiva. In: Salles, Marcos Paulo de Almeida; Sztajn, Rachel; Teixeira, Tarcísio (coords.). Direito empresarial: estudos em homenagem ao Professor Haroldo Malheiros Duclerc Verçosa. São Paulo: IASP, 2015, p. 492.

coberto objetivamente pelos riscos próprios da contratação",[465] indicando o preenchimento da lacuna relevante deixada pelo legislador.

Além dos artigos 478 a 480 já citados, outro dispositivo que compõe as hipóteses atinentes às alterações de circunstâncias no direito brasileiro é o artigo 317,[466] objeto de divergência doutrinária em relação à sua aplicação mais ampla ou restrita.

O artigo 317 do Código Civil, diferentemente dos artigos 478 a 480, que compõem o Título V, Capítulo II, Seção IV, que trata das hipóteses de extinção do vínculo contratual dentro do regime geral dos contratos, está localizado no Título III, Seção III, do Código, que é dedicado ao objeto do pagamento no contexto do adimplemento e extinção das obrigações. Sob seus termos, o juiz, a pedido da parte, poderá corrigir a prestação para assegurar o seu valor real caso, por motivos imprevisíveis, a prestação devida no momento da execução se torne manifestamente desproporcional.

Como sintetizado por Judith Martins-Costa, referido dispositivo representa a "consagração legislativa da revisão judicial das prestações em virtude de desequilíbrio ou desproporção, superveniente à formação da relação obrigacional".[467] Embora tenha, ao final, refletido redação ampla, conforme se depreende a partir do resgate do processo legislativo correspondente, em sua origem o dispositivo buscava tutelar hipótese específica, envolvendo a desproporção entre prestação e contraprestação vinculada a um processo de desvalorização da moeda.[468] Como redigido, o artigo parece ir muito além de tal hipótese particular, admitindo, ao menos a partir de uma interpretação meramente textual, a possibilidade de revisão judicial em caso de desproporcionalidade atribuível à materialização de qualquer evento superveniente.[469]

465 Disponível em: https://www.cjf.jus.br/enunciados/enunciado/486#:~:text=O%20fato%20extraordin%C3%A1rio%20e%20imprevis%C3%ADvel,pelos%20riscos%20pr%C3%B3prios%20da%20contrata%C3%A7%C3%A3o.

466 Art. 317. Quando, por motivos imprevisíveis, sobrevier desproporção manifesta entre o valor da prestação devida e o do momento de sua execução, poderá o juiz corrigi-lo, a pedido da parte, de modo que assegure, quanto possível, o valor real da prestação.

467 MARTINS-COSTA, Judith. **Comentários ao novo Código Civil**, v. 5, t. 1. Rio de Janeiro: Forense, 2003, p. 229.

468 MARTINS-COSTA, Judith. **Comentários ao novo Código Civil**, *Op. Cit*, p. 233.

469 MARTINS-COSTA, Judith. **Comentários ao novo Código Civil**, *Op. Cit*, p. 233.

Em pesquisa dedicada ao tema, Marino identifica que a doutrina nacional envolvendo a aplicação do artigo 317 do Código Civil estaria dividida em três correntes principais.[470]

A primeira delas restringiria seu campo de incidência às obrigações pecuniárias. Já a segunda, segundo o autor, possivelmente majoritária, entenderia que o artigo se aplicaria a toda e qualquer prestação, inclusive no contexto de relações bilaterais, já sujeitas aos artigos 478 a 480 do Código Civil. Seu fundamento se extrairia da própria literalidade do dispositivo e da necessidade de sua conciliação com outros princípios identificados na boa-fé, função social e equilíbrio dos contratos. Já a terceira, ainda residual, removeria do seu campo de atuação os contratos em geral, circunscrevendo referido artigo apenas às obrigações não contratuais.

O autor mencionado se filia à primeira corrente, concluindo que o artigo 317 se aplica exclusivamente a obrigações pecuniárias, como exceção ao princípio do nominalismo refletido no artigo 315 do Código Civil.[471] Para extrair tal conclusão, o autor inicialmente recupera o histórico envolvendo o processo legislativo que acabou por culminar na redação final do artigo 317.[472] Como narra igualmente Frantz, o artigo 317 do Código Civil foi inicialmente redigido para endereçar as hipóteses de desvalorização da moeda.[473] Destarte, conferia-se ao juiz, após provocação da parte, o poder de corrigir a prestação quando verificada desvalorização da moeda que pusesse modificar a relação de correspondência entre as prestações. O dispositivo, contudo, acabou sendo objeto de diferentes emendas. Em uma delas, esclareceu-se que o poder do juiz na correção da prestação corresponderia à prerrogativa de se determinar a sua correção monetária, a partir de índices oficiais, conforme aplicados após a realização de cálculo por contador, o qual se aplicaria independentemente de provocação da parte. Em determinado ponto do processo legislativo, a expressão "desvalorização monetária", que deixava bastante

[470] MARINO, Francisco Paulo de Cescenzo Marino. **Revisão Contratual: Onerosidade Excessiva e Modificação Contratual Equitativa**. Op. cit., p. 25-26.

[471] Art. 315. As dívidas em dinheiro deverão ser pagas no vencimento, em moeda corrente e pelo valor nominal, salvo o disposto nos artigos subseqüentes.

[472] MARINO, Francisco Paulo de Cescenzo Marino. **Revisão Contratual: Onerosidade Excessiva e Modificação Contratual Equitativa**. Op. cit., p. 27.

[473] FRANTZ, Laura Coradini. **Excessiva Onerosidade Superveniente**: uma análise dos julgados do STJ. Op. cit. p. 216.

clara a razão impulsionadora do dispositivo, acabou sendo excluída, de modo a permitir a ampliação de sua abrangência.[474] Ainda assim, fica evidente, a partir da recuperação do histórico que acabou por culminar em sua redação inicial, a preocupação latente em relação à aplicação de correção monetária às obrigações pecuniárias, em um contexto hiperinflacionário.[475] Além disso, sob a perspectiva sistemática, a própria localização do dispositivo não poderia ser considerada fruto do mero acaso, corroborando a tese de que, dentro de uma ótica sistemática e até mesmo derivada de construção jurisprudencial, referido artigo trata da correção monetária de obrigações pecuniárias.

Na construção deste panorama legislativo, cabe, ainda, referência à chamada Declaração dos Direitos de Liberdade Econômica, nos termos da Lei n. 13.874, de 20 de setembro de 2019, editada a partir da conversão da Medida Provisória n. 881, de 30 de abril de 2019 (Lei da Liberdade Econômica). Essencialmente, a Lei da Liberdade Econômica reforçou princípios e normas já extraíveis a partir da interpretação do ordenamento jurídico, e, em especial, o reconhecimento e proteção à autonomia privada[476]. A técnica legislativa adotada não é livre de críticas e sua eficácia é questionável, embora a iniciativa seja meritosa.

Para os fins aqui almejados, destaca-se a partir da Lei da Liberdade Econômica a orientação pela interpretação dos negócios jurídicos, respeitando-se a boa-fé e o cumprimento das disposições acordadas no exercício da autonomia da vontade (vide artigo 1º, § 2º), notadamente nos contratos interempresariais.[477] Foi, ademais, explicitada a presunção da simetria e paridade nos

474 FRANTZ, Laura Coradini. **Excessiva Onerosidade Superveniente**: uma análise dos julgados do STJ. Op. cit. p. 216.

475 MARINO, Francisco Paulo de Cescenzo Marino. **Revisão Contratual: Onerosidade Excessiva e Modificação Contratual Equitativa**. Op. cit., p. 29.

476 FORGIONI, Paula A. A interpretação dos negócios jurídicos II: alteração do art. 113 do Código Civil: art. 7º, in Floriano Peixoto Marques Neto; Otavio Luiz Rodrigues Jr.; Rodrigo Xavier Leonardo (coords.), Comentários à Lei de Liberdade Econômica, São Paulo, Thomson Reuters, 2019.Comentários à Lei da liberdade econômica, Ebook, RB-20.2.

477 "A proclamação da natural simetria presente nos contratos empresariais buscou reagir à visão de parte da doutrina e da jurisprudência, tendente a admitir maior intervenção na autonomia das partes, sobretudo por meio de interpretação das normas jurídicas excessivamente calcada nos princípios jurídicos, notadamente os de índole constitucional." MARINO, Francisco Paulo de Crecenzo. **Comentário ao Artigo 421-A do Código Civil: Presunção de Paridade e Simetria em Contratos Civis e Empresariais**. In: MARTINS-COSTA, Judith;

contratos civis e empresariais (*caput* do artigo 421-A do Código Civil, conforme alterado), ficando assegurada o respeito à distribuição de riscos fixada pelas partes, e aos parâmetros interpretativos objetivamente determinados (artigo 421-A, I e II, do Código Civil, conforme alterado). Reforçando o que já vinha sendo construído em âmbito jurisprudencial e doutrinário, o inciso III do artigo 421-A, orientou os holofotes à intervenção mínima, reconhecendo a excepcionalidade da revisão dos contratos.[478] Por meio das alterações propostas ao Código Civil foi explicitado como um direito essencial ao desenvolvimento e ao crescimento econômico "a garantia que os negócios jurídicos empresariais paritários serão objeto de livre estipulação das partes pactuantes, de forma a aplicar todas as regras de direito empresarial apenas de maneira subsidiária ao avençado, exceto normas de ordem pública" (artigo 3°, VIII).

Enfim, nada revolucionário, mas um reforço a normas e princípios que já deveriam representar o óbvio. Concorda-se, contudo, com a posição de Forgioni de que mesmo o óbvio pode servir ao propósito de "reverberar", conferindo maior intensidade àquilo enunciado em norma e princípio refletidos expressamente em lei.[479] Tal função é especialmente relevante se considerado que, na prática, árbitros dedicados às relações empresárias, Varas Especializadas ou Câmaras Reservadas de Direito Empresarial no julgamento de demandas envolvendo disputas envolvendo o Direito Comercial são minoritários na realidade brasileira.[480]

Da conjunção dos elementos históricos, interpretativos, literais e sistemáticos verifica-se que o regime de alteração de circunstâncias no Direito brasileiro contempla hipóteses independentes daquelas envolvendo a impossibilidade de cumprimento não imputável, com âmbito de aplicação bem determinado e restrito. Nesse sentido, pensando-se nas relações sinalagmáticas, concorda-se com a conclusão de Judith Martins-Costa. Segundo a doutrinadora, a preservação do equilíbrio contratual não representa um princípio geral nas

NITSCHKE, Guilherme Carneiro Monteiro (org.). Direito privado na lei da liberdade econômica. São Paulo: Almedina, 2022, Ebook, p. 231.

[478] FORGIONI, Paula A. **A interpretação dos negócios jurídicos** II: alteração do art. 113 do Código Civil: art. 7º, *Op; Cit.*, Ebook, RB-20.2.RB 20-8

[479] FORGIONI, Paula A. A interpretação dos negócios jurídicos II: alteração do art. 113 do Código Civil: art. 7º, *Op; Cit.*, Ebook, RB-20.2.RB 22.1.

[480] FORGIONI, Paula A. A interpretação dos negócios jurídicos II: alteração do art. 113 do Código Civil: art. 7º, *Op; Cit.*, Ebook, RB-20.2.RB 22.1.

relações tuteladas pelo Código Civil, diferentemente das escolhas refletidas em outros sistemas jurídicos e que vêm ganhando maior predominância em âmbito europeu. Nas palavras de Judith Martins-Costa, portanto, as fontes de modificação das obrigações pactuadas encontram respaldo na própria lei, pelos institutos da lesão e da onerosidade excessiva superveniente, e na autonomia privada.[481] Igualmente, não se poderia esgarçar a boa-fé objetiva a ponto de impor a criação de normas jurídicas, circunscrevendo-se a competência legislativa. Maior cuidado ainda deve haver na aplicação de princípios gerais como a solidariedade social, que, em sua amplitude e aparente benevolência, poderia a tudo justificar.

Com referência ao histórico legislativo envolvendo a matéria, conclui Judith Martins-Costa[482] pela inexistência de um princípio geral de adaptabilidade dos contratos em caso de verificação de alterações supervenientes e ausência de uma regra geral de preservação do equilíbrio econômico-financeiro do contrato. Existem apenas regimes específicos e com requisitos bem-delimitados que compõem as normas que tutelam o sinalagma funcional do contrato. Esses regimes ainda merecem interpretação restritiva quando se está diante de relações empresariais e paritárias.

Esse entendimento diverge, assim, de construções doutrinárias mais recentes que prezam pela existência de um dever de renegociação contratual derivado da boa-fé e da aplicação do artigo 317 em sua perspectiva mais ampla.[483] De fato, em nível internacional verifica-se momento de especial sensibilidade com relação à preservação e adequação dos contratos, notadamente diante de circunstâncias extremas e atípicas como a própria pandemia da Covid-19, a guerra da Ucrânia e a inflação crescente globalmente.[484] Hipóteses extraordinárias podem exigir a implementação de soluções temporárias igualmente transitórias, o que é substancialmente distinto da construção de deveres a partir da reinterpretação de opções legislativas historicamente adotadas.

481 MARTINS-COSTA, Judith. **A boa-fé no direito privado: critérios para a sua aplicação.** 2. ed. São Paulo: Saraiva, 2018, p. 650.

482 MARTINS-COSTA, Judith; SILVA, Paula Costa e. **Crise e Perturbações no Cumprimento da Prestação:** estudo de direito comparado luso-brasileiro. Op. cit., p. 203.

483 SCHREIBER, Anderson. **Equilíbrio Contratual e Dever de Renegociar**. São Paulo: Saraiva, 2018.

484 SIRENA, Pietro. **Eccessiva onerosità sopravvenuta e rinegoziazione del contratto**: verso una riforma del codice civile, Op. cit.

Adentrando o campo da impossibilidade não imputável, e deixando de lado as hipóteses em relação às quais a impossibilidade é originária ou decorrente de inadimplemento, aquela pode ser de natureza total ou parcial, absoluta ou relativa. Verifica-se que, de sua configuração, pode decorrer a extinção da obrigação.[485] Trata-se de campo do qual a força maior e o caso fortuito, regidos pelo artigo 393 do Código Civil, são apenas espécies. A dificuldade no campo da impossibilidade é que sua disciplina no Código Civil é pouco sistematizada, sendo necessária para a reconstrução desse sistema a consulta a diferentes dispositivos normativos, ora de natureza geral, ora aplicáveis a um tipo contratual específico.[486] Existem ainda nuances de sua verificação que, embora relevantes para fins de distinção em relação, por exemplo, do regime da excessiva onerosidade superveniente, acabaram não contempladas no Código Civil. Referência se faz às hipóteses de desaparecimento e frustração do fim. A falta de sistematicidade poderia ser atribuída, de acordo com Judith Martins-Costa, à evidente mistura de origens no regime geral da alteração de circunstâncias refletida no Direito brasileiro.[487]

Por fim, não se ignora o fato que o Código Civil também contempla outras disposições que tratam de situações envolvendo perturbações no cumprimento das prestações contratuais.[488]

Um desses grupos de regras e princípios incide diretamente no momento da formação dos contratos, tutelando, assim, a formação do sinalagma genético. Nesse grupo, poderiam ser incluídos os institutos do erro, do dolo, da lesão ou do estado de perigo, que, assim, implicam o reconhecimento de um vício na formação do negócio jurídico, levando ao potencial reconhecimento de sua anulação.

Além desses institutos, seria possível ainda mencionar algumas regras gerais que incidem durante todo o desenvolvimento do vínculo obrigacional,

485 AGUIAR JÚNIOR, Ruy Rosado de. **Extinção dos contratos por incumprimento do devedor**. Rio de Janeiro: Aide Editora, 2003, p. 24;

486 MARTINS-COSTA, Judith. **Comentários ao novo Código Civil**, v. 5, t. II. Rio de Janeiro: Forense, 2009, p. 285-286.

487 MARTINS-COSTA, Judith; SILVA, Paula Costa e. **Crise e Perturbações no Cumprimento da Prestação**: estudo de direito comparado luso-brasileiro. Op. cit., p. 203

488 MARTINS-COSTA, Judith; SILVA, Paula Costa e. **Crise e Perturbações no Cumprimento da Prestação**: estudo de direito comparado luso-brasileiro. Op. cit., p. 143-144.

visto sob seu aspecto dinâmico.[489] Vide, nesse sentido, por exemplo, os artigos 421 e 422, que tratam da autonomia da vontade e da boa-fé objetiva, entendida sob a ótica dos deveres positivos e negativos dela decorrentes. Ainda seria possível mencionar as regras gerais que tutelam a responsabilidade extracontratual pela verificação de ato ilícito do qual derive a verificação de dano. Não se deve esquecer, ademais, das exceções sinalagmáticas, como a exceção do contrato não cumprido e a exceção de inseguridade.

Preferiu-se adotar recorte pautado nos institutos da impossibilidade e da resolução por onerosidade excessiva.

A uma, porque, sendo o objeto de análise a Cláusula MAC em contratos de compra e venda de participação societária e sua aplicação em caso de verificação de alteração de circunstâncias durante o período interino, assume-se que, na grande maioria dos casos, a sua inclusão se dará no âmbito de relação firmada entre partes especializadas, bem-assessoradas e sofisticadas. Nesse contexto, abre-se limitada margem para aplicação de institutos como o erro ou a lesão.[490]

Também não se está diante de situação na qual uma das partes omite informação para a outra parte ou, em caráter superveniente, descobre-se ter sido prestada informação incorreta ou imprecisa. Neste caso, além de inadimplemento propriamente dito, poderia inquirir-se sobre a possibilidade de aplicação do instituto do dolo, notadamente em sua forma omissiva.[491]

Embora os artigos 421 e 422 reflitam princípios relevantes na interpretação dos negócios jurídicos, inclusive no contexto da aplicação da Cláusula MAC, entende-se que sua aplicação se dá em caráter subsidiário, já que existem normas que tratam especificamente das potenciais consequências e remédios derivados da ocorrência de alteração de circunstâncias e seus efeitos sobre o sinalagma funcional.

A exceção de inseguridade igualmente consiste em um instituto vinculado à tutela do sinalagma funcional. Envolve, dessa forma, hipótese na qual

[489] SILVA, Clóvis V. do Couto e. A obrigação como processo. Reimpressão. Rio de Janeiro: Editora FGV, 2006.

[490] VERÇOSA, Haroldo Malheiros Duclerc. SZTAJN, Rachel (coat). **Direito comercial: teoria geral do contrato.** 2. ed. São Paulo: Revista dos Tribunais, 2014. v. 4, p. 300.

[491] BENETTI, Giovana. **Dolo no Direito Civil**: uma análise da omissão de informações. São Paulo: Quartier Latin, 2019, p. 63.

o cumprimento das prestações pactuadas por uma das partes se vê em risco pela verificação de uma deterioração na situação patrimonial da parte contrária. Nos termos do artigo 477, a sua invocação permite que a parte se recuse à prestação que lhe incumbe até que a outra satisfaça àquela pela qual se obrigou ou, de forma alternativa, ofereça garantia suficiente para satisfazê-la. Destaque-se que o seu fundamento reside na própria dúvida do cumprimento e, assim, busca evitar uma lesão futura.[492]

Alguns dos pressupostos para sua aplicação seriam a existência de relação bilateral de execução futura (incluindo-se contratos de execução instantânea diferida) e superveniente diminuição do patrimônio daquele que se obrigou a prestar. Trata-se, portanto, de instrumento voltado à tutela do crédito, que gera efeitos na prestação de forma indireta na medida em que acomete aquele que se obrigou, mas não o objeto da prestação em si.[493] Evidente, contudo, que uma deterioração na situação patrimonial do devedor altera a perspectiva de risco de quem tem a expectativa legítima do cumprimento. Sua aplicação aos contratos de compra e venda de participação societária é, em tese, possível. Veja-se, inclusive, que uma das hipóteses que nos precedentes identificados poderia resultar no reconhecimento da ocorrência de um Efeito Material Adverso é a impossibilidade das partes de dar cumprimento às suas obrigações contratuais. Sob essa perspectiva, há um possível campo de coincidência do suporte fático da Cláusula MAC e do instituto da exceção de inseguridade. A exceção de inseguridade poderia servir para postergar a conclusão da operação, enquanto a Cláusula MAC já abriria um caminho para a resolução contratual. É que, sendo o cumprimento das prestações de forma instantâneo, no fechamento, o risco de solvência deveria preocupar principalmente o vendedor. Já sob a ótica da compradora, o aprofundamento de uma crise financeira pelo vendedor poderia atrair outras preocupações, como a possibilidade de a operação ser questionada por outros credores ou até mesmo ser considerada como uma fraude. Mas aí caminhar-se-ia por uma reflexão distinta, mais relacionada a processos de insolvência. Portanto, ainda que não se ignore a suscitação de exceção de inseguridade na compra e

[492] AGUIAR JÚNIOR, Ruy Rosado de. **Extinção dos contratos por incumprimento do devedor**. Rio de Janeiro: Aide Editora, 2003, p. 830.

[493] BIAZI, João Pedro de Oliveira de. **A Exceção de Contrato não Cumprido no Direito Privado Brasileiro**. Rio de Janeiro: LMJ Mundo Jurídico, 2019, p. 29.

venda de participação societária, optou-se por não aprofundar a avaliação neste tema.

A exceção do contrato não cumprido igualmente não compõe o objeto de estudo desta dissertação na avaliação da caracterização e aplicação da Cláusula MAC. Nos contratos de compra e venda de participação societária, o adimplemento das prestações é usualmente formalizado no momento do fechamento, ainda que parcela do preço possa ser contingente à verificação de eventos futuros. As partes, portanto, não elegem uma ordem para o cumprimento das avenças pactuadas. Ainda nos casos de prestações que se concluam após a realização do fechamento, mecanismos alternativos, como a formalização de garantias, representam soluções mais eficientes para a tutela do crédito. Poder-se-ia considerar, em face do acima exposto, a potencial suscitação da exceção do contrato não cumprido, mas os efeitos de tal remédio, no contexto de uma compra e venda de participação societária, parecem igualmente limitados se forem consideradas outras soluções contratuais, como a resolução unilateral expressa do contrato.

4.2.2 Caracterização dogmática

Passa-se agora a descrever os pressupostos e os efeitos dos principais institutos que compõem o que se poderia qualificar genericamente como o regime geral de alteração de circunstâncias.

4.2.2.1 Impossibilidade superveniente não imputável

Inicia-se a exposição a partir do campo dos casos que se poderia qualificar como componentes da espécie de impossibilidade superveniente não imputável. Não se ignora, contudo, divergências doutrinárias acerca do enquadramento da frustração do fim do contrato nesta categoria, como apresentado a seguir.

4.2.2.1.1 Pressupostos

Dentro do gênero da impossibilidade superveniente não imputável, para melhor organizar a exposição, inicialmente se explora a força maior e o caso fortuito e, em seguida, os casos de desaparecimento do fim contratual, realização do fim contratual por outra via e frustração do fim contratual.

4.2.2.1.1.1 Força maior e caso fortuito

A força maior e o caso fortuito são hipóteses que podem ter como resultado a impossibilidade superveniente não imputável. Sua referência conjunta afasta a necessidade de se delimitar e distinguir as hipóteses cobertas por uma ou outra circunstância, já que seus efeitos se equiparam.[494] Materializa-se com a ocorrência, após a contratação da obrigação, de eventos supervenientes, caracterizados pelo artigo 393 do Código Civil como fatos necessários, cujos efeitos não eram possíveis de serem evitados ou impedidos. Pela própria definição, portanto, dispensável o requisito da imprevisibilidade para a subsunção da categoria geral prevista no Código Civil, sendo relevante que seus efeitos não possam ser evitados pelas partes.[495] Caso contrário, se disser respeito a um evento resistível, viabilizando, portanto, a efetivação do acordado, ficaria configurado o nexo de causalidade entre a ação e a consequência danosa, levando ao inadimplemento contratual.[496]-[497] Ademais, não basta que o fato seja necessário, mas deve, ainda, impactar a realização da prestação.[498]

Pautando-se por uma leitura do dispositivo, logo se verifica a presença de elementos textuais a partir dos quais é possível extrair o caráter dispositivo da norma.[499] Nesse sentido, a parte final do artigo contempla uma exceção

[494] PONTES DE MIRANDA, Francisco Cavalcanti. **Tratado de Direito Privado**: t. 23: parte especial: Direito das Obrigações: relações jurídicas obrigacionais. Atualização Nelson Nery Jr. e Rosa Maria de Andrade Nery. São Paulo: Revista dos Tribunais, 2012, p. 157.

[495] TEPEDINO, Gustavo; SCHREIBER, Anderson. **Código Civil Comentado**. Parte IV. Direito das Obrigações. Artigos 233 a 420. Coord. Álvaro Villaça Azevedo. São Paulo: Atlas, 2008, p. 354. Vide ademais PONTES DE MIRANDA, Francisco Cavalcanti. **Tratado de Direito Privado**: t. 23: parte especial: Direito das Obrigações: relações jurídicas obrigacionais. Op. cit., p. 163.

[496] MARTINS-COSTA, Judith. **Comentários ao novo Código Civil**, v. 5, t. II. Op. Cit, p. 289.

[497] PONTES DE MIRANDA, Francisco Cavalcanti. **Tratado de Direito Privado**: t. 23: parte especial: Direito das Obrigações: relações jurídicas obrigacionais. Op. cit., p. 163.

[498] PONTES DE MIRANDA, Francisco Cavalcanti. **Tratado de Direito Privado**: t. 23: parte especial: Direito das Obrigações: relações jurídicas obrigacionais. Op. cit., p. 163.

[499] YAMAJI, Crisleine Barboza. **As previsões contratuais da superveniência de circunstâncias: uma construção teórica à luza das cláusulas de MAC**. Op. cit., p. 122.

à responsabilização para os casos em que o devedor tiver expressamente se responsabilizado pelos riscos da materialização do evento de força maior ou caso fortuito.

Inexistindo condicionante ou limitador, poder-se-ia concluir que o exercício da autonomia da vontade na regulamentação dos efeitos da força maior ou caso fortuito é pleno. Judith Martins-Costa pondera, contudo, que, no Direito pátrio, encontram-se limitações à assunção convencional dos riscos do fortuito e da força maior.[500] Tais limitações aplicar-se-iam em regimes específicos, como, por exemplo, o Direito do Consumidor, sendo a contratualização, em tais circunstâncias, eivada de nulidade. Mesmo em relações comuns, no entendimento da autora, o exercício da autonomia privada fica limitado por outras regras de natureza geral. A liberdade contratual, portanto, é impedida quando caracterizar "exercício disfuncional (abuso do direito) por violação da boa-fé ou do fim econômico social do contrato".[501]

Convencionalmente, é igualmente possível a introdução de 'cláusulas de equiparação à força maior'. Por meio dessas disposições, conforme terminologia proposta por Judith Martins-Costa, o acordo das partes atribui os efeitos liberatórios típicos do fortuito ou da força maior a eventos que de outra forma não resultariam em tal eficácia.[502]

Em decorrência da redação incorporada no artigo 393 do Código Civil, a assunção do risco do fortuito e da força maior depende de previsão expressa.[503]

4.2.2.1.1.2 Desaparecimento do fim contratual, realização do fim contratual por outra via e frustração do fim contratual

Para fins de determinação da fronteira sobre a qual se reconhece a verificação de impossibilidade ou até mesmo de superveniente onerosidade excessiva, etapa primordial consiste na determinação do conceito de "prestação".

500 MARTINS-COSTA, Judith. **Comentários ao novo Código Civil**, v. 5, t. II. Rio de Janeiro: Forense, 2009, p. 314.

501 MARTINS-COSTA, Judith. **Comentários ao novo Código Civil**, v. 5, t. II. *Op. Cit*, p. 314.

502 MARTINS-COSTA, Judith. **Comentários ao novo Código Civil**, v. 5, t. II. *Op. Cit*, p. 314.

503 YAMAJI, Crisleine Barboza. **As previsões contratuais da superveniência de circunstâncias: uma construção teórica à luza das cláusulas de MAC**. Op. cit., p. 237.

E nesta tarefa já se enfrentam diversos desafios.[504] Ainda assim, sob a perspectiva dogmática. É relevante explorar o significado jurídico da prestação na medida em que as soluções jurídicas para uma e outra hipótese podem ser distintas. E aqui, algumas situações não usuais geraram dúvidas sobre seu correto enquadramento. Até que ponto, afinal, está-se diante de uma efetiva hipótese de impossibilidade de prestação?[505]

Veja-se, nesse sentido, que, no Direito português, o artigo 790 do Código Civil, ao tratar da impossibilidade objetiva, prevê que "a obrigação se extingue quando a prestação se torna impossível por causa não imputável ao devedor", valendo-se, neste ponto, de inspiração germânica. A disposição não chega a definir o que se pode compreender pelo termo "prestação", explorado então em âmbito doutrinário.

Ao apresentar o desenvolvimento da doutrina germânica e portuguesa, Pires conclui ser entendimento majoritário a inclusão do resultado como parte do conceito de "prestação", ampliando a sua noção e "âmbito regulativo do direito da impossibilidade".[506] Isso gera efeitos evidentes quando se está a tratar justamente do que se deve compreender como uma frustração no cumprimento da prestação pela verificação de circunstâncias supervenientes.

No Brasil, da leitura do Código Civil, seria possível que se concluísse pelo caso fortuito e pela força maior como únicas hipóteses de impossibilidade. Mas existem algumas situações que não decorrem de culpa de qualquer parte, tampouco de um mero desbalanceamento da equação contratual.

O desaparecimento do fim contratual, ou, de outra forma, a sua realização por via distinta daquela prevista originalmente em contrato, são mais bem compreendidos pela indicação de exemplos. São os casos do doente que falece antes da data agendada para a realização de cirurgia, ou do barco encalhado para o qual havia sido contratado o serviço de reboque, mas esse acaba sendo liberado por uma onda gigante.[507]

[504] PIRES, Catarina Monteiro. **Impossibilidade de Prestação**. Coimbra: Almedina, 2020, p. 331. Vide ademais MARTINS-COSTA, Judith; SILVA, Paula Costa e. **Crise e Perturbações no Cumprimento da Prestação**: estudo de direito comparado luso-brasileiro. Op. cit., p. 167.

[505] PIRES, Catarina Monteiro. **Impossibilidade de Prestação**. Op. cit., p. 329.

[506] PIRES, Catarina Monteiro. **Impossibilidade de Prestação**. Op. cit., p. 329.

[507] PIRES, Catarina Monteiro. **Impossibilidade de Prestação**. Coimbra: Almedina, 2020, p. 331. Vide ademais MARTINS-COSTA, Judith; SILVA, Paula Costa e. **Crise e Perturbações no Cumprimento da Prestação**: estudo de direito comparado luso-brasileiro. Op. cit., p. 168.

Em ambos os casos, o que se verifica é a efetiva perda do sentido prático da prestação, por fatores alheios ao controle de quaisquer das partes. Ou seja, há perda do substrato da prestação. Qual o sentido de o médico realizar operação buscando a cura de pessoa já falecida? Para que mover um prestador de serviços especializado em serviços de rebocagem se a embarcação já não se encontra neste estado? Para essas hipóteses, conclui-se, então, ainda se estar no campo da impossibilidade superveniente não imputável, devendo então ser reconhecida a liberação do devedor.[508]

Deve-se, contudo, realizar distinção entre o desaparecimento do fim contratual ou realização do fim contratual por outra via e a frustração do fim contratual. E essa diferenciação não é óbvia.

A frustração do fim contratual, segundo Judith Martins-Costa "importa na perda do sentido da prestação para o credor, por circunstâncias alheias à capacidade ou a disposição do devedor para prestar, porque a concretização do resultado [...] deixou de ser viável".[509] Exemplo clássico da frustração do fim são os *coronation cases*, já mencionados. Aqui, o cumprimento da prestação ainda permanece plenamente possível, mas a razão que deu ensejo e justificou essencialmente a formalização da contratação desaparece. Dessa forma, o cumprimento da prestação demandaria um esforço econômico desproporcional ao sinalagma contratual. Ocorre verdadeira destruição da relação de equivalência.[510]

Um conceito relevante na aplicação da doutrina consiste na identificação do significado da finalidade, que leve ao seu reconhecimento e sua posterior frustração por circunstâncias supervenientes verificadas no cumprimento do programa contratual. Sobre esse tema, Cogo destaca que a finalidade deve ser entendida sob a ótica da "causa concreta".[511] Segundo o referido autor, a causa concreta é "o resultado prático ou a função (concreta) que se extrai do negócio jurídico *in concreto*; relevante e conhecida por ambos os contratantes".

508 MARTINS-COSTA, Judith; SILVA, Paula Costa e. **Crise e Perturbações no Cumprimento da Prestação**: estudo de direito comparado luso-brasileiro. Op. cit., p. 169.

509 MARTINS-COSTA, Judith; SILVA, Paula Costa e. **Crise e Perturbações no Cumprimento da Prestação**: estudo de direito comparado luso-brasileiro. Op. cit., p. 170.

510 COGO, Rodrigo Barreto. **A Frustração do Fim do Contrato:** O impacto dos fatos supervenientes sobre o programa contratual, Op. cit., p. 169

511 COGO, Rodrigo Barreto. **A Frustração do Fim do Contrato:** O impacto dos fatos supervenientes sobre o programa contratual, Op. cit., p. 260-161.

Aqui verifica-se elemento relevante porque, se não for reconhecida pelas partes determinada finalidade para a realização de um dado negócio jurídico, esses passam a ser irrelevantes de modo a não integrar o seu próprio conteúdo, por representarem meros motivos.[512] O que interessa, portanto, é a finalidade comum.

É passível de discussão então o enquadramento desta hipótese dentro dos quadrantes mais restritos da impossibilidade.

E, segundo narra Judith Martins-Costa, tendo identificado a existência de lacuna no ordenamento brasileiro para as hipóteses envolvendo a frustração do fim contratual, Pontes de Miranda acolheu-a dogmaticamente a partir da noção de alterações supervenientes.[513] Evidente que a principal preocupação aqui se direciona aos negócios jurídicos despidos de previsões específicas a tutelar os efeitos das circunstâncias supervenientes sobre o programa contratual.

De um lado, Cogo entende que, se a prestação ainda é possível, seria contraditório compreendê-la como espécie do gênero impossibilidade. Dessa maneira, a frustração do fim do contrato seria matéria atinente aos requisitos de eficácia dos negócios jurídicos, compondo, dessa forma, ramo autônomo àquele da impossibilidade, construído a partir de noções próprias. Isso porque a doutrina da impossibilidade não ofereceria solução adequada às situações envolvendo a frustração do fim contratual.

No que tange ao reconhecimento da frustração do fim do contrato no Direito brasileiro, há que se destacar que tal hipótese não compõe expressamente o regramento atinente ao cumprimento das prestações diante de alteração superveniente.

Mesmo não havendo tratamento expresso, Cogo entende inexistir dúvidas de seu cabimento, podendo seu fundamento ser extraído, por exemplo, a partir do artigo 421 do Código Civil. Segundo o autor, em princípio, o acolhimento da finalidade como elemento relevante a ser considerado poderia ser demonstrado a partir de diferentes dispositivos que compõem o ordenamento jurídico brasileiro. Mais especificamente, no contexto das relações privadas, do artigo 421 do Código Civil, na concepção do autor, derivaria a possível

512 COGO, Rodrigo Barreto. **A Frustração do Fim do Contrato:** O impacto dos fatos supervenientes sobre o programa contratual, Op. cit., p. 309.

513 MARTINS-COSTA, Judith; SILVA, Paula Costa e. **Crise e Perturbações no Cumprimento da Prestação**: estudo de direito comparado luso-brasileiro. Op. cit., p. 170.

conclusão de que a frustração do fim do contrato seria uma das hipóteses nas quais o contrato perderia sua função social. Ainda que se concluísse pela incorreção de tal conclusão, indica o autor que tal fato não representaria óbice à aplicação da frustração do contrato. Menciona, ademais, o Enunciado n. 166 da III Jornada de Direito Civil, o qual prevê que a "frustração do fim do contrato, como hipótese que não se confunde com a impossibilidade da prestação ou com a excessiva onerosidade, tem guarida no Direito brasileiro pela aplicação do artigo 421 do Código Civil". Mesmo que o enunciado seja despido de eficácia vinculante, o autor, que inclusive participou das discussões envolvendo a edição do referido enunciado, nele vislumbra relevante instrumento capaz de orientar a interpretação. O enunciado mencionado se apoia nos artigos 421, 113 e 422 do Código Civil como suporte normativo.

Já Judith Martins-Costa igualmente não exclui a possibilidade de hipótese envolvendo a frustração do fim do contrato. Para tanto, seria necessário que a finalidade constitua o conceito de prestação de forma intrínseca e objetiva. A frustração desta finalidade levaria à exoneração do devedor.

Os julgados envolvendo o reconhecimento da frustração do fim contratual são igualmente raros. Em pesquisa no Tribunal de Justiça do Estado de São Paulo, identificou-se, por exemplo, um único julgado em que a frustração do fim contratual é expressamente mencionada como fundamento para a resolução contratual.[514]

O caso apreciado pela corte envolveu ação de resolução cumulada com perdas e danos ajuizada por uma sociedade empresária em face de uma franqueadora de restaurantes chineses. As partes haviam firmado contrato de prestação de serviços com o objetivo de viabilizar o atendimento ao público consumidor por meio de central de atendimentos centralizada. A autora seria a responsável por prestar esse serviço para a rede de franqueadas da ré. Para tanto, a franqueadora se comprometeu a promover a migração das franqueadas para esse novo sistema. A prestadora de serviços ofereceu a estrutura necessária para o atendimento aos clientes, mas, segundo ela, a franqueadora

514 TJSP; Apelação Cível 0061241-41.2011.8.26.0114; Relator (a): Edgard Rosa; Órgão Julgador: 27ª Câmara Extraordinária de Direito Privado; Foro de Campinas - 3ª. Vara Cível; Data do Julgamento: 07/08/2017; Data de Registro: 14/11/2017.

não foi capaz de fazer com que as franqueadas aderissem ao novo modelo de prestação de serviços. A autora então pleiteou a resolução do contrato por inadimplemento, com condenação ao pagamento do valor indicado em cláusula penal. Em sede de apelação, o relator ponderou que a disputa, em verdade, envolvia um caso de "parceria comercial malsucedida fundada em expectativas e projeções iniciais que se frustraram em grande medida porque havia interesse de terceiros que não foram levados em conta".[515] Já que nenhuma das partes previa a resistência dos franqueados na adesão ao novo modelo de atendimentos, houve verdadeira "frustração do fim do contrato". Nas razões de decidir, utilizou-se como fundamento normativo os deveres anexos decorrentes da boa-fé objetiva, o princípio da conservação dos contratos e a função social do contrato. Há também inclusão de citação doutrinária que menciona o Enunciado n. 166 da III Jornada de Direito Civil.

O precedente acima mencionado é interessante por envolver uma relação empresarial. A frustração do fim contratual foi utilizada como base para a distribuição de risco não antevisto originalmente pelas partes. Na qualidade de franqueadora, porém, causa surpresa que essa não tivesse considerado a necessidade de adesão dos franqueados ao serviço. Sua posição a colocava em melhor posição para assumir o risco. O negócio poderia ter sido celebrado sob a forma condicional, já que sua realização estava atrelada a fato futuro e incerto. Em nenhum momento, contudo, o julgado contrapõe a conduta do franqueador àquela de um empresário de razoável diligência. Assim, apenas concluiu pela verificação de um negócio malsucedido, não atribuível a qualquer das partes. Seria essa uma boa aplicação da teoria da frustração do fim contratual?

Entende-se que não. A frustração do fim contratual não deve ser uma saída para uma parte que, dentro dos parâmetros de referência do empresário médio, não adotou as cautelas adequadas ao assumir um compromisso de natureza vinculante. É esse o fato que distingue o precedente apreciado pelo Tribunal de Justiça de São Paulo dos conhecidos casos de coroação.

[515] TJSP; Apelação Cível 0061241-41.2011.8.26.0114; Relator (a): Edgard Rosa; Órgão Julgador: 27ª Câmara Extraordinária de Direito Privado; Foro de Campinas - 3ª. Vara Cível; Data do Julgamento: 07/08/2017; Data de Registro: 14/11/2017.

Para aquelas controvérsias que envolvam, essencialmente, um desequilíbrio no sinalagma fundado essencialmente no elemento econômico, adentra-se nas hipóteses que, no regramento jurídico brasileiro, se encontram sob a tutela dos artigos 317 e 478 a 480 do Código Civil, explorados adiante.

4.2.2.1.2 Efeitos

As hipóteses de impossibilidade geram como consequência a extinção do vínculo contratual sem que haja o reconhecimento de qualquer pretensão indenizatória. Evidente que devem ser daqui excluídos os casos em que o não cumprimento ou a própria impossibilidade sejam de qualquer forma imputáveis ou representem mera dificuldade ou agravamento do ônus correspondente.[516]

Mesmo que se considere a doutrina da frustração do fim do contrato, assumindo que a finalidade componha o conteúdo intrínseco da própria prestação, as hipóteses de mero agravamento não estariam nela contemplados. Deve haver efetiva destruição do sinalagma, hipótese em que, analogamente à impossibilidade, opera-se a liberação do devedor, e a consequente resolução do contrato.

Especificamente nos casos de caso fortuito e de força maior, cumpre pontuar que existem exceções nas quais o devedor se responsabiliza pelas consequências de sua verificação. Veja-se, nesse sentido, o artigo 583 do Código Civil, o qual estabelece a responsabilidade do comodatário caso, diante da verificação de hipótese de força maior ou de caso fortuito, venha a salvar seus próprios bens e abandone aqueles pertencentes ao comodante. Tal responsabilidade teria como fundamento o dever do comodatário de zelar pela conservação dos bens dados em comodato.

4.2.2.2 Revisão por desproporção manifesta

Após a exposição da impossibilidade superveniente não imputável, aborda-se o teor do artigo 317 do Código Civil. Como já exposto nas linhas precedentes, existe divergência doutrinária em relação ao alcance da norma em referência

516 TEPEDINO, Gustavo; SCHREIBER, Anderson. **Código Civil Comentado**. Parte IV. Op. cit., p. 354.

e, notadamente, aos seus efeitos revisionais e adaptativos da prestação diante de circunstâncias supervenientes que afetem o seu valor real.

4.2.2.2.1 Pressupostos

Preconiza o artigo 317 do Código Civil que, "quando, por motivos imprevisíveis, sobrevier desproporção manifesta entre o valor da prestação devida e o do momento de sua execução, poderá o juiz corrigi-lo, a pedido da parte, de modo que assegure, quanto possível, o valor real da prestação".

Partindo da premissa já consignada de que o referido artigo se aplica exclusivamente às obrigações de natureza pecuniária, a seguir se detalha os requisitos para sua aplicação.

Em síntese, da análise do dispositivo, verifica-se que sua aplicação depende da presença dos seguintes pressupostos: (i) contrato de execução continuada ou diferida; (ii) desproporção manifesta; (iii) ocorrência superveniente; (iv) motivo imprevisível; (v) circunstâncias alheias às partes; (vi) ausência de mora; e (vii) requerimento da parte.[517]

Em relação ao primeiro requisito, este decorre de conclusão lógica. Para que sobrevenha desproporção manifesta que afete o valor da prestação ainda não prestada, deve-se estar diante de contrato cuja prestação seja cumprida de modo diferido ou continuado no tempo, havendo, assim, um interregno de tempo que separe a execução do momento da formação do sinalagma genético.

Além disso, a perturbação no cumprimento da prestação deve ser relevante, de modo a ir além da álea ordinária do negócio aceita pelas partes.

Para que haja a aplicação do artigo 317, é necessário que a relação de equivalência seja afetada após a celebração do contrato e determinação do sinalagma genético. Mais que isso, não basta a ocorrência de circunstância superveniente, sendo necessário, ademais, que a sua verificação seja imprevisível. Isso porque a álea ordinária do contrato não compõe o campo que admite, no Direito brasileiro, a intervenção voltada à adaptação do contrato às novas circunstâncias. A desproporção, ademais, não pode ser de qualquer

[517] NANNI, Giovanni Ettore (org.). **Comentários ao Código Civil**: Direito Privado Contemporâneo. São Paulo: Saraiva, 2019, p. 503.

forma evitável ou contornável por uma das partes, tampouco ser fruto de inadimplemento contratual.

Em sua redação final, o dispositivo não confere ao juiz a prerrogativa de, sem requerimento da parte, proceder a adequação da prestação se entender ter havido superveniente alteração que comprometa a relação de equivalência entre as prestações.

A revisão por desproporção manifesta poderia ter cabimento no contexto de compra e venda de participação societária, mas dentro de uma conjuntura específica. Antes de pago o preço, poderia haver sua excessiva desvalorização ou valorização, afastando-o de sua representação real.[518] Não se confunde, contudo, com a hipótese de superveniente onerosidade excessiva, tampouco com os casos de frustração do fim contratual, que, por força do regime geral, detêm eficácia resolutiva e liberatória, respectivamente.

4.2.2.2.2 Efeitos

Da aplicação do artigo 317 do Código Civil decorre não a resolução do vínculo contratual, mas a adaptação da prestação de forma a fazer com que a obrigação pecuniária volte a refletir seu valor real, a partir da aplicação de índices de correção. Sua eficácia não é automática, ficando condicionada a existência de provimento judicial.

4.2.2.3 Superveniente onerosidade excessiva

No recorte adotado nesta dissertação, o terceiro, e último, instituto que compõe o regime geral da alteração de circunstâncias é a superveniente onerosidade excessiva, sendo seus pressupostos e efeitos abordados adiante.

4.2.2.3.1 Pressupostos

Como destacado por Aguiar Junior, o regime da excessiva onerosidade superveniente tem por objeto tutelar o sinalagma funcional dos contratos bilaterais,

[518] AGUIAR JÚNIOR, Ruy Rosado de. **Extinção dos contratos por incumprimento do devedor.** Op. cit., p. 890.

reconhecendo a possibilidade de, ao tempo do adimplemento, existirem mecanismos que garantam a equivalência entre as obrigações contratadas e, por consequência, a consecução da finalidade almejada pelas partes.[519]

Diferentemente da hipótese de frustração do fim do contrato, a superveniente onerosidade excessiva envolveria um desequilíbrio essencialmente econômico que afetaria a relação de equivalência entre as prestações, derivada da materialização de circunstâncias supervenientes e da verificação de demais requisitos descritos abaixo. Em relação às demais hipóteses de impossibilidade superveniente, a distinção é mais evidente, na medida em que, nas primeiras, o cumprimento não é possível de se realizar, enquanto quando há superveniente onerosidade excessiva há uma dificuldade adicional para se executar uma prestação ainda objetiva ou subjetivamente realizável.[520]

Tal como construída no Código Civil e, novamente, adotando-se o recorte dos contratos bilaterais, a resolução por onerosidade excessiva requer a verificação de quatro pressupostos. São eles a existência de contrato de execução continuada ou diferida, excessiva onerosidade, extrema vantagem e verificação de acontecimentos extraordinário e imprevisível.[521]

Ainda que o foco desta dissertação resida nos contratos bilaterais, comutativos e onerosos, a resolução por onerosidade excessiva igualmente é possível no contexto de relações unilaterais, por força do artigo 480, e de obrigações aleatórias.

Da leitura do artigo 478, conclui-se pela sua aplicação aos contratos de execução continuada (execução continuada propriamente dita ou de execução periódica) ou diferida (instantâneos ou de execução prolongada).

Outro requisito essencial para a sua aplicação é a ocorrência de circunstância superveniente, refletida a partir de fatos extraordinários e imprevisíveis. Em relação a esse ponto, corretamente pontua Aguiar Junior que "o melhor instrumento para avaliar o que é imprevisível [...] é o conceito de álea normal

[519] AGUIAR JÚNIOR, Ruy Rosado de. **Extinção dos contratos por incumprimento do devedor.** Op. cit., p. 876.

[520] AGUIAR JÚNIOR, Ruy Rosado de. **Extinção dos contratos por incumprimento do devedor.** Op. cit., p. 881.

[521] PEREIRA, Caio Mario da Silva. **Instituições de Direito Civil.** Vol. III. Contratos. *Op. Cit*, p. 166.

do contrato".[522] Complementa, ainda, Judith Martins-Costa no sentido que a imprevisibilidade não deve ser aferida enquanto uma qualidade concreta do fato, tampouco a partir de uma verificação concreta da possibilidade da parte de avaliar a potencialidade de sua ocorrência.[523] A imprevisibilidade e extraordinariedade devem ser compreendidas em seu sentido normativo, sob a ótica de uma pessoa razoável que se insira em um comparável setor econômico, levando-se em conta o que normalmente poderia se antever no momento da contratação, inclusive no tocante aos seus potenciais efeitos econômicos.[524] Afinal, como pontua a autora, "abstratamente, qualquer evento extraordinário é previsível de modo genérico".[525]

Não surpreende, portanto, que, a despeito da omissão do legislador, a jurisprudência tenha aplicado seletivamente a onerosidade excessiva nos casos de contratos empresariais, notadamente diante de circunstâncias que poderiam ser enquadráveis como parte do risco ordinário da atividade em referência.[526]

A subsunção do fato à norma requer, ainda, a verificação de excessiva onerosidade. Nesse sentido, não basta para a aplicação do instituto que se verifique um desequilíbrio contratual. É imprescindível, ainda, comprovar o seu caráter extraordinário e imprevisível.[527] Se não demonstrada uma relação entre a circunstância superveniente e imprevisível e uma excessiva onerosidade em uma das prestações nos casos de contratos bilaterais, não há que se falar na aplicação dos artigos 478 a 480 do Código Civil.

Em relação ao requisito da extrema vantagem, existe corrente doutrinária que afasta a sua aplicação. Na comparação com a original inspiração italiana, não consta referência ao requisito da extrema vantagem.

522 AGUIAR JÚNIOR, Ruy Rosado de. **Extinção dos contratos por incumprimento do devedor.** Op. cit., p. 903.

523 MARTINS-COSTA, Judith; SILVA, Paula Costa e. **Crise e Perturbações no Cumprimento da Prestação**: estudo de direito comparado luso-brasileiro. Op. cit., p. 216.

524 MARTINS-COSTA, Judith; SILVA, Paula Costa e. **Crise e Perturbações no Cumprimento da Prestação**: estudo de direito comparado luso-brasileiro. Op. cit., p. 216.

525 MARTINS-COSTA, Judith; SILVA, Paula Costa e. **Crise e Perturbações no Cumprimento da Prestação**: estudo de direito comparado luso-brasileiro. Op. cit., p. 216.

526 PELA, Juliana Krueger. **Risco e contratos empresariais**: a aplicação da resolução por onerosidade excessiva. Op. cit., p. 495-497.

527 TEPEDINO, Gustavo; BARBOZA, Heloísa Helena; MORAES, Maria Celina Bodin de (org.). **Código Civil Interpretado conforme a Constituição da República**. 2. ed. Rio de Janeiro: Renovar, 2012. Vol. II., p. 130.

A excessiva vantagem da outra parte, no entendimento de Aguiar Junior, seria presumida uma vez demonstrada a satisfação do requisito da excessiva onerosidade.[528] Caso contrário, a sua aplicação a partir de uma interpretação literal poderia reduzir significativamente o âmbito de aplicação da norma. Na visão do autor, o reconhecimento do remédio à resolução contratual por onerosidade excessiva se relaciona à verificação, entre outros requisitos, de uma alteração na equação econômico-financeira do contrato medida a partir da perspectiva do devedor. É ele quem deve demonstrar a satisfação dos pressupostos previstos nos artigos 478 a 480 do Código Civil. Neste contexto, a situação do credor perde relevância.[529]

Judith Martins-Costa concorda com a inadequação do pressuposto da extrema vantagem, sob fundamentos distintos.[530] O requisito da extrema vantagem implicaria a existência de lacuna oculta no sistema. Nas relações sinalagmáticas, nem sempre se aplica a noção de uma balança na qual uma parte ganha e outra perde na mesma medida. Assim, existem diversas circunstâncias, como bem demonstrado no contexto da pandemia da Covid-19, em que a prestação de ambas as partes se torna excessivamente onerosa. Na visão da autora, não reconhecer a aplicação da resolução por onerosidade excessiva nesses casos implicaria verdadeira injustiça. Em cenários extraordinários, o tema adquire maior sensibilidade. A flexibilização do requisito da extrema vantagem parece buscar a ampliação da aplicação de um regime que por natureza já é bastante seletivo.

Inobstante o acima exposto, após a análise de julgados de tribunais superiores, conclui Gouveia que a aplicação da superveniente onerosidade excessiva se dá por meio decisões contraditórias e invocações pouco técnicas do instituto, com pouco apego à avaliação detida de cada um dos requisitos exigidos nos artigos 478 a 480 do Código Civil.[531]

[528] AGUIAR JÚNIOR, Ruy Rosado de. **Extinção dos contratos por incumprimento do devedor.** Op. cit., p. 911.

[529] AGUIAR JÚNIOR, Ruy Rosado de. **Extinção dos contratos por incumprimento do devedor.** Op. cit., p. 911.

[530] MARTINS-COSTA, Judith; SILVA, Paula Costa e. **Crise e Perturbações no Cumprimento da Prestação**: estudo de direito comparado luso-brasileiro. Op. cit., p. 216.

[531] GOUVEIA, Leticia Rocha. **Onerosidade Excessiva Superveniente nos Tribunais Superiores:** Confronto Brasil e Itália. *Op. Cit*, p. 146.

4.2.2.3.2 Efeitos

Expostos brevemente os requisitos para o reconhecimento da excessiva onerosidade superveniente, cabe inquirir sobre os seus efeitos. Em relação a este aspecto, os artigos 478 e 479 são claros. Poderia o devedor pleitear a resolução do contrato, podendo o credor, de outra parte, a fim de evitar a resolução, oferecer ao réu a modificação equitativa do contrato. Parece acertada, portanto, a conclusão de Marino no sentido de ser a modificação equitativa do contrato um remédio exclusivo do próprio credor, não se podendo extrair a partir de princípios gerais ou da interpretação do artigo 317, acima mencionado, um dever geral de revisão do contrato.[532]

Ainda em relação aos efeitos da resolução por onerosidade excessiva, Pereira aponta que as prestações efetivamente adimplidas antes da propositura de medida voltada ao encerramento do vínculo contratual não podem ser revistas. Afinal, se houve efetivo cumprimento da prestação pelo devedor, essa deve produzir a totalidade de seus efeitos, reconhecendo-se a satisfação do interesse do credor de um lado e a liberação do devedor de outro.[533]

4.2.3 Aplicação ao contrato de compra e venda de participação societária

Abordados genericamente os pressupostos e efeitos dos institutos que compõem o regime geral das alterações de circunstâncias, nesta seção se inquire sobre a sua aplicabilidade à compra e venda de participação societária.

4.2.3.1 Impossibilidade superveniente não imputável

Para fins de clareza na exposição, adotou-se a mesma ordem de exposição refletida na seção 4.2.2, de modo que a resposta ao questionamento colocado se inicia pelo instituto da impossibilidade superveniente não imputável.

532 MARINO, Francisco Paulo de Cescenzo Marino. **Revisão Contratual: Onerosidade Excessiva e Modificação Contratual Equitativa**. São Paulo: Almedina, 2020, p. 75.
533 PEREIRA, Caio Mario da Silva. **Instituições de Direito Civil.** Vol. III. Contratos. *Op. Cit*, p. 166.

4.2.3.1.1 Força maior e caso fortuito

Sendo a possível consequência dos eventos de caso fortuito e de força maior a impossibilidade de cumprimento, não teria o contrato o poder de evitá-la. No entanto, poderia disciplinar os seus efeitos, reconhecendo a imputabilidade e a configuração de eventual inadimplemento ainda em tal cenário pela assunção do risco correspondente.

Aplicando-se ao caso específico da compra e venda de participação societária, e mesmo aos contratos empresariais em geral, a ressalva pelo "exercício disfuncional"[534] da alocação de riscos deve ser afastada. A regra geral neste campo, inexistindo vícios na declaração da vontade, pende ao livre exercício da determinação da alocação de riscos entre as partes, ainda que essa se efetive de modo desfavorável ou inadequado. Tal premissa deve ser mantida ainda que, como já mencionado, a repartição de riscos acordada não seja igualitária ou represente desvios, por exemplo, em relação a parâmetros de mercado usualmente verificados em situações similares. Sendo a premissa a livre estipulação do risco, reside com a parte que busca afastá-la o ônus de demonstrar que o teor da declaração negocial não corresponde à literalidade da disposição contratual ou que solução diversa se atinge por meio do exercício de processo interpretativo complementar, a fim de se identificar o próprio sentido do negócio jurídico.[535]

Ainda que a possibilidade de contratualização do risco tenha sido explicitada até mesmo pelo artigo 393 do Código Civil, o campo de aplicação dos institutos vinculados à impossibilidade de cumprimento à compra e venda de participação societária fica reduzido, por exemplo, no que se refere à efetiva transferência das ações ou ao pagamento do preço. Afinal, a impossibilidade nas situações aqui contempladas seria física e não decorrente do não cumprimento dos fins originalmente almejados na contratação. Não se tratando de hipótese de verdadeira impossibilidade, não daria ensejo, por exemplo, ao término antecipado do vínculo contratual sem qualquer tipo de penalidade às partes.

534 MARTINS-COSTA, Judith. **Comentários ao novo Código Civil**, v. 5, t. II. Rio de Janeiro: Forense, 2009, p. 314.

535 MARINO, Francisco Paulo de Crecenzo. Interpretação do Negócio Jurídico. São Paulo: Saraiva, 2011, p. 174.

Mais concreta, contudo, seria a hipótese em que a realização das prestações é obstada pelo proferimento de ordem judicial ou alteração legal que impeça a concretização do negócio. Seria o caso de uma compra e venda de participação societária de sociedade que detenha uma usina movida a carvão. Durante o período interino, suponha-se que tenha sido editada lei que proíbe a produção de energia derivada da queima do carvão. Os efeitos da lei atingiriam o exercício da atividade empresária, mas não a circulação da participação societária de sociedades que estivessem engajadas nessa atividade. Que os efeitos dos negócios jurídicos deveriam não mais ser produzidos não há dúvidas. Dogmaticamente, o melhor enquadramento parece ser o da frustração do fim contratual, e não a impossibilidade superveniente causada por caso fortuito ou de força maior. Nessa hipótese, a realização da operação perde o sentido prático pelo próprio Direito, mesmo que em tese a sua realização seja possível. Mas, para se suscitar uma questão envolvendo possível frustração do fim contratual, seria necessário se extrair objetivamente a finalidade almejada originalmente pelas partes, para então se concluir que a sua realização tornou-se sem valor. A finalidade poderia ser extraída a partir do conjunto de declarações e garantias descrito no contrato ou, por exemplo, pela explicitação da intencionalidade das partes por meio das considerações preliminares incluídas nos chamados "considerandos". Se ambas as partes compartilham o entendimento de que a operação se pautou pela premissa de que a aquisição da participação societária viabilizaria a obtenção de receitas pela produção da energia por meio da queima de carvão, logo, uma tal lei impedindo essa atividade destruiria integralmente a lógica comercial subjacente ao negócio. Não há mais qualquer valor à compradora na realização do negócio jurídico.

Poderia ser, igualmente em tese, sustentada a aplicação da impossibilidade superveniente não imputável, por exemplo, em um cenário em que é indicada como condição para o fechamento a repetição das declarações e garantias oferecidas pela vendedora na data de assinatura do contrato, tendo essas deixado de serem verdadeiras em decorrência de um evento definido como força maior. Seria o caso, por exemplo, de um desastre natural que interrompe o funcionamento de uma planta de produção de energia.

É admissível que a força maior e o caso fortuito sejam invocados para suprir a condição pactuada? De outra forma, o reconhecimento de força maior ou caso fortuito poderia levar ao reconhecimento de causa para a resolução do contrato em decorrência da não verificação da condição, sem a responsabilização das partes?

Como mencionado anteriormente, dentro do rol de condições precedentes, em verdade, encontram-se diferentes categorias jurídicas, como obrigações ou condições *stricto sensu*. A força maior e o caso fortuito justificam a não responsabilização do devedor obrigado, e, em caso de impossibilidade absoluta, a resolução do contrato, mas não o preenchimento de condição que de outra forma não seria verificada. Por essa perspectiva, a consideração da natureza da condição precedente seria relevante para se determinar se de fato se estaria diante de hipótese de não verificação de condição ou não cumprimento de obrigação pela ocorrência de caso fortuito e força maior. Essa distinção é relevante para se identificar a consequência do evento em relação à exigibilidade do cumprimento das prestações principais associadas ao contrato de compra e venda de participação societária.

Na construção de um sistema autônomo, as declarações e garantias e as condições precedentes atreladas às hipóteses de resolução contratual devem ser entendidas funcionalmente como instrumentos de contratualização também do risco relacionado à ocorrência de caso fortuito e força maior. Não se trata de presunção, mas de hipótese a ser verificada no caso concreto.

Ao investigar a relação entre os regramentos contratual e legal em matéria de superveniência, com o enfoque nos eventos envolvendo força maior ou caso fortuito pela perspectiva das Cláusulas MAC, Yamaji identifica uma sobreposição entre os dois regimes, sendo que, em caso de concorrência, considerando o caráter dispositivo da norma, prevaleceria o regramento privado.[536] Contudo, pondera a autora que, diante de redação genérica, bastante usual nesse contexto, não se poderia "pressupor necessariamente um agravamento da posição do devedor pelo fortuito".[537] Conclui, assim, que não seria possível avaliar previamente se a introdução de uma cláusula como aquela que tutela os efeitos materiais adversos seria suficiente para afastar a tutela legal.

[536] YAMAJI, Crisleine Barboza. **As previsões contratuais da superveniência de circunstâncias: uma construção teórica à luza das cláusulas de MAC**. Op. cit., p. 237.
[537] YAMAJI, Crisleine Barboza. **As previsões contratuais da superveniência de circunstâncias: uma construção teórica à luza das cláusulas de MAC**. Op. cit., p. 237

A assunção expressa não necessariamente precisa ser explícita, podendo ser extraída a partir de uma interpretação integrativa do contrato, com o apoio de eventuais documentos preliminares e comunicações que tenham precedido o negócio. Se ainda assim permanecer a dúvida, concorda-se com a autora acima mencionada, no sentido de não ser pressuposta a alocação de tal risco exclusivamente a uma das partes, considerando que o seu resultado seria a assunção de um risco que, no regime geral, não seria assumido pela parte devedora.[538]

A força maior e o caso fortuito igualmente seriam aplicáveis se a ocorrência de circunstância superveniente comprometesse o cumprimento de obrigação contratual. Veja-se a hipótese da Cláusula de Condução dos Negócios. Poderiam a força maior e o caso fortuito tornar inexigíveis os compromissos contratuais ali indicados se não houver por exemplo referência expressa à derrogação do artigo 393 pela disposição contratual? Como explorado na seção 3.3, a melhor resposta é negativa. A Cláusula de Condução dos Negócios deve ser entendida como uma forma de criar um alinhamento de interesses entre as partes após a celebração de um instrumento vinculante por meio do qual a compradora já se obrigou a adquirir a participação societária da vendedora. Possíveis variações ou adoção de medidas de remediação à ocorrência de eventos de força maior ou caso fortuito deveriam assim ser decididas de maneira conjunta, nos limites da legislação aplicável (por exemplo, normas concorrenciais).

4.2.3.1.2 Desaparecimento do fim contratual, realização do fim contratual por outra via e frustração do fim contratual

Os âmbitos de aplicação da Cláusula MAC com a hipótese de desparecimento do fim contratual ou realização do fim contratual por outra via parecem não se sobrepor. Já no que se refere à frustração do fim contratual, a conclusão é pela sua possível aplicação de forma extremamente excepcional.

No âmbito de um contrato de compra e venda de participação societária, a finalidade da realização do negócio, conforme reconhecida e compartilhada

538 MARTINS-COSTA, Judith. **Comentários ao novo Código Civil**, v. 5, t. II. Rio de Janeiro: Forense, 2009, p. 316-318.

pelas partes, se reflete a partir da interpretação conjunta dos considerandos, preço, conjunto de condições precedentes, obrigações e declarações e garantias. Além do próprio contrato, a vontade negocial se extrai, ainda, dos elementos que cercaram a formação do negócio, sendo os usos e costumes em transações similares um possível elemento interpretativo.[539]

A Cláusula MAC acaba por servir como um meio para se antever, ainda que de forma genérica, a ocorrência de potenciais eventos que gerem efeitos adversos sobre a empresa alvo, alterando, assim, a perspectiva de valor do ativo para a parte que se beneficia da cláusula. Mesmo diante da sua verificação, a realização da operação — entendida como a transferência da participação societária em contrapartida ao pagamento do preço contratual — seria possível, mas não mais do interesse efetivo das partes.

A frustração do fim do contrato seria hipótese particular, não relacionada à verificação de inadimplemento contratual e ainda distinta de exemplos típicos envolvendo a impossibilidade superveniente ou o total desaparecimento do fim. Seu âmbito de aplicação, contudo, deveria ser ainda mais restrito que o da excessiva onerosidade superveniente, já que a frustração do fim contratual envolve a perda do sentido prático da prestação e não apenas mero desequilíbrio econômico.

E mesmo a excessiva onerosidade superveniente, que trata de hipóteses de desequilíbrio econômico decorrente da ocorrência de fatos após a celebração do contrato, já merece interpretação restritiva, com ainda mais razão em contratos empresariais. Afinal, é imperativa a distinção entre uma perda decorrente de álea ordinária por alteração de circunstâncias de uma justificativa legítima para a resolução contratual.[540] Essa conclusão se extraía, como já mencionado, mesmo antes da edição da Lei da Liberdade Econômica.

[539] MARINO, Francisco Paulo de Crecenzo. Interpretação do Negócio Jurídico. São Paulo: Saraiva, 2011, p. 174.

[540] PELA, Juliana Krueger. Risco e contratos empresariais: a aplicação da resolução por onerosidade excessiva. In: Salles, Marcos Paulo de Almeida; Sztajn, Rachel; Teixeira, Tarcísio (coords.). Direito empresarial: estudos em homenagem ao Professor Haroldo Malheiros Duclerc Verçosa. São Paulo: IASP, 2015, p. 492. Vide também: GOUVEIA, Leticia Rocha. **Onerosidade Excessiva Superveniente nos Tribunais Superiores:** Confronto Brasil e Itália. Universidade de São Paulo. Tese de Láurea. Orientador Prof. Cristiano de Sousa Zanetti. São Paulo: 2016.

Ainda que as consequências jurídicas derivadas da aplicação da Cláusula MAC, centradas no efeito liberatório extintivo sem contrapartida financeira, se aproximem daquelas resultantes de verificação de frustração do fim contratual, sob a perspectiva prática, a Cláusula MAC abarca hipóteses muito mais amplas de aplicação. Um olhar mais detido revela, então, que, ao menos no Direito brasileiro, a frustração do fim contratual não parece representar o instituto jurídico com maior proximidade à Cláusula MAC, mesmo que possa haver, teoricamente, algum grau de interseccionalidade.

4.2.3.2 Revisão por desproporção manifesta

Como exposto na seção 4.2.2.2, a aplicação do artigo 317 depende da verificação cumulativa dos requisitos ali descritos. Trata-se de hipótese que deveria ser ainda mais restrita de aplicação à compra e venda de participação societária do que a superveniente onerosidade excessiva ou frustração do fim contratual. Diferentemente delas, como já mencionado, ensejaria a adequação da prestação pelo juiz ou árbitro após provocação das partes. A interpretação assistemática do dispositivo, enquanto caminho amplo para uma potencial readequação das prestações contratuais, com o qual não se concorda, alteraria a conclusão aqui colocada.

4.2.3.3 Superveniente onerosidade excessiva

Não se poderia descartar a possibilidade de uma parte buscar a resolução do contrato de compra e venda de participação societária com fundamento na superveniente onerosidade excessiva, com fundamento em um desequilíbrio econômico pela materialização de riscos após a celebração do contrato, mas ainda antes do fechamento da operação. Contudo, como demonstrado nas seções anteriores, tal remédio dependeria da observância de um conjunto de requisitos, como a ocorrência de circunstância extraordinária e imprevisível. Nem sempre, contudo, o exame dogmático é feito com o rigor que a técnica exige.[541]

[541] GOUVEIA, Leticia Rocha. **Onerosidade Excessiva Superveniente nos Tribunais Superiores:** Confronto Brasil e Itália. *Op. Cit*, p. 146.

A conjunção de tais elementos, atrelada a um maior rigor interpretativo adicional decorrente da aplicação de um tal conceito a relações empresariais entre partes sofisticadas, reduz ainda mais a sua aplicabilidade. Assim, ausente uma disciplina contratual tratando da alocação dos riscos derivados da ocorrência de circunstâncias supervenientes, o caminho da resolução por meio da superveniente onerosidade excessiva é tortuoso, complexo e excepcional.[542]

4.2.4 Síntese: âmbitos de aplicação coincidente

A partir da seção 4.2. acima, é possível sintetizar as conclusões ali delineadas por meio de reprodução gráfica. Indica-se, assim, o que se entende serem os possíveis âmbitos de coincidência de aplicação da Cláusula MAC com outros regimes que compõem o que se denominou como o regime geral da alteração de circunstâncias no Direito brasileiro.

A dificuldade interpretativa decorrente da própria identificação do suporte fático da Cláusula MAC e da forma como vem sendo construída nos julgados estrangeiros e na redação contratual torna sua aplicação desafiadora. É então que se questiona: existe uma razão de ser da Cláusula MAC no Direito brasileiro?

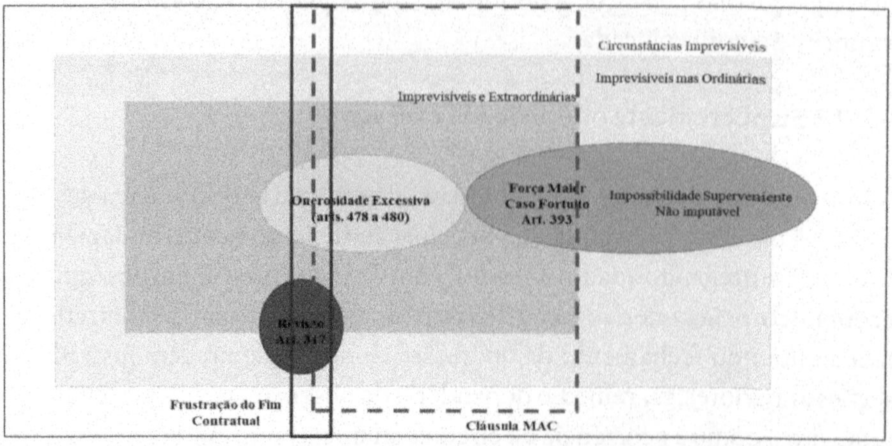

Figura 2 - Representação gráfica do regime geral da alteração de circunstâncias no Direito brasileiro[543]

[542] PEREIRA, Caio Mario da Silva. **Instituições de Direito Civil.** Vol. III. Contratos. Rev. e Atual. Caitilin Mulholland. 22ª. Ed. Rio de Janeiro: Forense, 2018.

[543] Elaboração própria.

4.3 Articulação do regime geral da alteração de circunstâncias com a compra e venda de participação societária

Antes de concluir se há justificativa relevante para manter as Cláusulas MAC nos contratos de compra e venda de participação societária regidos por lei brasileira, inicia-se a fase final desta dissertação com outra questão igualmente relevante. Tendo as partes incorporado a Cláusula MAC no contrato, qual o seu efeito sobre as normas pertencentes ao regime geral da alteração de circunstâncias que tenham âmbito coincidente ou mesmo sobre os campos em que as consequências do evento superveniente podem ser capturadas pelo regime geral, mas encontrem-se fora do campo de aplicação da Cláusula MAC?

Pontes de Miranda, ao tratar da classificação das regras jurídicas, destaca um processo gradual por meio do qual o Direito passou a se tornar "mais supletivo do que cogente".[544] Assim, nas palavras do autor, "a lei — principalmente a lei privada — conteve mais regras dispositivas e interpretativas do que cogentes, ou se satisfez com o mínimo de regras jurídicas cogentes".[545] Esse processo acabou sendo relativizado conforme foram sendo editados ramos especiais do Direito, marcados pela proteção de determinadas categorias e direitos essenciais. É o caso, por exemplo, das disposições que regem as relações de consumo, as preocupações concorrenciais, a proteção ao meio ambiente e, por que não, os dados pessoais.[546] Tal processo, ao menos nas últimas décadas, vem sendo acompanhado, ademais, pelo influxo de normas constitucionais sobre as relações privadas.

Pontes de Miranda define a norma cogente ou impositiva como aquela em relação à qual não há margem para alteração pelos interessados, de modo que, configurado o suporte fático que leve à subsunção do fato, incide a norma, independentemente de qualquer exercício de vontade.[547] Não se está diante,

544 PONTES DE MIRANDA, Francisco Cavalcanti. **Tratado de Direito Privado**: t. 1: parte geral: introdução: pessoas físicas e jurídicas. Atualização Judith Martins-Costa. São Paulo: Revista dos Tribunais, 2012, p. 119.

545 PONTES DE MIRANDA, Francisco Cavalcanti. **Tratado de Direito Privado**: t. 1: parte geral: introdução: pessoas físicas e jurídicas. Op. cit., p. 119.

546 FORGIONI, Paula A. **Contratos Empresariais: teoria geral e aplicação**. Op. cit., p. 111.

547 PONTES DE MIRANDA, Francisco Cavalcanti. **Tratado de Direito Privado**: t. 1: parte geral: introdução: pessoas físicas e jurídicas. Op. cit., p. 119.

portanto, de alternativa, de modo que a sua inobservância macula de vício a solução jurídica conferida ao fato.

Por outro lado, quando, ao invés de impor ou proibir, determinada norma jurídica confere aos interessados a possibilidade de eles próprios construírem o regime aplicável, está-se diante de norma dispositiva. Neste caso, a regra jurídica somente incide "se o seu suporte fáctico não foi colorido pela vontade dos interessados".[548] A dispositividade pode, assim, se refletir na possibilidade de se pormenorizar o negócio jurídico em relação ao qual não se dedicou a norma por fazê-lo ou, ainda, facultar a escolha por soluções jurídicas alternativas. Como mencionado pelo autor, no entanto, não se pode presumir que, no silêncio das partes, a norma dispositiva representa a sua própria vontade, na medida em que a solução pretendida pelo legislador pode se pautar por interesse outro que aquele suscitado pela situação em referência.[549]

Determinada em nível conceitual a distinção entre as normas jurídicas de natureza dispositiva e imperativa, Leal[550] constata a inexistência de um critério que, *a priori*, indique se determinada norma jurídica tem uma ou outra característica. Deve, assim, ser feito recurso a técnicas de interpretação a cada caso concreto a fim de se determinar a solução aplicável. Tal conclusão poderia então soar como um paradoxo na medida em que se busca um critério relevante para a interpretação e aplicação de normas que, no entanto, requer a própria interpretação para ser identificado.[551]

Ao inquirir sobre a natureza impositiva ou dispositiva de uma norma, propõe o mencionado autor que inicialmente seja avaliado se o próprio legislador já não delimitou de modo expresso ser uma norma de aplicação cogente, sendo, portanto, independente do exercício da vontade das partes.[552] Para tanto, devem ser considerados os elementos textuais ou literais contidos

[548] PONTES DE MIRANDA, Francisco Cavalcanti. **Tratado de Direito Privado**: t. 1: parte geral: introdução: pessoas físicas e jurídicas. Op. cit., p. 121.

[549] PONTES DE MIRANDA, Francisco Cavalcanti. **Tratado de Direito Privado**: t. 1: parte geral: introdução: pessoas físicas e jurídicas. Op. cit., p. 122.

[550] LEAL, Victor Nunes. **Classificação das normas jurídicas.** Revista de Direito Administrativo, Rio de Janeiro, v. 2, n. 2, p. 931-948, out. 1945. ISSN 2238-5177. Disponível em: <http://bibliotecadigital.fgv.br/ojs/index.php/rda/article/view/8761/7489>. Acesso em: 02 Jun. 2020. doi:http://dx.doi.org/10.12660/rda.v2.1945.8761, p. 938.

[551] LEAL, Victor Nunes. **Classificação das normas jurídicas.** Op. cit., p. 938.

[552] LEAL, Victor Nunes. **Classificação das normas jurídicas.** Op. cit., p. 938.

no próprio texto da norma, ou, ainda, a existência de eventuais referências a sanções pelo seu descumprimento.[553]

Mesmo a partir de tal verificação, nem sempre é possível extrair a partir da análise de um determinado dispositivo elementos concretos que conduzam à conclusão sobre a natureza jurídica de tal norma como impositiva ou dispositiva. Em tais circunstâncias, Yamaji se refere à consideração de elementos "extratextuais", como o "juízo de relevância social ou de merecimento dos interesses tutelados", sendo tal reflexão atrelada à consideração das consequências verificadas a partir da violação da norma em referência.[554] O recurso a tal técnica poderia encontrar respaldo, ainda que não de forma direta, nas próprias regras gerais de interpretação previstas na Lei de Introdução às Normas do Direito Brasileiro (LINDB), que mantém em seu artigo 5º a observância aos fins sociais da norma e aos interesses do bem comum.[555]

Costa é certeira ao concluir que existe uma "difícil relação de coexistência entre a regulação convencional e a regulamentação legal do problema da alteração superveniente das circunstâncias".[556]

Tratando-se de relações empresariais, não restam dúvidas de que o regime geral da alteração de circunstâncias tem natureza dispositiva. É o que se explora a seguir.

Entende-se que a superveniência e seus potenciais impactos sobre o programa contratual são elementos relevantes dos contratos sinalagmáticos de eficácia duradoura ou com cumprimento diferido. Uma vez formado o sinalagma genético, como demonstrado, não existe um princípio geral do equilíbrio contratual. A aplicação das normas atinentes ao regime da alteração das circunstâncias é relevante do ponto de vista da pacificação social, mas não suficiente para dotar tais dispositivos de caráter cogente. A decorrência de tal conclusão é que prevalece a regra da livre distribuição dos riscos atrelados à ocorrência de circunstâncias supervenientes.

553 YAMAJI, Crisleine Barboza. **As previsões contratuais da superveniência de circunstâncias: uma construção teórica à luza das cláusulas de MAC**. Op. cit., p. 121.

554 YAMAJI, Crisleine Barboza. **As previsões contratuais da superveniência de circunstâncias: uma construção teórica à luza das cláusulas de MAC**. Op. cit., p. 121.

555 LEAL, Victor Nunes. **Classificação das normas jurídicas**. Op. cit., p. 940.

556 COSTA, Mariana Fontes da. **Da alteração superveniente das circunstâncias**: em especial à luz dos contratos bilaterais comerciais. Coimbra: Almedina, 2019.

A introdução de um regime alternativo para se tutelar a ocorrência de circunstâncias supervenientes pode, contudo, ser um indicativo relevante de que, naquilo em que o âmbito de aplicação da previsão contratual coincide com aquele da norma legal dispositiva, deve prevalecer o arranjo acordado pelo exercício da vontade. Essa conclusão se aplica mesmo que o resultado dessa investigação não seja explícito, mas extraído por meio de processo de interpretação contratual igualmente norteado pela influência dos usos e costumes nos negócios dessa natureza, levando-se em conta os riscos associados à compra e venda de participação societária realizada de modo diferido no tempo.

A contratualização do risco derivado da possível ocorrência de circunstâncias supervenientes — por exemplo, por meio da Cláusula MAC — não é suficiente para se determinar que o contrato de referência teria sido convertido de comutativo em aleatório, no qual as próprias prestações são indetermináveis até o cumprimento efetivo, contendo um elemento inerente de risco.[557] Curiosamente, no modelo de referência utilizado por De Nova em sua obra, que seria regido pelo Direito italiano, mas redigido no formato socialmente típico de um contrato de compra e venda de participação societária, o afastamento da possibilidade de resolução por superveniente onerosidade excessiva se dá justamente pela qualificação expressa do instrumento como um contrato aleatório.[558] Veja-se:

> 12.7. Contrato Aleatório. As Partes acordam que esse Contrato deverá ser considerado como um contrato aleatório para os fins do artigo 1469 do Código Civil Italiano; dessa forma, as Partes expressamente concordam e reconhecem que os institutos previstos nos artigos 1467 e 1468 do Código Civil Italiano não devem ser aplicados a esse Contrato.[559]

[557] VERÇOSA, Haroldo Malheiros Duclerc. SZTAJN, Rachel (coat). **Direito comercial: teoria geral do contrato**. 2. ed. São Paulo: Revista dos Tribunais, 2014. v. 4, p. 446.

[558] DE NOVA, Giorgio. **Il Sale and Purchase Agreement**: un contratto commentato. Op. cit., p. 275.

[559] Tradução livre do original: "*12.7. Wagering Agreement (Contratto Aleatorio). The Parties agree that this Agreement shall be deemed to be a wagering agreement (contratto aleatorio) for the purposes of article 1469 of the Italian Civil Code; therefore, the Parties expressly agree and acknowledge that the*

A qualificação do contrato como aleatório parece ter sido guiada por suas consequências, e não por uma orientação de natureza técnica.

Embora a incerteza e o risco sejam inerentes à compra e venda de participação societária pela própria impermanência e continuidade típica da atividade empresária, as prestações a ela inerentes são, em regra, certas ao tempo da contratação, podendo, é verdade, ser objeto de ajuste para contemplar eventuais variações até a efetiva data de seu cumprimento. A existência do objeto — nesse caso, as próprias ações — é uma premissa do negócio. Sem a expectativa, condicionada à verificação de determinadas condições, da efetiva transferência das ações, não há compra e venda de participação societária. As partes contratualizam, por outro lado, o risco de a atividade empresarial não mais adequadamente ser refletida nas premissas comerciais utilizadas como base para a decisão de dar andamento ao negócio. Determinam, assim, os limites de variações para as quais as partes mantêm o seu compromisso de permanecer na relação contratual, distinguindo-os, por outro lado, das alterações materiais adversas que, essas sim, são consideradas como capazes de alterar o equilíbrio econômico do contrato e afetar a própria utilidade do negócio.

A partir da determinação dos eventos que se enquadram ou não como circunstâncias materiais adversas, dando ensejo à aplicação dos mais diferentes regimes jurídicos, as partes acabam por incorporar uma repactuação da álea ordinária do contrato, inerente aos próprios contratos comutativos que compõem o mundo real, cuja materialização, portanto, deve ser suportada pelas partes.[560]

Portanto, a redistribuição dos riscos contratuais e a determinação da álea ordinária do contrato, ainda que cobrindo aspectos que, sob o regime geral, receberiam tratamento específico, são elementos passíveis de exercício da autonomia da vontade, inclusive quando, e com maior evidência no caso envolvendo a contratação entre iguais, resultem em uma distribuição não paritária dos riscos.

remedies provided for in articles 1467 and 1468 of the Italian Civil Code shall not apply to this Agreement". DE NOVA, Giorgio. **Il Sale and Purchase Agreement**: un contratto commentato. Op. cit., p. 275.

560 Nesse sentido: YAMAJI, Crisleine Barboza. **As previsões contratuais da superveniência de circunstâncias: uma construção teórica à luza das cláusulas de MAC**. Op. cit., p. 127.

Concluindo-se pela possibilidade de as partes determinarem contratualmente a álea ordinária que irá reger as prestações e contraprestações pactuadas, inquire-se sobre a possibilidade, então, de essas reconhecerem como parte do risco ordinário quaisquer riscos relacionados à materialização de circunstâncias supervenientes, em especial no caso daqueles de natureza extraordinária e imprevisível. Suponha-se, por exemplo, a introdução de disposição relativa à ocorrência de evento material adverso que contemple parâmetros de enquadramento de tal modo qualificados que a sua efetiva materialização seria praticamente inatingível.

Ao enfrentar a questão, Yamaji conclui que seria inadmissível qualquer presunção de assunção integral de riscos na álea ordinária e, por consequência, qualquer pressuposição de renúncia da tutela legal de proteção da onerosidade excessiva.[561] Em sentido similar, Aguiar Júnior sustenta que, embora a contratualização dos riscos do negócio componha o âmbito de exercício da autonomia das partes, não seria admissível o reconhecimento da exclusão da tutela legal, entendida como norma de caráter dispositivo supletivo, se as partes aludirem de modo genérico a potenciais eventos que poderiam levar ao reconhecimento da onerosidade ou apenas excluíssem a possibilidade de revisão do contrato.[562]

A noção do contrato de compra e venda de participação societária como um modelo contratual autônomo e internacionalizado não é suficiente para afastar a possibilidade de incidência do regime geral enquanto sistema componente de normas dispositivas e de aplicação suplementar. Por outro lado, uma interpretação integrativa do contrato de compra e venda de participação societária pode ser suficiente para se concluir pela derrogação ou não do regime geral. Não apenas a Cláusula MAC, mas também o procedimento de determinação do preço, as hipóteses de resolução contratual, a avaliação das declarações e garantias e condições são importantes indicativos do modelo de negócios pactuado pelas partes. E, é claro, com muito mais razão, tais normas supletivas poderiam ser consideradas derrogadas por disposição expressa e inequívoca nesse sentido. Para isso, não seria necessário qualificar o contrato como aleatório.

561 YAMAJI, Crisleine Barboza. **As previsões contratuais da superveniência de circunstâncias: uma construção teórica à luza das cláusulas de MAC**. Op. cit., p. 128.

562 AGUIAR JÚNIOR, Ruy Rosado de; TEIXEIRA, Sálvio de Figueiredo (coord). **Comentários ao novo código civil: da extinção do contrato**. Rio de Janeiro: Forense, 2011, v. 6. tomo 2, p. 860.

Em verdade, o regime da alteração de circunstâncias no Direito brasileiro é de tal forma restrito e excepcional que o exercício convencional de se incluir disposições como a Cláusula MAC acaba por conferir maior flexibilidade às partes na distribuição do risco vinculado a ocorrências supervenientes, seja ele de natureza ordinária ou extraordinária.

Embora se concorde não ser possível a admissão de uma presunção de assunção integral de riscos no conceito de álea ordinária, no caso específico de uma compra e venda de participação societária, a depender da forma pela qual foram conduzidas as negociações, os critérios utilizados para cálculo do preço e o regime de responsabilidades acordado entre as partes, parece sim ser possível a conclusão de que, em um determinado negócio, mesmo o imprevisível e o extraordinário foram considerados pelas partes como riscos incapazes de alterar o originalmente pactuado.

Vejamos o caso, por exemplo, de uma compra e venda de participação societária firmada em um contexto de crise, em que as partes pactuam um preço simbólico em contrapartida pela assunção de todas as responsabilidades e contingências atreladas à sociedade alvo pela compradora. Em termos de riscos, embora a natureza das prestações seja certa e determinada ao tempo da contratação (a transferência da totalidade das ações emitidas pela sociedade-alvo por um preço simbólico), a efetiva rentabilidade do negócio para o comprador é um risco por ele assumido, tendo sido devidamente considerado na fixação da contrapartida do negócio (nesse caso, meramente simbólica justamente por tal fato). Diante do exposto, cabe verificar, no caso concreto, se outras premissas comerciais foram levadas ao conhecimento da outra parte e refletidas contratualmente. Não se está referindo aqui a aspectos necessariamente de natureza pecuniária (de forma direta, ao menos). As bases do negócio, assim, seriam formalizadas partindo da premissa da existência de uma licença ou direito de exploração concedido à empresa alvo. Ausente tal disposição, a álea extraordinária em um cenário como tal parece ter espaço de aplicação bastante limitado, mesmo que inexista qualquer disposição contratual sobre o tema e os termos da compra e venda de participação societária tenham sido formalizados em um instrumento contratual com extensão bastante reduzida. A depender, portanto, das circunstâncias da formalização do negócio, entende-se ser possível a compreensão de que quaisquer riscos relacionados à materialização do negócio compõem a álea ordinária, discordando-se, portanto, do entendimento acima esboçado. Menos do que a natureza extraordinária ou imprevisível de circunstâncias supervenientes à conclusão do negócio, importa a compreensão dos elementos objetivos que conduziram à formação do sinalagma genético do contrato como elemento interpretativo.

A conclusão acima, reitera-se, não é suficiente para atribuir ao contrato de compra e venda de participação societária a natureza de um contrato aleatório. O que se faz, por outro lado, é reconhecer a sua especificidade em relação ao regime geral. Isso porque a atividade empresarial em si não é objeto direto do negócio, mas sim as próprias ações. Portanto, embora as prestações e contraprestações sejam bem definidas, o que fica, isso sim, sujeito a risco, é o próprio retorno que o comprador irá extrair a partir do negócio. Mas confundi-lo com as prestações essenciais da compra e venda de participação societária significaria equipará-la a uma mera compra e venda de ativo ou trespasse de estabelecimento comercial, figuras incompatíveis com a própria função econômica da compra e venda de participação societária. Poder-se-ia, por outro lado, e até mesmo seria um caminho dogmático mais simples, reconhecer a compra e venda de participação societária como uma espécie de uma compra e venda de ativos ou trespasse de estabelecimento comercial apenas para fins de aplicação do regime da superveniência. Trata-se, no entanto, de um raciocínio jurídico bastante criticável, já que a determinação das consequências jurídicas não deve preceder à hipótese fática, sob pena de se atrair, igualmente, um conjunto de disposições que acabem por desnaturar o objeto em apreciação.

O cumprimento diferido das prestações na compra e venda de participação societária é menos uma vontade natural das partes e mais o resultado da necessidade de a consumação da operação ser precedida, conforme aplicável, da obtenção de eventuais consentimentos e aprovações regulatórias ou implementação de condições outras consideradas pelas partes como imprescindíveis para a implementação da operação. Embora o diferimento nas prestações se imponha, as condições comerciais são fixadas antes da consumação da operação tanto para garantia da exclusividade como para fins de vinculação das partes ao cumprimento das obrigações uma vez verificadas as condições ali estabelecidas. Dado que a assinatura se dá em momento anterior ao fechamento, e que o cumprimento das condições precedentes pode levar algum tempo, é que foram desenvolvidos mecanismos de alocação de riscos entre as partes em caso de materialização de circunstâncias supervenientes. Trata-se, portanto, de uma consequência, não sendo o diferimento das prestações necessariamente querido ou incorporado na função econômica da relação pactuada.

Na compra e venda de participação societária, o diferimento das prestações está atrelado à necessidade de cumprimento de condições suspensivas do negócio, não sendo o tempo um fator intrínseco à própria função econômica que o contrato exerce. Isso significa que a interpretação de tal modalidade de negócio jurídico deve ser igualmente contextualizada. Uma hipótese de alteração superveniente de circunstâncias envolvendo contrato de fornecimento de longo prazo é bastante distinta de um caso envolvendo a compra e venda de participação societária.

No contexto acima narrado, a renegociação das premissas do negócio, embora seja sempre reconhecida como uma faculdade das partes no exercício de sua autonomia, não é levada ao contrato como uma obrigação — ainda que de melhores esforços — sendo usualmente os remédios ali previstos limitados à resilição ou resolução unilateral do contrato e, a depender do entendimento das partes, aplicação de penalidades e perdas e danos. Por outro lado, a própria presença de tais disposições contratuais pode, havendo o interesse das partes (definido sob uma ótica de estratégia empresarial), suscitar a renegociação de seus termos, independentemente, ressalta-se, de qualquer previsão contratual explícita.

Se o acima deixa claro o reconhecimento de amplo espaço para o exercício da autonomia da vontade, não é suficiente, contudo, para justificar a adoção de uma disposição contratual como a Cláusula MAC nos contratos de compra e venda de participação societária.

Nesse ponto, Yamaji, por exemplo, reconhece que a escolha das partes por uma disposição contratual com tamanha elasticidade e abertura de aplicação para tutelar os riscos relacionados à ocorrência de circunstâncias supervenientes inclusive no âmbito de contratos de compra e venda de participação societária deve ser respeitada. Por outro lado, pontua que a enorme dificuldade na sua aplicação prática na busca da "relevância suficiente para pôr fim ao contrato".[563]

[563] YAMAJI, Crisleine Barboza. **As previsões contratuais da superveniência de circunstâncias: uma construção teórica à luza das cláusulas de MAC**. Op. cit., p. 330.

Oliveira e Sá, por sua vez, menciona a crítica de Henssler, que vislumbra como uma opção equivocada o transplante da Cláusula MAC para o ordenamento jurídico alemão.[564] Menciona, ademais, que os tribunais alemães jamais tomariam as orientações interpretativas dos tribunais norte-americanos, em decorrência da existência de processos interpretativos distintos. Em alternativa, deveriam as partes utilizar soluções pautadas na utilização de condições, cláusulas resolutivas ou garantias.

Em resposta a essa crítica, Oliveira e Sá parece adotar argumento semelhante ao de Schwartz[565] ao reforçar a importância da preservação de "programa próprio de distribuição dos riscos de aquisições", o qual, por sua vez, não deveria ser interpretado sob a ótica de regime jurídico que as partes pretenderam afastar.[566] Pondera, ainda, a dificuldade da concepção de modelo alternativo à Cláusula MAC pela dificuldade de se prever de antemão a natureza de alterações futuras que acabem por comprometer a função do negócios sob uma ótica negocial.[567]

Concorda-se com Oliveira e Sá. A replicação da Cláusula MAC, assim, se justifica pelas particularidades da compra e venda de participação societária. Sua sobrevivência parece se justificar pelos incentivos que ela busca criar, atribuindo, em sua forma típica, os riscos atrelados à má gestão da sociedade alvo no período interino à vendedora e aqueles relacionados a circunstâncias de mercado e demais atos alheios ao controle das partes à compradora. Afinal, fosse a compra e venda realizada de modo instantâneo, os riscos derivados do imponderável já seriam de qualquer forma suportados pela parte compradora. Mas se, em comparação com outras referências de mercado, a sociedade alvo é afetada negativamente de modo desproporcional, isso parece sugerir que foram tomadas decisões de negócio ruins e inconsistentes com o padrão de conduta adotado no mercado de referência.

[564] OLIVEIRA E SÁ, Fernando. **Cláusulas Material Adverse Change (MAC) em Contratos de Compra e Venda de Empresas.** Op. cit., p. 443.
[565] OLIVEIRA E SÁ, Fernando. **Cláusulas Material Adverse Change (MAC) em Contratos de Compra e Venda de Empresas.** Op. cit., p. 443.
[566] OLIVEIRA E SÁ, Fernando. **Cláusulas Material Adverse Change (MAC) em Contratos de Compra e Venda de Empresas.** Op. cit., p. 443.
[567] OLIVEIRA E SÁ, Fernando. **Cláusulas Material Adverse Change (MAC) em Contratos de Compra e Venda de Empresas.** Op. cit., p. 443.

Da leitura dos julgados da Corte de Delaware, fica bastante evidente o valor atribuído pelos julgadores ao texto contratual. Nesse sentido, sob a perspectiva hermenêutica, a primeira fonte a que se recorre o julgador na resposta às questões jurídicas apresentadas é o próprio contrato, em sua máxima literalidade, considerado como representação da vontade das partes. Na medida, contudo, que exista disposição que permita mais de uma possível interpretação, admite-se a apresentação de documentos e fatos externos ao contrato que possam auxiliar na reconstrução da vontade das partes. Trata-se de característica usualmente atribuída ao *common law*, com ainda mais intensidade no âmbito de relações comerciais. Tal processo interpretativo preza pela previsibilidade, certeza e objetividade, rechaçando a aplicação de elementos que possam se distanciar do texto acordado a partir de noções como a boa-fé quando se está diante de um contrato completo e integrado.[568]

Tratando-se do campo das relações empresariais, defende-se que mesmo no Direito brasileiro, a resposta não deveria ser diferente no que se refere à construção do sentido da Mudança Adversa Relevante, ao menos a partir de um cotejo inicial da disposição e sua lógica dentro do contrato de compra e venda de participação societária. Portanto, partindo da regularidade da declaração de vontade, o contrato deve ser o ponto de partida do exercício interpretativo.[569] Tal entendimento decorre do fato de o instrumento contratual ser a mais concreta e precisa indicação da efetiva vontade das partes. Reside com a parte que deseja conferir sentido diverso ao texto escrito o ônus da prova de demonstrar que a vontade verdadeira das partes se orientou por sentido diverso.[570]

O contrato, assim, objetivamente aponta a causa do negócio e sua racionalidade econômica, partindo da premissa de que seu resultado é um conjunto de disposições cuidadosamente negociadas e consideradas, refletindo a legítima

568 MCMEEL, Gerard; GRIGOLEIT, Hans Christoph. **Interpretation of Contracts – Prospective European Regulation from the English and German Point of View.** Dannemann/ Vogenauer (eds.), The Common European Sales Law in Context – Interactions with English and German Law, Oxford University Press, March 2013, Forthcoming. Disponível em: <https://ssrn.com/abstract=2221051>.

569 FORGIONI, Paula A. **Contratos Empresariais: teoria geral e aplicação.** 2ª. Ed. São Paulo: Editora Revista dos Tribunais, 2016, p. 257.

570 FORGIONI, Paula A. **Contratos Empresariais: teoria geral e aplicação.** 2ª. Ed. São Paulo: Editora Revista dos Tribunais, 2016, p. 257.

expectativa das partes no seu efetivo cumprimento para a obtenção do resultado esperado. No exercício interpretativo do contrato de compra e venda de participação societária e mais genericamente dos contratos empresariais como um todo, a ponderação de sua racionalidade econômica é elemento instrumental no exercício hermenêutico de aplicação e interpretação das disposições contratuais, conforme delineado a partir da incidência de normas de natureza cogente.[571]

Afinal, de sua aplicação não se pode extrair um completo desprezo da expressão vocabular do negócio jurídico, interpretação essa que, especialmente no campo das relações comerciais, traria resultados temerários.[572] Há que se situar o negócio jurídico a fim de compreender a vontade declarada, adicionando-se os ditames da boa-fé, da lealdade e da confiança, mas no campo das relações empresariais a representação linguística nos contratos possui um peso ainda maior.

Na composição do quadro fático completo em que se insere a demanda, inevitável se recorrer ao processo de negociação que delineou e orientou a expressão da vontade das partes, a fim de se identificar eventuais premissas consideradas, por exemplo, no processo de determinação do valor da compra. Os usos e costumes em F&A podem ser parâmetros para se compreender as particularidades do negócio, notadamente quando da percepção de desvios potencialmente justificados por riscos próprios da operação econômica.

É essa a correta interpretação que se extrai da leitura do conjunto dos artigos 112 e 219 do Código Civil, não tendo sido a edição do Código Civil nesse ponto uma alteração de paradigma na interpretação dos contratos comerciais.[573] Essa conclusão é reforçada ainda pela consideração dos dispositivos introduzidos ao Código Civil por meio da edição da Lei da Liberdade Econômica. Mas o ponto que se busca tocar vai além.

571 FORGIONI, Paula A. **Contratos Empresariais: teoria geral e aplicação**. 2ª. Ed. São Paulo: Editora Revista dos Tribunais, 2016, p. 238.

572 PEREIRA, Caio Mário da Silva. GAMA, Guilherme Calmon Nogueira da (Atual.). **Instituições de direito civil: teoria geral obrigações**. 27ª ed. rev. atual. Rio de Janeiro: Forense, 2015, p. 406.

573 FORGIONI, Paula A. **Contratos Empresariais: teoria geral e aplicação**. 2ª. Ed. São Paulo: Editora Revista dos Tribunais, 2016, p. 242.

O contrato de compra e venda de participação societária por força do fluxo das relações empresariais cruzou os oceanos e fronteiras propondo um regramento autossuficiente a partir da integração de suas principais cláusulas. Essa intenção parece bastante evidente a partir de disposições como a cláusula de remédio exclusivo (*sole remedy*), suficiência contratual (*entire agreement*) que, como bem definido por Pires, visa, "de um modo geral, demarcar os meios de reação das partes a uma perturbação contratual".[574] Enquanto linguagem capaz de expressar e conduzir as interações envolvendo a negociação da participação societária, ao utilizarem a mecânica do *share purchase agreement* as partes buscam a consecução de resultados equivalentes independentemente do país ou lei de regência.[575] De Nova é provocativo ao sugerir que o contrato de compra e venda de participação societária é pensado para sequer ser complementado por um ordenamento jurídico nacional.[576] A busca da autossuficiência contratual, dessa forma, atingiria nesta modalidade contratual uma dimensão extraordinária.

Mas a Cláusula MAC pode parecer caminhar na contracorrente. Yamaji sustenta que, ainda que sua construção pareça reforçar a ideia da construção de um modelo contratual autossuficiente voltado à distribuição dos riscos relacionados a circunstâncias supervenientes, a sua dificuldade interpretativa acaba por demandar intervenção judicial ou arbitral. Esse fato se chocaria justamente com as cláusulas de suficiência contratual.[577]

Discorda-se da conclusão da autora. A autossuficiência do contrato de compra e venda de participação societária está mais relacionada à limitação da responsabilidade das partes e à pretensa previsibilidade de resultados, não se traduzindo em uma autoexecutoriedade. A Cláusula MAC, portanto,

574 PIRES, Catarina Monteiro. **Cláusulas de Preço Fixo, de Ajustamento de Preço e de Alteração Material Adversa ("MAC") e Cláusulas de Força Maior**, Op. cit., p. 84.

575 DE NOVA, Giorgio. **Il Sale and Purchase Agreement**: un contratto commentato. Op. cit., p. 12.

576 *"II Sale and Purchase Agreement e un contratto ehe non e solo scritto in lingua inglese ma e in prirno luogo pensato secondo le categorie angloamericane. E anche se le parti dicono quale legge lo regola (per esempio il diritto italiano), in realta il Sale and Purchase Agreement e un contratto fatto e pensato per non essere integrato da una disciplina legale (per esempio il diritto italiano)."* DE NOVA, Giorgio. **Il Sale and Purchase Agreement: un contratto commentato**. Op. cit., p. 12.

577 YAMAJI, Crisleine Barboza. **As previsões contratuais da superveniência de circunstâncias: uma construção teórica à luza das cláusulas de MAC**. Op. cit., p. 273

não rompe com essa lógica, mas diante da incerteza na caracterização de seu suporte fático e consequências da sua aplicação, a disposição cria incentivos para as partes, se forem de seu interesse, renegociarem os termos contratuais a partir da materialização de circunstâncias supervenientes.

CONCLUSÕES

A participação societária, malgrado sua particularidade em relação a um ativo (ou conjunto de ativos) qualquer de natureza móvel ou imóvel, pode ser objeto do negócio obrigacional da compra e venda. A formalização de tal negócio como parte fundamental do desenvolvimento da atividade empresária tem usualmente observado modelos contratuais com estrutura relativamente padronizada extraída a partir de práticas estrangeiras. Considerando que o objeto último de uma compra e venda de participação societária é o desenvolvimento de uma atividade empresária, a determinação do preço e a fixação das premissas comerciais que regerão o negócio envolvem um processo complexo, comumente marcado por diferentes etapas de construção da relação contratual.[578]

Esse processo afasta-se de modelos negociais típicos que podem envolver a transmissão da empresa ou os negócios causais subjacentes, como o trespasse de estabelecimento comercial, a locação ou compra e venda, característicos dos sistemas jurídicos de origem romano germânica.[579] São esses marcados pelo minimalismo e pouca dependência na regulação contratual, diante da existência de um conjunto de normas gerais que cuidam de sua disciplina.

578 MARTINS-COSTA, Judith. **A boa-fé no direito privado: critérios para a sua aplicação.** 2a. ed. São Paulo: Saraiva, 2018, p. 431.

579 ANTUNES, José Engrácia. **A empresa como objeto de negócios**: "Asset Deals" Versus "Share Deals". Op. cit., p. 746-747.

Em contraposição, a aquisição de participação societária e o processo a ela subjacente seriam baseados em modelo analítico, típico do *common law*.[580] O dito modelo analítico seria caracterizado por modelos negociais e contratuais maximalistas, detalhados e complexos, com substancial construção a partir do exercício da autonomia da vontade.[581] A sua prevalência mesmo nos países de influência romano germânica se daria pela conclusão da inadequação do modelo sintético e das normas em vigor para tratar da participação societária enquanto objeto de negócio jurídico.[582]-[583]

Considerando a sua inevitabilidade, imperativo se revela refletir dogmaticamente sobre a articulação das soluções privadas refletidas nos modelos de *share purchase agreement* adaptadas ao ordenamento jurídico brasileiro.

Na operação de compra e venda de participação societária, usualmente existe um espaço de tempo entre a celebração contratual (*signing*) e o momento da efetiva produção de sua eficácia típica, representada pela transferência da participação societária em contrapartida ao pagamento do preço (*closing*). A segregação temporal entre o momento da fixação das premissas comerciais e da conclusão da operação implica a possibilidade de circunstâncias supervenientes modificarem a percepção das partes sobre a utilidade da realização do negócio. Em outras palavras, um evento superveniente tem a potencialidade de afetar diretamente as atividades da sociedade alvo ou as condições da compradora e da vendedora de cumprirem as prestações pactuadas.

Trata-se de risco inevitável em operações que envolvem o cumprimento de prestações de modo diferido. A modificação das circunstâncias após a fixação da equação econômico-financeira do contrato e seus potenciais efeitos inevitavelmente despertaram a necessidade de se determinar, em nível normativo, as respostas e possíveis tutelas em caso de conflito envolvendo a execução contratual. Coloca-se então uma possível tensão entre uma concepção absoluta

[580] ANTUNES, José Engrácia. **A empresa como objeto de negócios**: "Asset Deals" Versus "Share Deals". Op. cit., p. 748.

[581] ANTUNES, José Engrácia. **A empresa como objeto de negócios**: "Asset Deals" Versus "Share Deals". Op. cit., p. 748.

[582] ANTUNES, José Engrácia. **A empresa como objeto de negócios**: "Asset Deals" Versus "Share Deals". Op. cit., p. 748.

[583] BEVIÁ, Vicente Gimeno. Condición en los Contratos de Compraventa de Empresa. Tesis de Doctorado en Derecho. Dirigida por: Esperanza Gallego Sánchez. Universitat d' Alacant. Junho de 2016, p. 229-230.

da necessidade de cumprimento do pactuado (*pacta sunt servanda*) e princípios pautados na equidade e justiça social.

Em nível contratual, a prática dos contratos de compra e venda de participação societária, em seu formato maximalista, vem acompanhada de uma série de mecanismos voltados à distribuição dos riscos associados à sua materialização. Dentre eles, desponta a Cláusula MAC.

A Cláusula MAC consiste em um arranjo de distribuição de riscos relacionados à ocorrência de circunstâncias supervenientes durante o período interino. Sua origem remonta ao Direito anglo-saxão.

Sob uma única terminologia, verifica-se que a Mudança Adversa Relevante se encontra referida em diversas seções do contrato de compra e venda de participação societária, exercendo, sob uma ótica funcional, papéis múltiplos, sendo todos eles direta ou indiretamente relacionados à tutela e alocação dos riscos relacionados à ocorrência de circunstâncias supervenientes, principalmente durante o período interino[584]

Seu núcleo essencial é expresso sob a forma de uma definição. O termo MAC usualmente inicia-se a partir de uma descrição ampla e genérica dos eventos que podem compor o suporte fático que dá ensejo à aplicação da cláusula (*definição base*).

A definição base é composta por duas partes. A primeira é aquela que define "MAC" como uma mudança adversa relevante. Em seguida, estabelece-se o complemento. Ou seja, o campo de incidência das mudanças verificadas. Para fins da definição, dois tipos de consequências são relevantes. De um lado, genericamente, a alteração nos negócios da companhia alvo ou de suas subsidiárias. De outro lado, aquelas mudanças que comprometam a capacidade das partes de cumprirem as obrigações determinadas contratualmente.

Após a definição base, comumente são listadas diversas exceções. Essas acabam por restringir substancialmente as hipóteses que poderiam conduzir a parte que se beneficia de tal disposição contratual — usualmente a compradora — a se desvincular da relação contratual. As exceções refletem, não raro, referências a Riscos de Negócios, Riscos Indicativos, Riscos de Mercado, Riscos do Contrato, Riscos de Alterações Regulatórias, Riscos de Eventos

[584] DE NOVA, Giorgio. **Il Sale and Purchase Agreement: un contratto commentato.** Op. cit., p. 101.

de Força Maior e Caso Fortuito e Riscos de Ações Consentidas. Contemplam, assim, tanto riscos endógenos como exógenos. Elas envolvem riscos de que as partes não têm controle ou cuja incorrência tenha sido expressamente anuída pela parte que se beneficia da proteção oferecida pela Cláusula MAC.

Passadas as exclusões, podem ser listadas hipóteses que, em princípio, ficariam excluídas da definição de Efeito Material Adverso, por comporem as exclusões, mas que as partes convencionam incluí-las novamente em seu campo de aplicação. É o caso, por exemplo, da desproporcionalidade. As inclusões, portanto, podem servir tanto para efetivar uma nova redistribuição do risco relacionado à ocorrência de circunstâncias supervenientes como para explicitar hipóteses que objetivamente constituirão um Efeito Material Adverso.

Destacam-se ao menos duas principais funções atreladas à Cláusula MAC, quais sejam, um efeito liberatório extintivo do vínculo contratual, sem a aplicação de penalidades contratuais ou, alternativamente e a depender da forma pela qual enunciada no contrato, o reconhecimento de pretensão de natureza indenizatória pela desvinculação do contrato sem a realização de seu fim contratual.

A contraposição de interesses e a amplitude oferecida pela Cláusula MAC acabam por revelar, na prática, uma de suas potenciais funções — e talvez até uma das mais relevantes —, qual seja, o incentivo para a repactuação de condições comerciais do negócio jurídico após a ocorrência de circunstâncias supervenientes.

Muitos criticam a Cláusula MAC por sua elasticidade e redação ampla.

Existem diferentes explicações que poderiam justificar esse formato.

Teóricos da linha de design contratual, por exemplo, identificam na Cláusula MAC (i) instrumento voltado à sinalização de informações privadamente detidas por uma parte e não compartilhadas com a outra, (ii) incentivo à realização de investimentos pela parte vendedora na sociedade alvo durante o período interino e (iii) forma de sinalizar o valor atribuído à sociedade pela vendedora. A Cláusula MAC, portanto, seria um orientador para o comportamento das partes na vigência contratual.

Outra possível justificativa residiria nos altos custos transacionais de se adotar mecanismos diversos àqueles já refletidos em modelos contratuais, referida como a tragédia da replicação de modelos contratuais.

A resposta mais convincente, contudo, é que a Cláusula MAC, na repartição dos riscos atrelados à ocorrência de circunstâncias supervenientes, adequadamente reflete as particularidades da compra e venda de participação societária. Ela atribui, em sua forma típica, os riscos residuais atrelados à má gestão da sociedade alvo no período interino à vendedora e aqueles relacionados a circunstâncias de mercado e demais atos alheios ao controle das partes à compradora.

Nada impede, contudo, que no exercício da autonomia da vontade as partes utilizem soluções alternativas para a redação da Cláusula MAC ou a indicação das consequências aplicáveis em caso de verificação de circunstâncias supervenientes durante o período interino. Pondera-se, nesse sentido, que a Cláusula MAC não precisaria ser inerentemente complexa ou subjetiva. Essa característica comumente associada à Cláusula MAC também decorre da complexidade da matéria e da dinâmica negocial, com interesses particularmente contrapostos quando o assunto é a assunção dos riscos associados a superveniências.

Nas disputas submetidas a resolução pela Corte de Delaware, a partir de operações econômicas reais, verificou-se que a principal dificuldade na aplicação concreta das Cláusulas MAC consiste na definição dos contornos da mudança adversa relevante (em minúscula),[585] As disputas deixam evidente que o cerne da mudança adversa relevante está em conceitos vistos tradicionalmente como externos ao Direito e a partir de filtros e conceitos oscilantes. Ocorre que, passando a integrar o processo hermenêutico, esses conceitos passam a ser dotados de juridicidade.

Como bem sintetizado por Miller, as dificuldades enfrentadas pela Corte de Delaware podem ser categorizadas da seguinte forma: Problema da Mensuração do Resultado (*Earnings Measurement Problem*), Problema dos Exercícios Fiscais (*Fiscal Periods Problem*), Problema da Redução Percentual (*Percent Diminution Problem*), Problema do Risco Conhecido (*Known Risk Problem*), Problema Qualitativo e Quantitativo (*Qualitative Quantitative Problem*).[586]

585 OLIVEIRA E SÁ, Fernando. **Cláusulas Material Adverse Change (MAC) em Contratos de Compra e Venda de Empresas.** In. Direito e Justiça, vol. Especial, 2012, p. 444.

586 MILLER, Robert T. **A New Theory of Material Adverse Effects.** Op. cit., p. 28-30.

Na tentativa de criação de um modelo teórico para guiar a aplicação da Cláusula MAC, o autor propõe que o reconhecimento da Mudança Adversa Relevante apenas ocorreria se o ponto médio do intervalo de preços no cenário de resolução (PMR) fosse inferior ao ponto médio da mediana inferior do intervalo de preços no momento da assinatura (Ponto Máximo MAC). De outra forma, quando o PMR está acima do Ponto Máximo de MAC, não se estaria diante de uma Mudança Adversa Relevante. Quando há coincidência entre o Ponto Máximo MAC e o PMR, não seria ainda possível se concluir pela ocorrência de uma Mudança Adversa Relevante.

A proposta de Miller é ilustrativa, mas enfrenta obstáculos práticos para sua aplicação, em decorrência da existência de informações privadas de parte a parte difíceis de serem acessadas.

Os precedentes revisados ainda apontaram pela necessidade de se considerar a forma pela qual a Cláusula MAC deve ser considerada em conjunto com outras obrigações aplicáveis no período que antecede o fechamento da transação, notadamente aquelas que prescrevem a necessidade de manutenção da condução da atividade empresária da empresa em seu curso ordinário.

Na tentativa de assegurar maior previsibilidade, os julgados da Corte de Delaware revisados evidenciam o valor atribuído pelos julgadores ao texto contratual, dentro de uma perspectiva de *common law*. Nesse sentido, sob a perspectiva hermenêutica, a primeira fonte a que recorre o julgador na resposta às questões jurídicas apresentadas é o próprio contrato, em sua máxima literalidade, considerado como representação da vontade das partes. Na medida, contudo, em que exista disposição que permita mais de uma possível interpretação, admite-se a apresentação de documentos e fatos externos ao contrato que possam auxiliar na reconstrução da vontade das partes.

Verificou-se que, mesmo no Direito brasileiro, a resposta não deveria ser diferente no que se refere à construção do sentido da Mudança Adversa Relevante ao menos a partir de um cotejo inicial da disposição e de sua lógica dentro do contrato de compra e venda de participação societária. Afinal, o contrato objetivamente aponta a causa do negócio e sua racionalidade econômica, partindo da premissa de que seu resultado é um conjunto de disposições cuidadosamente negociadas e consideradas, refletindo a legítima expectativa das partes no seu efetivo cumprimento para a obtenção do resultado esperado. No exercício interpretativo do contrato de compra e venda de participação societária, e mais genericamente dos contratos empresariais como um todo, a ponderação de sua racionalidade econômica é, ainda, elemento instrumental no exercício hermenêutico de aplicação e interpretação das disposições contratuais, conforme delineado a partir da incidência de normas de natureza cogente,[587] Por isso a relevância de se compreender de que modo o preço e outras disposições contratuais evidenciam o modelo de repartição de riscos adotado pelas partes.

Na parte final do trabalho, refletiu-se sobre a articulação da Cláusula MAC com demais normas e princípios interpretativos derivados do sistema jurídico nacional que igualmente dizem respeito ao impacto de circunstâncias supervenientes sobre o programa contratual.

Corroborou-se, neste tema, a conclusão de Judith Martins-Costa, que sustenta que a preservação do equilíbrio contratual não representa um princípio geral nas relações tuteladas pelo Código Civil e que não há um princípio geral de adaptabilidade dos contratos em caso de verificação de alterações supervenientes e ausência de uma regra geral de preservação do equilíbrio econômico-financeiro do contrato.

Verificou-se, em seguida, possíveis âmbitos de coincidência de aplicação da Cláusula MAC com outros regimes que compõem o que se denominou como o regime geral da alteração de circunstâncias no Direito brasileiro. Concluiu-se, contudo, que nas relações empresariais não restam dúvidas de que o regime geral da alteração de circunstâncias tem natureza dispositiva. A introdução de um regime alternativo para se tutelar a ocorrência de circunstâncias supervenientes pode, contudo, ser um indicativo relevante de que naquilo em que o âmbito de aplicação da previsão contratual coincide com aquele da norma legal deve prevalecer o arranjo acordado pelo exercício da vontade.

O contrato de compra e venda de participação societária, por força do fluxo das relações empresariais, cruzou oceanos e fronteiras propondo um regramento autossuficiente a partir da integração de suas principais cláusulas. Concluindo-se pela inexistência de violação deste modelo contratual com normas cogentes, a sua aplicação deve ser respeitada. Em caso de lacuna, o regime geral deve ser aplicado apenas após a tentativa de interpretação

[587] FORGIONI, Paula A. **Contratos Empresariais: teoria geral e aplicação.** 2ª. Ed. São Paulo: Editora Revista dos Tribunais, 2016, p. 238.

supletiva do instrumento contratual à luz dos usos e costumes em operações econômicas envolvendo a compra e venda de participação societária.

REFERÊNCIAS

Bibliografia geral

ADAMS, Kenneth A. A Legal-Usage Analysis of Material Adverse Change Provisions. **Fordham Journal of Corporate & Financial Law**, v. 10, n. 1, p. 9-54, 2004. Disponível em: https://ir.lawnet.fordham.edu/jcfl/vol10/iss1/2. Acesso em: 23 mar. 2021.

AGUIAR JÚNIOR, Ruy Rosado de. **Extinção dos contratos por incumprimento do devedor**. Rio de Janeiro: Aide, 2003.

AGUIAR JÚNIOR, Ruy Rosado de. **Extinção dos contratos**. In: FERNANDES, Wanderley (coord.). **Fundamentos e princípios dos contratos empresariais**. 2. ed. São Paulo: Saraiva, 2012 p. 477-517.

AGUIAR JÚNIOR, Ruy Rosado de; TEIXEIRA, Sálvio de Figueiredo (coord.). **Comentários ao novo Código Civil**: da extinção do contrato. Rio de Janeiro: Forense, 2011, v. 6, t. 2.

ALEMANHA. **Bürgerlichen Gesetzbuches**. Disponível em: https://www.gesetze-im-internet.de/englisch_bgb/englisch_bgb.html#p1146. Acesso em: 20 fev. 2022.

ALVIM, Arruda; WAMBIER, Teresa Arruda Alvim (coord.). **Comentários ao Código Civil brasileiro**: v. 5: do Direito das Obrigações. Rio de Janeiro: Forense, 2007.

AMERICAN BAR ASSOCIATION – ABA. **Revisiting the MAC Clause in Transaction Agreements:** What Can Counsel Learn from the Credit Crisis? Disponível em: https://www.americanbar.org/groups/business_law/publications/blt/2010/08/03_herman. Acesso em: 27 mar. 2022.

AMERICAN BAR ASSOCIATION. **Model Stock Purchase Agreement with Commentary**: v. 1. 2. ed. Chicago: ABA, 2010.

ANTUNES, José Engrácia. A empresa como objeto de negócios: "*asset deals*" versus "*share deals*". **Revista da Ordem dos Advogados**, v. 2-3, n. 68, p. 715-793, 2008.

ASCARELLI, Tullio. O empresário. Tradução Fabio Konder Comparato. **Revista de Direito Mercantil, Industrial, Financeiro e Econômico**, n. 109, p. 183-189, jan./mar. 1998.

AZEVEDO, Álvaro Villaça. **Teoria geral dos contratos típicos e atípicos**. São Paulo:

Atlas, 2002.

AZEVEDO, Antônio Junqueira de. Interpretação do contrato pelo exame da vontade contratual: o comportamento das partes posterior à celebração: interpretação e efeitos do contrato conforme o princípio da boa-fé objetiva. [Parecer]. In: AZEVEDO, Antônio Junqueira de. **Estudos e pareceres de Direito Privado**. São Paulo: Saraiva, 2004, p. 159-172.

AZEVEDO, Antonio Junqueira de. **Negócio jurídico e declaração negocial**: noções gerais e formação da declaração negocial. São Paulo: Universidade de São Paulo, 1986.

AZEVEDO, Antônio Junqueira de. **Negócio jurídico**: existência, validade e eficácia. 4. ed. São Paulo: Saraiva, 2010.

AZEVEDO, Antonio Junqueira de. **Novos estudos e pareceres de Direito Privado**. São Paulo: Saraiva, 2009.

BAIN & COMPANY. **Global M&A Report 2022**. Disponível em: https://www.bain.com/globalassets/noindex/2022/bain_report_global_m_and_a-report-2022.pdf. Acesso em: 2 abr. 2022.

BANDEIRA, Luiz Octávio Villela de Viana. **As cláusulas de não indenizar no Direito brasileiro**. São Paulo: Almedina, 2019.

BENETTI, Giovana. **Dolo no Direito Civil**: uma análise da omissão de informações. São Paulo: Quartier Latin, 2019.

BEVIÁ, Vicente Gimeno. **Condición en los contratos de compraventa de empresa**. Tesis (Doctorado en Derecho). Orientadora: Esperanza Gallego Sánchez – Universitat d' Alacant, Alacant-ES, jun. 2016.

BIAZI, João Pedro de Oliveira de. **A exceção de contrato não cumprido no Direito Privado brasileiro**. Rio de Janeiro: LMJ Mundo Jurídico, 2019.

BOTREL, Sérgio. **Fusões & aquisições**. 5. ed. São Paulo: Saraiva, 2017.

BRASIL. Conselho da Justiça Federal. **IV Jornada de Direito Civil**: Enunciado 366. Disponível em: https://www.cjf.jus.br/enunciados/enunciado/486.

BUSCHINELLI, Gabriel Saad Kik. **Compra e venda de participações societárias de controle**. Tese (Doutorado em Direito Comercial). Orientador: Eduardo Secchi Munhoz - Faculdade de Direito, Universidade de São Paulo, São Paulo, 2017.

BUTRUCE, Vitor. Princípios do design contratual: uma nova semântica para as disputas relativas aos contratos empresariais. In: BARBOSA, Henrique; SILVA, Jorge Cesa Ferreira (coord.). **A evolução do Direito Empresarial e Obrigacional**: os 18 anos do Código Civil: obrigações e contratos. São Paulo: Quartier Latin, 202, v. 2, p. 45-88.

CANARIS, Claus-Wilhelm; GRIGOLEIT, Hans Cristoph. **Interpretation of Contracts**. Disponível em: https://ssrn.com/abstract=1537169. Acesso em: 3 mar. 2022.

CASTRO, Rodrigo Rocha Monteiro de; WARDE JÚNIOR, Walfrido Jorge; GUERREIRO, Carolina Dias Tavares (coord.). **Direito empresarial e outros estudos de direito em homenagem ao professor José Alexandre Tavares Guerreiro**. São Paulo: Quartier Latin, 2013, p. 713-720.

CHENG, David. Interpretation of Material Adverse Change Clauses in an Adverse Economy. **Columbia Business Law Review**, n. 2, p. 564-604, 2009.

CHOI, Albert H.; TRIANTIS, George. Strategic Vagueness in Contract Design: The Case of Corporate Acquisitions. **The Yale Law Journal**, v. 119, n. 5, 2010, p. 848-924. Disponível em: https://www.jstor.org/stable/20698313. Acesso em: 19 abr. 2020.

COASE, R. H. The Problem of Social Cost. **The Journal of Law & Economics**, v. 3, p. 1-44, 1960. Disponível em: http://www.jstor.org/stable/724810. Acesso em: 4 abr. 2022.

COATES, John C. M&A Contracts: Purposes, Types, Regulation, and Patterns of Practice. **Research Handbook on Mergers and Acquisitions, Forthcoming, ECGI Law Working Paper**, n. 292/2015, 11 abr. 2015. Disponível em: https://ssrn.com/abstract=2593866. Acesso em: 10 mar. 2022.

COATES, John C. Why Have M&A Contracts Grown? Evidence from Twenty Years of Deals. **Harvard Law School John M. Olin Center Discussion Paper**, n. 889; **European Corporate Governance Institute Law Working Paper**, n. 333/2016, nov. 2016. Disponível em: https://ssrn.com/abstract=2862019; http://dx.doi.org/10.2139/ssrn.2862019. Acesso em: 17 abr. 2022.

COGO, Rodrigo Barreto. **A frustração do fim do contrato**: o impacto dos fatos supervenientes sobre o programa contratual. Rio de Janeiro: Renovar, 2012.

COLE, Brett. **M&A Titans**: The Pioneers who Shaped Wall Street's Mergers and Acquisitions Industry. Hoboken-NJ: John Wiley & Sons, 2008.

COMPARATO, F. K.; SALOMÃO FILHO, C. **O poder de controle na sociedade anônima**. 6. ed. Rio de Janeiro: Forense, 2014. [E-book].

COMPARATO, Fábio Konder. A cessão de controle acionário é negócio mercantil? In: COMPARATO, Fábio Konder. **Novos ensaios e pareceres de direito empresarial**. Rio de Janeiro: Forense, 1981, p. 254-255.

COMPARATO, Fábio Konder. **Notas sobre a resolução de contratos**. In: Direito empresarial: estudos e pareceres. São Paulo: Saraiva, 1995, p. 372-381.

COMPARATO, Fábio Konder. Reflexões sobre as promessas de cessão de controle societário. In: COMPARATO, Fábio Konder. **Novos ensaios e pareceres de direito empresarial**. Rio de Janeiro: Forense, 1981, p. 228-244.

COPELAND, Tom; KOLLER, Tim; MURRIN, Jack. **Avaliação de empresas**: *valuation*: calculando e gerenciando o valor das empresas. 3. ed. São Paulo: Makron Books, 2006.

COPELAND, Tom; KOLLER, Tim; MURRIN, Jack. **Valuation**: Measuring and Managing the Value of Companies. 3. ed. New York: John Wiley & Sons, 2000.

CORDEIRO, Antonio Menezes. **Tratado do Direito Civil português**: v. 1, t. 1. 2. ed. Almedina: Coimbra, 2000.

CORONAVIRUS Takes Shine off Tiffany's Sales Before LVMH Takeover. **Reuters**, 20 mar. 2020. Disponível em: https://www.reuters.com/article/us-tiffany-results-idUSKBN2171TA. Acesso em: 27 mar. 2022.

COSTA, Mariana Fontes da. **Da alteração superveniente das circunstâncias**: em especial à luz dos contratos bilaterais comerciais. Coimbra: Almedina, 2019.

DALTON, Mathew; KAPNER, Suzanne. Behind the LVMH-Tiffany Deal: Insults, Lawsuits and Political Intrigue. **The Wall Street Journal**, p. 1-2, 29 dez. 2020. Disponível em: https://www.wsj.com/articles/behind-the-lvmh-tiffany-deal-insults-lawsuits-and--political-intrigue-11609158490. Acesso em: 20 jan. 2021.

DAVIDOFF SOLOMON, Steven. The Failure of Private Equity. **Southern California Law Review**, v. 82, 2009. Disponível em: https://ssrn.com/abstract=1148178. Acesso em: 13 fev. 2021.

DE NOVA, Giorgio. **Il *Sale and Purchase Agreement***: un contratto commentato. 2. ed. Torino: Giappichelli: 2017.

DENIS, David J.; MACIAS, Antonio J. Material Adverse Change Clauses and Acquisition Dynamics. **The Journal of Financial and Quantitative Analysis**, v. 48, n. 3, p. 819-847, 2013. Disponível em: https://www.jstor.org/stable/43303823. Acesso em: 15 out. 2020.

DIAS, Lucia Ancona Lopez de Magalhães. Onerosidade excessiva e revisão contratual no Direito Privado brasileiro. In: FERNANDES, Wanderley (coord.). **Contratos empresariais**: fundamentos e princípios dos contratos empresariais. São Paulo: Saraiva, 2007, p. 322-389.

DICIO. **Superveniência**. Disponível em: https://www.dicio.com.br/superveniencia. Acesso em: 16 abr. 2022.

EISENBERG, Melvin A. **Foundational Principles of Contract Law**. New York: Oxford University Press, 2018.

ELEKEIROZ. **Institucional**. Disponível em: https://www.elekeiroz.com.br/a-elekeiroz/institucional. Acesso em: 1 maio 2022.

EMMERICH, Adam O.; NORWITZ, Trevor S. The MAC is Back: Material Adverse Change Provisions After Akorn. In: **The International Comparative Legal Guide to**: Mergers & Acquisitions. 13. ed. Londres: Global Legal Group, 2019. Disponível em: https://ssrn.com/abstract=3400249. Acesso em: 14 out. 2020.

EREIO, Joana Torres. **Cláusulas de** Fixação de preço em contratos de compra e venda de ações. **Actualidad Jurídica Uría Menéndez**, n. 41, p. 135-145, 2015. Disponível em: https://www.uria.com/documentos/publicaciones/4805/documento/foroP01.pdf?id=6001. Acesso em: 25 jun. 2021.

EREIRA, Caio Mario da Silva. **Instituições de Direito Civil**: v. 3: contratos. Revisão e atualização Caitilin Mulholland. 22. ed. Rio de Janeiro: Forense, 2018.

FACHIN, Luiz Edson (coord.). As cláusulas de força maior e de *hardship* nos contratos internacionais. In: TEPEDINO, Gustavo, FACHIN, Luiz Edson (coord). **Obrigações e contratos**: v.4: contratos: formação e regime. São Paulo: Revista do Tribunais, 2011, p. 633-672.

FANTO, James A. **Quasi-Rationality in Action**: A Study of Psychological Factors in Merger Decision-Making. 5 de março de 2000. Disponível em: https://ssrn.com/abstract=265151. Acesso em: 10 abr. 2022.

FERREIRA GOMES, José. **M&A**: aquisição de empresas e de participações sociais. Lisboa: Alameda da Universidade, 2022.

FERREIRA, Carolina Brumati. Revisão dos contratos privados em decorrência da COVID-19. **Lacaz Martins, Pereira Neto, Gurevich & Schoueri Advogados**, [s.d.]. Disponível em: https://www.lacazmartins.com.br/revisao-dos-contratos-privados-em-decorrencia-da-covid-19. Acesso em: 2 abr. 2022.

FORGIONI, Paula A. A interpretação dos negócios empresariais no novo Código Civil brasileiro. **Revista de Direito Mercantil, Industrial, Econômico e Financeiro**, v. 42, n. 130, p. 7-38, abr./jun. 2003.

FORGIONI, Paula A. A interpretação dos negócios jurídicos II: alteração do art. 113 do Código Civil: art. 7º. In: MARQUES NETO, Floriano Peixoto; RODRIGUES JR., Otavio Luiz; LEONARDO, Rodrigo Xavier (coord.). **Comentários à Lei de Liberdade**

Econômica. São Paulo: Thomson Reuters, 2019, p. 363-394.

FORGIONI, Paula A. **Contratos empresariais**: teoria geral e aplicação. 2. ed. São Paulo: Revista dos Tribunais, 2016.

FRANÇA. **Code civil des français**: éd. originale et seule officielle. Paris, 1804. Disponível em: https://gallica.bnf.fr/ark:/12148/bpt6k1061517/f278.item. Acesso em: 21 maio 2022.

FRANÇA. **Code civil**. Disponível em: https://www.legifrance.gouv.fr/codes/section_lc/LEGITEXT000006070721/LEGISCTA000032009282/#LEGISCTA000032009282. Acesso em: 2 mar. 2022.

FRANTZ, Laura Coradini. Excessiva onerosidade superveniente: uma análise dos julgados do STJ. In: MARTINS-COSTA, Judith (org.). **Modelos de Direito Privado**. São Paulo: Marcial Pons, 2014, p. 215-248.

FREUND, James C. **Anatomy of a merger**. New York: Law Journal Press, 1975.

FRIEDMAN, Vanessa; PATON, Elizabeth. Tiffany Deal Is a Signature Move by the Sun Tzu of Luxury. **NY Times**, 30 out. 2020. Disponível em: https://www.nytimes.com/2020/10/30/business/bernard-arnault-lvmh-tiffany-battle.html. Acesso em 27 de março de 2022.

GALGANO, Francesco. The New Lex Mercatoria. **Annual Survey of International & Comparative Law**, v. 2, n. 1, p. 99-110, 1995. Disponível em: https://digitalcommons.law.ggu.edu/annlsurvey/vol2/iss1/7. Acesso em: 15 set. 2018.

GARRETT, Michelle Shenker. Efficiency and Certainty in Uncertain Times: The Material Adverse Change Clause Revisited. **Columbia Journal of Law and Social Problems**. New York, v. 43, p. 333-362, 2010. Disponível em: https://pdfs.semanticscholar.org/1214/f06d2374cf3554680d18257d9e35a146d1a8.pdf. Acesso em: 2 jun. 2020.

GILSON, Ronald J.; BLACK, Bernard S. **The Law and Finance of Corporate Acquisitions**. Westbury, NY: Foundation, 1995.

GILSON, Ronald. Value Creation by Business Lawyers: Legal Skills and Asset Pricing. **The Yale Law Journal**, v. 94, n. 2, p. 239-313, dez. 1984.

GILSON, Ronald; SCHWARTZ, Alan. Understandings MACs: Moral Hazard in Acquisitions. **Center for Law and Economic Studies Working Paper**, n. 245, fev. 2004.

GOETZ, Charles J.; SCOTT, Robert E. The Limits of Expanded Choice: An Analysis of the Interactions between Express and Implied Contract Terms. **California Law Review**, v. 73, n. 2, p. 261-322, mar. 1985. Disponível em: https://scholarship.law.columbia.edu/faculty_scholarship/398. Acesso em: 18 jul. 2022.

GOMES, Orlando. **Obrigações**. 17. ed. Rio de Janeiro: Forense, 2008.

GOUVEIA, Leticia Rocha. **Onerosidade excessiva superveniente nos tribunais superiores:** confronto Brasil e Itália. Monografia (Graduação em Direito). Orientador: Cristiano de Sousa Zanetti – Faculdade de Direito, Universidade de São Paulo, São Paulo, 2016.

GRAVA, J. W.; SADDI, J. **Fusões e aquisições**: aspectos jurídicos e econômicos. São Paulo: IOB, 2002.

GREZZANA, Giacomo Luiz Maria Oliveira. **A cláusula de declarações e garantias em alienação de participação societária**. São Paulo: Quartier Latin, 2019.

HARRISON, Christopher S. **Make the Deal**: Negotiating Mergers & Acquisitions. Hoboken-NJ: John Wiley & Sons, 2016.

HATHAWAY, Dona A. Path Dependence in the Law: The Course and Pattern of Legal Change in a Common Law System. **Boston University School of Law Working Paper Series, Law & Economics Working Paper**, n. 00-06, ago. 2000. Disponível em: https://ssrn.com/abstract=239332. Acesso em: 24 jun. 2021.

HILL, Claire A; QUINN, Brian JM; SOLOMON, Steven Davidoff. **Mergers and Acquisitions: Law, Theory and Practice**. 2ª. Ed. West Academic Publishing: 2019.

HONDIUS, Ewoud; GRIGOLEIT, Christoph Hans (eds.). **Unexpected Circumstances in European Contract Law**: The Common Core of European Private Law. Cambridge: Cambridge University, 2011.

HORNEY, Benjamin. The Clause At Center of $16b Tiffany-LVMH Chancery Fight. **Law 360**, 15 set. 2020. Disponível em: https://www.law360.com/articles/1309248/the-clause-at-center-of-16b-tiffany-lvmh-chancery-fight. Acesso em: 27 mar. 2022.

IGLESIAS, Felipe Campana Padin. **Opção de compra ou venda de ações no Direito brasileiro**: natureza jurídica e tutela executiva judicial. Dissertação (Mestrado em Direito Comercial). Orientador: Prof. Dr. José Alexandre Tavares Guerreiro – Faculdade de Direito, Universidade de São Paulo, São Paulo, 2011.

ITÁLIA. **Disegno di legge n. 1151**. Disponível em: https://www.senato.it/japp/bgt/showdoc/18/DDLPRES/0/1106422/index.html?part=ddlpres_ddlpres1-articolato_articolato1. Acesso em: 18 jun. 2022.

KALANKSY, Daniel; MATTOS, Ivan Iegoroff de. Repercussões da COVID-19 nos contratos de M&A: as disputas que estão por vir. In: CARVALHOSA, Modesto; KUYVEN, Fernando (org.). **Impactos Jurídicos e Econômicos da Covid-19**. São Paulo: Revista dos Tribunais, 2020. p. RB-10.1-RB-10.5. [Ebook].

KILEY, Roger. The Doctrine of "Frustration". **American Bar Association Journal**, v. 46, n. 12, p. 1.292-1.294, dez. 1960. Disponível em: https://www.jstor.org/stable/25721374. Acesso em: 11 maio 2022.

KRAUS, Jody S; SCOTT, Robert E. Contract Design and the Structure of Contractual Intent. **New York University Law Review**, v. 84, p. 1.023-1.104, 2009. Disponível em: https://ssrn.com/abstract=1402846. Acesso em: 1 maio 2020.

LAMY FILHO, Alfredo; PEDREIRA, José Luiz Bulhões (coord.). **Direito das Companhias**. 2ª ed. Rio de Janeiro: Forense, 2017.

LARENZ, Karl. **Base del negocio jurídico y cumplimiento de los contratos**. Granada: Comares, 2002.

LEÃES, Luiz Gastão Paes de Barros. A onerosidade excessiva no Código Civil. In: WALD, Arnoldo (org.). **Direito empresarial**: contratos mercantis e outros temas. São Paulo: Revista dos Tribunais, 2011, v. 4. p. 159-173.

LEAL, Victor Nunes. Classificação das normas jurídicas. **Revista de Direito Administrativo**. Rio de Janeiro, v. 2, n. 2, p. 931-948, out. 1945. Disponível em: http://bibliotecadigital.fgv.br/ojs/index.php/rda/article/view/8761/7489. Acesso em: 02 jun. 2020. doi:http://dx.doi.org/10.12660/rda.v2.1945.8761.

LEGAL INFORMATION INSTITUTE. **Restatement of the Law**. Ago. 2020. Disponível em: https://www.law.cornell.edu/wex/restatement_of_the_law. Acesso em: 20 maio 2022.

LVMH agrees $15.8bn takeover of Tiffany. **The Guardian**, 29 out. 2020. Disponível em: https://www.theguardian.com/business/2020/oct/29/lvmh-agrees-158bn-takeover-of-tiffany. Acesso em: 5 jan. 2021.

LVMH calls off $ 16 bln Tiffany takeover. **Reuters**, 9 set. 2020. Disponível em: https://www.reuters.com/article/tiffany-ma-lvmh-timeline-idUKL4N2G63IG. Acesso em: 27 mar. 2022.

LVMH completes the acquisition of Tiffany & Co. **LVMH**, 7 jan. 2021. Disponível em: https://www.lvmh.com/news-documents/press-releases/lvmh-completes-the-acquisition-of-tiffany-and-co. Acesso em: 6 mar. 2021.

MACIAS, Antonio J.; MOELLER, Thomas. **Target signaling with material adverse change clauses in merger agreements**. In: Journal of Empirical Finance, Vol. 39, Part A, 2016, p. 69-92, Disponível em: https://doi.org/10.1016/j.jempfin.2016.09.002. Acesso em: 24 jun. 2021.

MARINO, Francisco Paulo de Cescenzo. **Revisão contratual**: onerosidade excessiva e modificação contratual equitativa. São Paulo: Almedina, 2020.

MARINO, Francisco Paulo de Crecenzo. Comentário ao artigo 421-A do Código Civil: presunção de paridade e simetria em contratos civis e empresariais. In: MARTINS-COSTA, Judith; NITSCHKE, Guilherme Carneiro Monteiro (org.). **Direito privado na lei da liberdade econômica**. São Paulo: Almedina, 2022, p. 231-238. [Ebook].

MARINO, Francisco Paulo de Crecenzo. **Interpretação do negócio jurídico**. São Paulo: Saraiva, 2011.

MARINO, Francisco Paulo de Crescenzo. A interpretação de negócios jurídicos celebrados no contexto de uma compra e venda de participação societária e a responsabilidade limitada de um dos alienantes pelas consequências pecuniárias do ajuste de preço pactuado. In: GOUVÊA, Carlos Portugal; PARGENDLER, Mariana; LEVI-MINZI, Maurizio (org.). **Fusões e aquisições**: pareceres. São Paulo: Almedina, 2022.

MARTINS, Eliseu. Avaliação de empresas: da mensuração contábil à econômica. **Caderno de Estudos**. São Paulo: FIPECAFI, v. 13, n. 24, p-28-37, jul./dez. 2000.

MARTINS-COSTA, Fernanda M. **Condição suspensiva**: função, estrutura e regime jurídico. São Paulo: Almedina, 2017.

MARTINS-COSTA, Fernanda Mynarski. **Execução diferida do contrato em operações de Fusões e Aquisições (F&A) de sociedades anônimas**: análise de aspectos contratuais e societários. 2021. 192 f. Tese (Doutorado em Direito) – Faculdade de Direito, Universidade de São Paulo, São Paulo, 2021.

MARTINS-COSTA, Judith. **A boa-fé no direito privado: critérios para a sua aplicação**. 2. ed. São Paulo: Saraiva, 2018.

MARTINS-COSTA, Judith. A teoria da imprevisão e a incidência dos planos econômicos governamentais na relação contratual. **Revista dos Tribunais**, São Paulo, v. 670, n. 80, p. 40-48, ago. 1991.

MARTINS-COSTA, Judith. **Comentários ao novo Código Civil**, v. 5, t. 1. Rio de Janeiro: Forense, 2003.

MARTINS-COSTA, Judith. **Comentários ao novo Código Civil**, v. 5, t. 2. Rio de Janeiro: Forense, 2009.

MARTINS-COSTA, Judith. Contrato de cessão e transferência de quotas: acordo de sócios:

pactuação de parcela variável do preço contratual denominada *earn out*: características e função (causa objetiva) do *earn out*. **Revista de Arbitragem e Mediação.** São Paulo, v. 11, n. 42, p. 153-188. jul./set. 2014.

MARTINS-COSTA, Judith. Contrato de compra e venda de ações: declarações e garantias: responsabilidade por fato de terceiro: inadimplemento, pretensão, exigibilidade, obrigação: práticas do setor e usos do tráfego jurídico. [Parecer]. In: MONTEIRO DE CASTRO, Rodrigo Rocha *et al* (coord.). **Direito Societário, mercado de capitais, arbitragem e outros temas**: homenagem a Nelson Eizirik. São Paulo: Quartier Latin, 2020, v. 3, p. 67-90.

MARTINS-COSTA, Judith. **Modelos de Direito Privado**. São Paulo: Marcial Pons, 2014.

MARTINS-COSTA, Judith. Reflexões sobre o princípio da função social dos contratos. **Revista Direito GV**, v. 1, n. 1, p. 41-66, maio 2005. Disponível em: http://bibliotecadigital.fgv.br/ojs/index.php/revdireitogv/article/view/35261/34057. Acesso em: 2 jun. 2020.

MARTINS-COSTA, Judith; SILVA, Paula Costa e. **Crise e perturbações no cumprimento da prestação**: estudo de Direito comparado luso-brasileiro. São Paulo: Quartier Latin, 2020.

MAXIMILIANO, Carlos. **Hermenêutica e aplicação do Direito**. 20. ed. Rio de Janeiro: Forense, 2011.

MCMEEL, Gerard; GRIGOLEIT, Hans Christoph. **Interpretation of Contracts – Prospective European Regulation from the English and German Point of View**. Dannemann/Vogenauer (eds.), The Common European Sales Law in Context – Interactions with English and German Law, Oxford University Press, March 2013, Forthcoming. Disponível em: <https://ssrn.com/abstract=2221051>.

MEKKI, Mustapha; KLOEPFER PELESE, Martine. **Hardship and Modification (or "Revision") of the Contract**. Disponível em: https://ssrn.com/abstract=1542511; http://dx.doi.org/10.2139/ssrn.1542511. Acesso em: 2 jun. 2020.

MENEZES CORDEIRO, António Manuel da Rocha e. **Da boa-fé no Direito Civil**. Coimbra: Almedina, 1983.

MILLER, Geoffrey P.; EISENBERG, Theodore. The Market for Contracts. **Cardozo Law Review**, v. 30, n. 5, p. 2.073-2.098, maio 2009; **Cornell Law Faculty Publications**, n. 418, 2009. Disponível em: http://scholarship.law.cornell.edu/facpub/418. Acesso em: 23 jan. 2022.

MILLER, Robert T. A New Theory of Material Adverse Effects. **The Business Lawyer**, v. 76, p. 749-816, verão 2021. Disponível em: https://papers.ssrn.com/sol3/papers.cfm?abstract_id=3706580. Acesso em: 12 jan. 2022.

MILLER, Robert T. Material Adverse Effect Clauses and the COVID-19 Pandemic. **University of Iowa Legal Studies Research Paper**, n. 2020-21, set. 2020. Disponível em: https://papers.ssrn.com/sol3/papers.cfm?abstract_id=3603055. Acesso em: 12 jan. 2022.

MILLER, Robert T. Pandemic Risk and the Interpretation of Exceptions in MAE Clauses. **Journal of Corporation Law**, v. 46, p. 101-135, 2021; **Iowa Legal Studies Research Pape**, n. 2021-32. Disponível em: https://ssrn.com/abstract=3826378. Acesso em: 24 jun. 2021.

MILLER, Robert T. The Economics of Deal Risk: Allocating Risk through MAC Clauses in Business Combination Agreements. **William & Mary Law Review**, n. 50, n. 6, p. 2.007-2.103, 2009, Disponível em: https://scholarship.law.wm.edu/wmlr/vol50/iss6/4. Acesso em: 14 jul. 2021.

MILLER, Robert T. What do Exceptions in MAE Definitions Except? **Business Law Today**, 20 maio 2021; **Iowa Legal Studies Research Paper**, n. 2021-36. Disponível em: https://ssrn.com/abstract=3854238. Acesso em: 24 jun. 2021.

MILLER, Robert T. **What do Exceptions in MAE Definitions Except?** Op. cit., p. 4.

MONTEIRO, António Pinto. **Cláusula penal e indemnização.** Coimbra: Almedina, 1999.

MORAIS, Pedro Henrique de Paula; MARTINS, Plínio Lacerda. Os efeitos do coronavírus (Covid-19) nos contratos. **Confluências: Revista Interdisciplinar de Sociologia e Direito**, v. 22, n. 2, p. 260-278, 1 ago. 2020

MUNHOZ, Eduardo Secchi. *Cash-Out Merger* e o Direito brasileiro. In: CASTRO, Rodrigo Rocha Monteiro de; AZEVEDO, Luis Andre; HENRIQUES, Marcus de Freitas (org.). **Direito Societário, mercado de capitais, arbitragem e outros temas**: homenagem a Nelson Eizirik. São Paulo: Quartier Latin, 2020, p. 307-331.

NANNI, Giovanni Ettore (org.). **Comentários ao Código Civil**: Direito Privado contemporâneo. São Paulo: Saraiva, 2019.

NEGREIROS, Teresa. **Teoria do contrato**: novos paradigmas. 2. ed. Rio de Janeiro: Renovar, 2005.

NEVES, Karina Penna. **Deveres de consideração nas fases externas do contrato**: responsabilidade pré e pós-contratual. São Paulo: Almedina, 2015.

OLIVEIRA E SÁ, Fernando. Cláusulas *Material Adverse Change* (MAC) em contratos de compra e venda de empresas. **Direito e justiça**, v. especial, p. 427-444, 2012.

OLIVEIRA, Caio Raphael Marotti. **A Cláusula pró-*sandbagging* (conhecimento prévio) em contratos de alienação de participação acionária**. Dissertação (Mestrado em Direito Comercial). Orientador: Profa. Juliana Krueger Pela – Faculdade de Direito, Universidade de São Paulo, São Paulo, 2020.

OLIVEIRA, Luciano. **Não fale do Código de Hamurabi!**: A pesquisa sócio-jurídica na pós-graduação em Direito. Disponível em: https://edisciplinas.usp.br/pluginfile.php/4213608/mod_resource/content/1/OLIVEIRA%2C%20Hamurabi.pdf. Acesso em: 2 abr. 2022.

PARGENDLER, Mariana. O Direito Contratual comparado em nova perspectiva: revisitando as diferenças entre os sistemas romano-germânico e do *common law*. **Revista Direito GV**. São Paulo: FGV, v. 13, n. 3, p. 796-826, set./dez. 2017. Disponível em: http://bibliotecadigital.fgv.br/ojs/index.php/revdireitogv/article/view/73326/70468. Acesso em: 19 mar. 2022.

PARGENDLER, Mariana; GOUVÊA, Carlos Portugal. As diferenças entre declarações e garantias e os efeitos do conhecimento. In: CASTRO, Rodrigo Rocha Monteiro; AZEVEDO, Luís Andrade; HENRIQUES, Marcus de Freitas (coord.). **Direito Societário, mercado de capitais, arbitragem e outros temas**: homenagem a Nelson Eizirik. São Paulo: Quartier Latin, 2020, v. 3, p. 143-180.

PELA, Juliana Krueger. Risco e contratos empresariais: a aplicação da resolução por onerosidade excessiva. In: SALLES, Marcos Paulo de Almeida; SZTAJN, Rachel; TEIXEIRA, Tarcísio (coord.). **Direito Empresarial**: estudos em homenagem ao Professor Haroldo

Malheiros Duclerc Verçosa. São Paulo: IASP, 2015, p. 488-498.

PEREIRA, Caio Mário da Silva. **Comentários ao Código Civil de 2002**: parte geral: arts. 1º a 232. Atualização Cristiano de Sousa Zanetti; Leonardo de Campos Melo. Rio de Janeiro: LMJ Mundo Jurídico, 2017.

PEREIRA, Caio Mário da Silva. **Instituições de Direito Civil**: v. 2: teoria geral das obrigações. Atualização Guilherme Calmon Nogueira da Gama. 27. ed. rev. atual. Rio de Janeiro: Forense, 2015.

PEREIRA, Caio Mário da Silva. **Instituições de Direito Civil**: v. 3: contratos. Atualização Caitlin Mulholland. 21. ed. rev. atual. Rio de Janeiro: Forense, 2017.

PEREIRA, Caio Mário da Silva. **Instituições de Direito Civil**: v. 4: Direitos Reais. Atualização Carlos Edison do Rêgo Monteiro Filho. 27. ed. rev. atual. Rio de Janeiro: Forense, 2019.

PEREIRA, Rafael Setogutti. Os universos paralelos das operações de fusão e aquisição de empresas. **Migalhas**, 14 abr. 2021. Disponível em: https://www.migalhas.com.br/depeso/343664/os-universos-paralelos-das-operacoes-de-fusao-e-aquisicao-de-empresas. Acesso em: 2 abr. 2022.

PEREZ, Marcelo Monteiro; FAMÁ, Rubens. Métodos de avaliação de empresas e o balanço de determinação. **Revista Administração em Diálogo**. São Paulo, v. 6, n. 1, p. 101-112, 2004.

PETRELLI, Gaetano. **La condizione**: elemento essenziale del negozio giuridico: teoria generale e profili applicativi. Milano: Giuffré, 2000.

PIRES, Catarina Monteiro. **Aquisição de empresas e de participações acionistas**: problemas e litígios. Coimbra: Almedina, 2018.

PIRES, Catarina Monteiro. Cláusulas de preço fixo, de ajustamento de preço e de alteração material adversa ("MAC") e cláusulas de força maior: revisitando problemas de riscos de desequilíbrio e de maiores despesas em tempos virulentos. **Revista da Ordem dos Advogados**. Lisboa, v. 80, n. 1-2, p. 73-93, jan./jun. 2020.

PIRES, Catarina Monteiro. **Impossibilidade de Prestação**. Coimbra: Almedina, 2020.

PIRES, Catarina Monteiro. Limites dos esforços e dispêndios exigíveis ao devedor para cumprir. **Revista da Ordem dos Advogados**, v. 46, n. 1, p. 105-136, 2016. Disponível em: http://www.catarinamonteiropires.com/Archive/Docs/f755007429055.pdf. Acesso em: 23 maio 2020.

PIVA, Luciano Zordan. **O *Earn-Out* na compra e venda de empresas**. Apresentação Gerson Luiz Carlos Branco. Prefácio Judith Martins-Costa. São Paulo: Quartier Latin, 2019.

PONTES DE MIRANDA, Francisco Cavalcanti. **Tratado de Direito Privado**: t. 1: parte geral: introdução: pessoas físicas e jurídicas. Atualização Judith Martins-Costa. São Paulo: Revista dos Tribunais, 2012.

PONTES DE MIRANDA, Francisco Cavalcanti. **Tratado de Direito Privado**: t. 4: validade, nulidade e anulabilidade. Atualização Marcos Bernardes de Mello e Marcos Ehrhardt Jr. São Paulo: Revista dos Tribunais, 2012.

PONTES DE MIRANDA, Francisco Cavalcanti. **Tratado de Direito Privado**: t. 5: parte geral: eficácia jurídica, direitos, pretensões, ações. Atualização Marcos Bernardes de Mello e Marcos Ehrhardt Jr. São Paulo: Revista dos Tribunais, 2013.

PONTES DE MIRANDA, Francisco Cavalcanti. **Tratado de Direito Privado**: t. 23: parte especial: Direito das Obrigações: relações jurídicas obrigacionais. Atualização Nelson Nery Jr. e Rosa Maria de Andrade Nery. São Paulo: Revista dos Tribunais, 2012.

PONTES DE MIRANDA, Francisco Cavalcanti. **Tratado de Direito Privado**: t. 25: parte especial: Direito das Obrigações: extinção das obrigações. Atualização Nelson Nery Jr. e Rosa Maria de Andrade Nery. São Paulo: Revista dos Tribunais, 2012.

PONTES DE MIRANDA, Francisco Cavalcanti. **Tratado de Direito Privado**: t. 26: parte especial: Direito das Obrigações: consequências do inadimplemento, exceções de contrato não adimplido, ou adimplido insatisfatoriamente, e de inseguridade, enriquecimento injustificado, estipulação a favor de terceiro, eficácia protectiva de terceiro, mudanças de circunstâncias, compromisso. São Paulo: Revista dos Tribunais, 2012.

PONTES DE MIRANDA, Francisco Cavalcanti. **Tratado de Direito Privado**: t. 28: parte especial: direito das obrigações: negócios jurídicos bilaterais e negócios jurídicos plurilaterais: pressupostos. vícios de direito: vícios do objeto: evicção: redibição: espécies de negócios jurídicos bilaterais. São Paulo: Revista dos Tribunais, 2012.

PONTES, Evandro Fernandes de. ***Representations* & *warranties* no Direito brasileiro**. São Paulo: Almedina, 2014.

POSNER, Richard A.; ROSENFIELD, Andrew M. Impossibility and Related Doctrines in Contract Law: An Economic Analysis. **The Journal of Legal Studies**, v. 6, n. 1, p. 83-118, 1977. Disponível em: http://www.jstor.org/stable/724191. Acesso em: 26 jan. 2022.

PRADO, Mariana Mota; TREBILCOCK, Michael J., Path Dependence, Development, and the Dynamics of Institutional Reform. **University of Toronto Law Journal**, Legal Studies Research Series, n. 09-04, 2009. Disponível em: https://ssrn.com/abstract=1415040. Acesso em: 26 jan. 2022.

PRATT, Shannon P.; NICLULITA, Alina V. **Valuing a Business**: The Analysis and Appraisal of Closely Held Companies. 5. ed. Nova York: The McGraw-Hill Companies Inc., 2008. [E-book].

PRICEWATERHOUSECOOPERS – PWC. **Successful Investing**: The Difference Between Price and Value, out. 2013. Disponível em: https://www.pwc.com/gx/en/deals/swf/publications/assets/successful-investing-the-difference-between-price-and-value.pdf. Acesso em: 10 abr. 2022.

QUEIROZ, Rafael Mafei Rabelo. Metodologia da pesquisa jurídica. In: CAMPILONGO, Celso Fernandes; GONZAGA, Alvaro de Azevedo; FREIRE, André Luiz (coord.). **Enciclopédia jurídica da PUC-SP**: teoria geral e filosofia do Direito. 1. ed. São Paulo: Pontifícia Universidade Católica de São Paulo, 2017. Disponível em: https://enciclopediajuridica.pucsp.br/verbete/151/edicao-1/metodologia-da-pesquisa-juridica. Acesso em: 1 maio 2020.

QUILLEN, William T; HANRAHAN, Michael. **A Short History of the Court of Chancery.** 1993. Disponível em: https://courts.delaware.gov/chancery/history.aspx. Acesso em: 19 maio 2022.

REALE, Miguel. 2ª Reunião: conferência. 5 ago. 1975. In: MENCK, José Theodoro Mascarenhas. **Código Civil no debate parlamentar**: elementos históricos da elaboração da Lei n. 10.406, de 2002: v. 1: audiências públicas e relatórios (1975-1983): t. 1-4. Brasília: Câmara dos Deputados, 2012. Disponível em: https://bd.camara.leg.br/bd/handle/bdcamara/9668. Acesso em: 2 abr. 2022.

REED, S. F.; LAJOUX, A. R. **The Art of M&A**: A Merger, Acquisition, Buyout Guide. New York: McGraw-Hill, 1995.

REIMANN, Mathias. Nineteenth Century German Legal Science. **Boston College Law Review**, v. 31, n. 837, 1990. Disponível em: https://lawdigitalcommons.bc.edu/bclr/vol31/iss4/2. Acesso em: 6 mar. 2022.

ROPPO, Enzo. **O contrato**. Coimbra: Almedina, 2009.

ROPPO, Vincenzo. **Il contratto**. 2. ed. Milano: Giuffré, 2011.

ROSENBAUM, Joshua; PEARL, Joshua. **Investment Banking**: Valuation, Leveraged Buyouts, and Mergers & Acquisitions. Hoboken: John Wiley & Sons, 1971.

ROSENVALD, Nelson. Artigo 481. In: PELUSO, Antonio Cezar (coord.). **Código civil comentado**: doutrina e jurisprudência. 12. ed. rev. atual. São Paulo: Manole, 2018.

ROSLER, Hannes. Hardship in German Codified Private Law: In Comparative Perspective to English, French and International Contract Law. **European Review of Private Law: ERPL**, v. 15, n. 4, p. 483-513, 2007. Disponível em: https://ssrn.com/abstract=1154004. Acesso em: 2 jun. 2020.

SANTOS, Deborah Pereira Pinto dos; LOPES, Marília. Notas sobre a responsabilidade contratual do alienante pela violação das cláusulas de declarações e garantias nos contratos de alienação de participação societária representativa de controle. **Revista Brasileira de Direito Civil**. Belo Horizonte, v. 24, n. 1, p. 241-260, abr./jun. 2020.

SARLO, Oscar. El marco teórico en la investigación dogmatica. In: COURTIS, Christian. **Observar la ley**: ensayos sobre metodologia de la investigacion jurídica. Madrid: Trotta, 2009, p. 175-208.

SCHREIBER, Anderson. **Equilíbrio contratual e dever de renegociar**. São Paulo: Saraiva, 2018, p. 186.

SCHWARTZ, Andrew A. A Standard Clause Analysis of the Frustration Doctrine and the Material Adverse Change Clause. **Universidade da Califórnia em Los Angeles Law Review**, v. 57, p. 789-839, 2010. Disponível em: https://scholar.law.colorado.edu/articles/451. Acesso em: 26 jan. 2022.

SCHWARTZ, Andrew A. Frustration, the MAC Clause, and COVID-19. **University of California Davis Law Review**, v. 55, p. 1.771-1.828, 5 fev. 2021. Disponível em: https://ssrn.com/abstract=3806739. Acesso em: 18 jan. 2022.

SCHWEITZER, Heike. Private Legal Transplants in Negotiated Deals. **European Company and Financial Law Review**. [No prelo]. Disponível em: https://ssrn.com/abstract=1151822. Acesso em: 2 jun. 2020.

SCOTT, Robert E.; TRIANTIS, George. Incomplete Contracts and the Theory of Contract Design. **Case Western Reserve Law Review**. Cleveland, v. 56, n. 1, set./dez. 2005.

SHAPIRO, Samuel. Rethinking MAC Clauses in the Time of Akorn, Boston Scientific, and COVID-19. **Michigan Business & Entrepreneurial Law Review**, v. 10, p. 241-277. 2021. Disponível em: https://repository.law.umich.edu/mbelr/vol10/iss2/6. Acesso em 19 de janeiro de 2022.

SILVA, Clóvis V. do Couto e. **A obrigação como processo**. Rio de Janeiro: FGV, 2006.

SIMÃO, José Fernando. O contrato nos tempos da COVID-19: esqueçam a força maior e pensem na base do negócio. **Migalhas**, 3 abr. 2020. Disponível em: https://www.migalhas.com.br/coluna/migalhas-contratuais/323599/o-contrato-nos-tempos-da-

-covid-19---esquecam-a-forca-maior-e-pensem-na-base-do-negocio. Acesso em: 18 ago. 2020.

SIRENA, Pietro. Eccessiva onerosità sopravvenuta e rinegoziazione del contratto: verso una riforma del codice civile? **Jus: Rivista di Scienze Giuridiche**, v. 67, n. 1, p. 205-218, 2020.

SIRENA, Pietro. La nozione della vendita: gli effetti traslativi. In: ROPPO, Vincenzoç BENEDITTI, Alberto M. (org.). **Trattato dei contratti**. Milano: Giuffrè, 2014, p. 59-89.

SKADDEN, ARPS, SLATE, MEAGHER & FLOM LLP. **Covid-19**: implicações para contratos comerciais e financeiros. 26 fev. 2020. Disponível em: https://www.skadden.com/-/media/files/publications/2020/02/corona_virus_covid19_implications/prcoronaviruscovid19implicationsforcommercialandfi.pdf. 2020. Acesso em: 2 abr. 2022.

SOLOMON, Steven Davidoff. In Abbot''s Bid to Halt Purchase of Alere, the MAC Makes a Comeback. **NY Times**, 7 dez. 2016. Disponível em: https://www.nytimes.com/2016/12/07/business/dealbook/abbott-laboratories-alere-mac-clause.html. Acesso em: 12 maio 2022.

STEFANOWSKI, Robert V. **Material Adverse Change**: Lessons from Failed M&As. New Jersey: John Wiley & Sons, 2018.

SUBRAMANIAN, Guhan; PETRUCCI, Caley. Deals in the Time of Pandemic. **Columbia Law Review**, v. 121, n. 5, p. 1.405-1.480. jul. 2021. Disponível em: https://columbialawreview.org/wp-content/uploads/2021/06/Subramanian-Petrucci-Deals_In_The_Time_Of_Pandemic.pdf. Acesso em: 28 maio 2022.

TAVARES GUERREIRO, José Alexandre. A boa-fé nas negociações preliminares. In: NERY JUNIOR, Nelson; NERY, Rosa Maria de Andrade (coord.). **Responsabilidade Civil**: v. 2: Direito das Obrigações e Direito Negocial. São Paulo: Revista dos Tribunais, 2010, p. 61-66.

TEPEDINO, Gustavo; BARBOZA, Heloísa Helena; MORAES, Maria Celina Bodin de (org.). **Código Civil interpretado conforme a Constituição da República**. 2. ed. Rio de Janeiro: Renovar, 2012, v. 2.

TEPEDINO, Gustavo; SCHREIBER, Anderson. Artigos 233 a 420. In: AZEVEDO, Álvaro Villaça (coord.). **Código Civil comentado**: parte 4: Direito das Obrigações. São Paulo: Atlas, 2008.

TERRA, Aline de Miranda Valverde. **Cláusula resolutiva expressa**. Belo Horizonte: Fórum, 2007.

TINA, Andrea. **Acquisizione di participazioni societarie**. Milano: Giuffrè, 2007.

TOLEDO, Paulo Fernando Campos Salles de; POPPA, Bruno. UPI e estabelecimento: uma visão crítica. In: **Direito das empresas em crise**: problemas e soluções. São Paulo: Quartier Latin, 2012.

TOMASETTI JUNIOR, Alcides. **Execução do contrato preliminar**. Tese (Doutorado em Direito) – Faculdade de Direito, Universidade de São Paulo, São Paulo, 1982.

TOV, Omri; RYANS, James; DAVIDOFF SOLOMON, Steven. **Representations and Warranties Insurance in Mergers and Acquisitions**. 10 fev. 2020. Disponível em: https://ssrn.com/abstract=3361184. Acesso em: 24 abr. 2022.

VARELA, João de Matos Antunes. **Das obrigações em geral**. 10. ed. Coimbra: Almedina, 2017. [v. 1].

VERÇOSA, Haroldo Malheiros Duclerc. PEREIRA, Alexandre Demetrius et al. **Direito comercial**: v. 5: contratos empresariais em espécie: segundo a sua função jurídico-econômica. São Paulo: Revista dos Tribunais, 2014.

VERÇOSA, Haroldo Malheiros Duclerc. SZTAJN, Rachel (coat). **Direito comercial: teoria geral do contrato**. 2. ed. São Paulo: Revista dos Tribunais, 2014. [v. 4].

WANDERER, Bertrand. Lesão e onerosidade excessiva nos contratos empresariais. In: COELHO, Fábio Ulhoa (coord.). **Tratado de direito comercial**: obrigações e contratos empresariais. São Paulo: Saraiva, 2015, v. 5, p. 150-175.

WEINSTEIN, Gail et al. Drafting Considerations from the MAC Decision. **Harvard Law School Forum on Corporate Governance**, 18 nov. 2018. Disponível em: https://corpgov.law.harvard.edu/2018/11/18/drafting-considerations-from-the-mac-decision. Acesso em: 12 maio 2022.

XIMENES, Julia Maurmann. O processo de produção científico-jurídica: o problema é o problema. In: CONGRESSO NACIONAL DO CONPEDI, 27. Brasília, 20-22 nov. 2008.

YAMAJI, Crisleine Barboza. **As previsões contratuais da superveniência de circunstâncias**: uma construção teórica à luz das cláusulas Material Adverse Change. Tese (Doutorado em Direito Civil). Orientador: Prof. Cristiano de Sousa Zanetti; coorientador: Prof. Claudio Scognamiglio – Faculdade de Direito da Universidade de São Paulo. São Paulo, 2019.

ZAKRZEWSKI, Rafal. Material Adverse Change and Material Adverse Effect Provisions: Construction and Application. **Law and Financial Markets Review**, v. 5, n. 5, p. 344-356. Disponível em: http://dx.doi.org/10.5235/175214411797474222. Acesso em: 24 maio 2020.

ZANETTI, Cristiano de Sousa. O risco contratual. In: LOPEZ, Teresa Ancona; LEMOS, Patrícia Faga Iglecias; RODRIGUES JUNIOR, Otavio Luiz (coord.). **Sociedade de risco e direito privado**. São Paulo, Atlas, 2013, p. 455-468.

ZANETTI, Cristiano de Sousa. **Responsabilidade pela ruptura das negociações**. São Paulo: Juarez de Oliveira, 2005.

ZANETTI, Cristiano de Souza. A cláusula resolutiva expressa na lei e nos tribunais: o caso do termo de ocupação. In: LOTUFO, Renan; NANNI, Giovanni Ettore; MARTINS, Fernando Rodrigues (org.). **Temas relevantes de Direito Civil contemporâneo**: reflexões sobre os 10 anos do Código Civil. São Paulo: Atlas, 2012, p. 354-377.

Instrumentos Contratuais

Agreement and Plan of Merger celebrado entre Tiffany & Co., LVMH Moët Hennessy-Louis Vuitton SE, Breakfast Holdings Acquisition Corp. e Breakfast Acquisition Corp. em 24 de novembro de 2019. Disponível em: https://www.sec.gov/Archives/edgar/data/98246/000119312519299997/d840067dex21.htm. Acesso em 20 de janeiro de 2021.

Contrato de Compra de Ações celebrado por e entre, de um lado, como vendedores,

Fundo de Investimento em Participações Latin America, Fundo de Investimento em Participações Brasil Equity II Investidores Institucionais II – Fundo de Investimento em Participações, Boreal Fundo de Investimento em Participações, Fundo de Investimento em Participações CGPAR, Fundo de Investimento em Participações Volluto, Fundo de Investimento em Participações C.A., Boreal Ações III Fundo de Investimento em Ações, Banco Espírito Santo, S.A. e Espírito Santo Capital – Sociedade de Capital de Risco, S.A. e, do outro lado, como compradora, PGI Polímeros do Brasil S.A., e, como garantidora para todos os fins do presente instrumento, Polymer Group, Inc., e, como parte interveniente anuente, Companhia Providência Indústria e Comércio, celebrado em 27 de janeiro de 2014. [Tradução juramentada]. Disponível em: https://sistemas.cvm.gov.br/dados/LaudEditOpa/RJ-2014-07376/20140620_Contrato_de_Compra_e_Venda_de_A%C3%A7%C3%B5es_(SPA).pdf. Acesso em 20 de janeiro de 2021.

Contrato de Compra e Venda de Ações celebrado em 26 de abril de 2018 por e entre Itaúsa – Investimentos Itaú S.A, na qualidade de vendedora, Kilimanjaro Brasil Partners I B – Fund de Investimento em Participações Multiestratégia Investimento no Exterior, na qualidade de compradora e, ainda, na qualidade de parte interveniente, Elekeiroz S.A. Disponível em: https://sistemas.cvm.gov.br/dados/LaudEditOpa/RJ-2018-04437/20180807_Contrato_de_Compra_e_Venda_de_A%C3%A7%C3%B5es.pdf. Acesso em: 20 jan. 2021.

Contrato de Compra e Venda de Ações celebrado entre Abengoa Concessões Brasil Holding S.A. e, de outro lado, Transmissora Aliança de Energia Elétrica S.A e, na qualidade de interveniente anuente, União de Transmissoras de Energia Elétrica S.A. UNISA, 16 mar. 2012. TJSP. Processo n. 1047793-19.2017.8.26.0002. Acesso em: 20 jan. 2021.

Contrato de Compra e Venda de Ações celebrado por e entre, de um lado, como vendedores, Fundo de Investimento em Participações Latin America, Fundo de Investimento em Participações Brasil Equity II, Investidores Institucionais II – Fundo de Investimento em Participações, Boreal Fundo de Investimento em Participações, Fundo de Investimento em Participações GGPar, Fundo de investimento em Participações Volluto, Fundo de Investimento em Participações C.A., Boreal Ações III Fundo de Investimento em Ações, Banco Espírito Santo S.A. e Espírito Santo Capital – Sociedade de Risco, S.A., e de outro lado, como compradora, PGI Polímeros do Brasil S.A., como garantidora, Polymer Group, Inc., e como parte interveniente anuente, Companhia Providência Indústria e Comércio, firmado em 27 jan. 2014.

Contrato de Compra e Venda de Ações sob Unidade Produtiva Isolada e Outras Avenças, em que figuram como vendedores Oi Móvel S.A. – Em recuperação judicial e Telemar Norte Leste S.A. – em recuperação judicial, tendo como objeto as ações de emissão da Caliteia RJ Infraestrutura e Redes de Telecomunicações. [Minuta]. Disponível em: https://recuperacaojudicialoi.com.br/wp-content/uploads/2020/10/anexo-i-edital-upi-torres-minuta-do-contrato-de-compra-e-venda-da-upi-torres-fls-478.304-478.622.pdf. Acesso em: 4 maio 2021.

Contrato de Compra e Venda de Quotas firmado por e entre ICL Brasil Ltda., Compass Minerals do Brasil Ltda., Compass Minerals America Inc. e Amsterdam Fertilizers B.V 23 mar. 2021. CADE. Ato de Concentração Sumário n. 08700.001945/2021-04. Acesso em: 20 jan. 2021.

Julgados

AB Stable VIII LLC v. Maps Hotels & Resorts One LLC, n. CV 2020-0310-JTL, 2020 WL 7024929 (Del. Ch. Nov. 30, 2020), judgment entered, (Del. Ch. 2021), and aff'd, 268 A.3d 198 (Del. 2021).

Akorn, Inc. v. Fresenius Kabi AG, n. CV 2018-0300-JTL, 2018 WL 4719347 (Del. Ch. Oct. 1, 2018), aff'd, 198 A.3d 724 (Del. 2018).

Bardy Diagnostics, Inc. v. Hill-Rom, Inc., n. CV 2021-0175-JRS, 2021 WL 2886188 (Del. Ch. July 9, 2021), judgment entered, (Del. Ch. 2021).

BRASIL. Supremo Tribunal Federal. **Recurso Extraordinário n. 88.716/RJ**. Rel. Moreira Alves, 2ª T., j. 11 set. 1979, DJ 30 nov. 1979.

Channel Medsystems, Inc. v. Bos. Sci. Corp., n. CV 2018-0673-AGB, 2019 WL 6896462 (Del. Ch. Dec. 18, 2019), judgment entered, (Del. Ch. 2019).

Conseil d'État 59928, lecture du 30 mars 1916. Disponível em: https://www.conseil etat.fr/fr/arianeweb/CE/decision/1916-03-30/59928. Acesso em: 12 mar. 2022.

Cooper Tire & Rubber Co. v. Apollo (Mauritius) Holdings Pvt. Ltd., n. CIV.A. 8980-VCG, 2014 WL 5654305 (Del. Ch. Oct. 31, 2014).

Frontier Oil v. Holly Corp., No. CIV.A. 20502, 2005 WL 1039027 (Del. Ch. Apr. 29, 2005), judgment entered sub nom. Frontier Oil Corp. v. Holly Corp. (Del. Ch. 2005).

Hexion Specialty Chemicals, Inc. v. Huntsman Corp., 965 A.2d 715, 728 (Del. Ch. 2008).

In re IBP, Inc. Shareholders Litig., 789 A.2d 14, 68 (Del. Ch. June 15, 2001) as corrected (Del. Ch. June 18, 2001).

Krell v. Henry. [1903] 2 K.B. 740, [1903] 8 WLUK 20. Disponível em: https://www.trans-lex.org/311100/_/krell-v-henry-%5B1903%5D-2-kb-740. Acesso em: 10 maio 2022.

Level 4 Yoga, LLC v. CorePower Yoga, LLC, n. CV 2020-0249-JRS, 2022 WL 601862 (Del. Ch. Mar. 1, 2022), judgment entered (Del. Ch. 2022).

Mrs. Fields Brand, Inc. v. Interbake Foods LLC, n. CV 12201-CB, 2017 WL 2729860 (Del. Ch. June 26, 2017), clarified on denial of reargument, n. CV 12201-CB, 2017 WL 3863893 (Del. Ch. July 27, 2017).

SÃO PAULO. Tribunal de Justiça de São Paulo. **Apelação Cível n. 61241-41.2011.8.26.0114**. Rel. Edgard Rosa. 27ª C. E. de Direito Privado., j. 07 ago. 2017, reg. 14 nove. 2017. Campinas em 3. Vara Cível

Snow Phipps Grp., LLC v. Kcake Acquisition, Inc., n. CV 2020-0282-KSJM, 2021 WL 1714202 (Del. Ch. Apr. 30, 2021).

TIFFANY & CO., Plaintiff, v. LVMH MOËT HENNESSY-LOUIS VUITTON SE; Breakfast Holdings Acquisition Corp.; and Breakfast Acquisition Corp., Defendants., 2020 WL 5517433 (Del.Ch.) Tiffany v. LVMH, N. 2020-07068 (Del. Ch.).

Tiffany & CO. v. LVMH, N. 2020-07068 (Del. Ch.). Disponível em: https://www.courthousenews.com/wp-content/uploads/2020/09/Tiffany-LVMH-suit.pdf. Acesso em: 20 jan. 2021.

Travelport Ltd &12 Ors v Wex Inc and Adam Ryhs Olding &112 Ors v Wex Inc [2020] EWHC 2670.